Gibt es noch Marken in der Zukunft?

AF000646

Christine Riedmann-Streitz

Gibt es noch Marken in der Zukunft?

Hybrid Brands – eine Zukunftsvision
für starke Marken

Christine Riedmann-Streitz
MarkenFactory GmbH
Frankfurt, Deutschland

ISBN 978-3-658-16150-7   ISBN 978-3-658-16151-4 (eBook)
DOI 10.1007/978-3-658-16151-4

Die Deutsche Nationalbibliothek verzeichnet diese Publikation in der Deutschen Nationalbibliografie; detaillierte bibliografische Daten sind im Internet über http://dnb.d-nb.de abrufbar.

Springer Gabler
© Springer Fachmedien Wiesbaden GmbH 2017
Das Werk einschließlich aller seiner Teile ist urheberrechtlich geschützt. Jede Verwertung, die nicht ausdrücklich vom Urheberrechtsgesetz zugelassen ist, bedarf der vorherigen Zustimmung des Verlags. Das gilt insbesondere für Vervielfältigungen, Bearbeitungen, Übersetzungen, Mikroverfilmungen und die Einspeicherung und Verarbeitung in elektronischen Systemen.
Die Wiedergabe von Gebrauchsnamen, Handelsnamen, Warenbezeichnungen usw. in diesem Werk berechtigt auch ohne besondere Kennzeichnung nicht zu der Annahme, dass solche Namen im Sinne der Warenzeichen- und Markenschutz-Gesetzgebung als frei zu betrachten wären und daher von jedermann benutzt werden dürften.
Der Verlag, die Autoren und die Herausgeber gehen davon aus, dass die Angaben und Informationen in diesem Werk zum Zeitpunkt der Veröffentlichung vollständig und korrekt sind. Weder der Verlag noch die Autoren oder die Herausgeber übernehmen, ausdrücklich oder implizit, Gewähr für den Inhalt des Werkes, etwaige Fehler oder Äußerungen. Der Verlag bleibt im Hinblick auf geografische Zuordnungen und Gebietsbezeichnungen in veröffentlichten Karten und Institutionsadressen neutral.

Gedruckt auf säurefreiem und chlorfrei gebleichtem Papier

Springer Gabler ist Teil von Springer Nature
Die eingetragene Gesellschaft ist Springer Fachmedien Wiesbaden GmbH
Die Anschrift der Gesellschaft ist: Abraham-Lincoln-Str. 46, 65189 Wiesbaden, Germany

Wer ohne die Welt auszukommen glaubt, irrt sich.
Wer aber glaubt, dass die Welt nicht ohne ihn auskommen könne,
irrt sich noch viel mehr.
François de La Rochefoucauld,
französischer Philosoph, 1613–1680 [1]

für Norbert

Vorwort

> *Wir sind nicht nur für das verantwortlich, was wir tun,*
> *sondern auch für das, was wir nicht tun.*
> Jean-Baptiste Molière [1]

Ich befasse mich seit Ende der 1980er-Jahre mit der Marke. Standen zunächst Marken für Produkte, Dienstleistungen und Unternehmen im Fokus, kamen in den letzten Jahren im Zuge der gravierenden Veränderungen in Wirtschaft und Gesellschaft die Arbeitgeber-Marke und die Personen-Marke hinzu. Seit Gründung meines eigenen Unternehmens 2010, nach vielen Jahren nationaler und später weltweiter Marketingverantwortung (inkl. Brand and Product Management sowie Public Relations) in namhaften Unternehmen unterschiedlichster Branchen, bildet das Thema Marke neben der Innovation einen Schwerpunkt meiner Tätigkeit – in der Beratung von Unternehmen, der Lehrtätigkeit an renommierten Hochschulen, als Trainer und Coach und in meinen Vorträgen. Ich erkannte früh, wie wichtig das Erleben der Marke und ihrer Produkte ist, um Menschen für sie zu gewinnen und wie erfolgskritisch es ist, den Kunden dort abzuholen, wo er sich gerade befindet.

Die Ansprüche an die interne und externe Marken-Führung haben sich seit den 1980er-Jahren deutlich verändert und damit die

Herausforderungen, denen Marken-Verantwortliche und Marketeers gegenüberstehen. Marken-Führung umfasst nicht nur die Führung und Entwicklung der Marke, sondern ebenso, diese im Unternehmen (vor-)zu leben, das Marken-Wissen bei allen Mitarbeitern zu verankern, ihr Brand Behavior zu fördern und die Marke für die Stakeholder erlebbar zu machen. Marken-Führung zählt heute ebenso wie Innovationsfähigkeit zu den unternehmerischen Kernkompetenzen. Marke und Innovation sind die zentralen Wertetreiber nachhaltiger Profitabilität – ein Ziel, das jedes Unternehmen für sich beanspruchen muss, will es überlebensfähig bleiben. Marken haben ihren Platz in den Köpfen und Herzen der Menschen und in den Bilanzen der Unternehmen.

Beide, Marke und Innovation, haben mit Veränderung zu tun: Innovationen sind neuartige, zukunftsorientierte Lösungen im Markt für sich wandelnde Bedürfnisse und Herausforderungen. Deshalb müssen sich innovationsstarke Unternehmen ihre Fähigkeit bewahren, immer wieder neu zu denken und die Zukunft zu antizipieren. Auch eine Marke muss wandlungsfähig bleiben und darf nicht im „weiter so" verharren. Denn sie erstarrt, allmählich, wenn sie gesellschaftliche Entwicklungen ausblendet und sich in ihrer Beziehung zur Welt und ihren Kunden nicht weiter entwickelt. Sie verkommt zur Hülle, wird sie regelkonform verwaltet und nicht von den Mitarbeitern und Verkäufern am Point of Sale gelebt. Sie brennt aus – es gibt auch den Burn-out der Marke – und ihre Wirkungskraft erlischt. Zunehmend altert sie mit ihren Stammkunden, die sich irgendwann nach etwas „Jüngerem" umsehen, da die Marke nicht mehr auf der Höhe ihrer Zeit ist. Eine Situation, die derzeit in so mancher Branche zu beobachten ist.

Beide, Marken-Kompetenz und Innovations-Kompetenz erfordern, dass sich die Verantwortlichen mit neuen Technologien, Erfindungen, Entwicklungen und Trends der Zukunft auseinandersetzen. Innovationen gestalten Zukunft, indem sie neue Märkte, Angebote, Lösungen und Branchenstandards schaffen. Eine Marke gestaltet Zukunft durch ihr Marken-Versprechen, das immer auch ein Versprechen in die Zukunft ist. Das schafft Vertrauen – das Fundament sozialer und wirtschaftlicher Systeme.

Vor diesem Hintergrund ist es nur konsequent, wenn sich nicht nur Zukunftsforscher, Trend-Scouts, Forschungs- und Entwicklungsabteilungen oder Innovationsbeauftragte in Unternehmen, sondern auch Marken-Verantwortliche mit der Zukunft befassen. Zumal wir in einem Zeitalter gravierender Veränderungen leben. Buzzwords, die diesen Wandel bezeichnen, sind: Globalisierung, Digitale Transformation, Augmented and Virtual Reality, Mobilität, Industrie 4.0, Robotics, Künstliche Intelligenz (KI), War for Talents und Wertewandel, Gamification, Content Marketing und Marketing Automation. Zwei weitere Faktoren mit umwälzenden Auswirkungen kommen hinzu. Erstens, die Urbanisierung: 2050, so wird prognostiziert, leben rund 70 % der Weltbevölkerung in großen Städten, die zu Megacities führen. Hier verdichten sich Wirtschaften, Arbeiten und Leben und die damit verbundenen Herausforderungen und Konflikte. Und zweitens, die Vernetzung durch IoT (Internet of Things): 2025 sind geschätzte 50 Mrd. Geräte miteinander vernetzt. Das bedeutet automatisierte Kommunikation – unter Ausschluss des Menschen. In der Folge wandeln sich die Art und Weise unserer Kommunikation, unsere Wahrnehmung, unsere Jobs und Arbeitsumfelder, unser Einkaufs- und Konsumverhalten, unser Privatleben und das, was wir als unsere Privatsphäre bezeichnen. Alles dies muss vollkommen neu gedacht werden. Zukunftskonzepte entstehen wie beispielsweise die Smart City. Pioniere auf diesem Gebiet, wie Norbert Streitz, denken noch weiter und sprechen über Smart Airports als „transient hubs for polyphasic activities" [2] und entwickeln visionäre Modelle der Hybrid City.

Und was tun Marketing-Verantwortliche? Viele von ihnen vertrauen ihrer eigenen Marke nicht – in einer Zeit, in der immer mehr Menschen Orientierung suchen und von Unternehmen die Übernahme von Verantwortung bei der Lösung gesellschaftlicher Herausforderungen erwarten. Die selbstgesetzten ethischen Unternehmensstandards werden laut den eigenen Mitarbeitern oft nicht oder kaum erfüllt. Dabei sind Werte und Vertrauen die zentralen Grundlagen erfolgreicher Marken und erfolgreichen Wirtschaftens.

Dem Buch liegt eine Vision zugrunde: Die Menschen erachten starke Marken auch künftig als wertvoll – u. a., weil sie attraktive Alternativen zu von Algorithmen gesteuerten Empfehlungen und automatisierten Kaufentscheidungen bieten. Sie geht weiterhin davon aus, dass es den Menschen wichtig ist, dass nicht automatisierte Technologien das Leben beherrschen werden, sondern stets in der Rolle von Assistenzsystemen bleiben; dieser Assistenzstatus ist transparent und die Kontrolle verbleibt beim Menschen, der diese Technologie nutzt. Digitale Dienste verändern gesellschaftliche, soziale, wirtschaftliche und kommunikative Strukturen. Sogenannte „Filterblasen" und „Echokammern" verengen den persönlichen Horizont auf die eigenen Vorlieben und Meinungen, die durch diese immer erneut bestätigt werden. Und die Marke, dieser starke Orientierungsgeber und Deutungsrahmen, läuft aus unterschiedlichen Gründen Gefahr, an Gewicht zu verlieren. Das Buch möchte anregen, dass sich zu der Begeisterung für neue Technologien und weltweiter Vernetzung das Wissen und die Neugier um die Details gesellen und mit einer tragfähigen Vision verbinden, wie wir uns denn unser Leben und Arbeiten in Zukunft vorstellen und welche Rolle die Marke darin einnehmen kann und sollte. Und dass eine Denkrichtung die Oberhand gewinnt, die fragt: „Was wäre für den Menschen wünschenswert?" und nicht „Was macht Technik möglich?". So entstehen Win-win-Situationen für die Unternehmen und ihre Marken, die Kunden und die Gesellschaft. Wie die Zukunft aussehen wird, ist schwer vorhersehbar, da die Prämissen und Erkenntnisse der Vergangenheit in der Zukunft nicht greifen. Doch birgt die ungewisse Zukunft immer auch eine große Chance – nämlich die Möglichkeit, diese Zukunft aktiv zu gestalten. Die Persönlichkeiten hinter den Organisationen und Marken haben es in der Hand. Vielleicht vermag diese Zukunftsvision von *Hybrid Brands* in Hybrid Cities Impulse setzen, den Weg der *Humane Customer Centricity* zu gehen.

Gibt es noch Marken in der Zukunft, wenn zusätzlich digitale Technologien, KI, Empfehlungsalgorithmen und Automatisierung die Kontrolle und die Deutung der Welt übernehmen? Das ist die zugegeben provokante Frage, der dieses Buch nachgeht. Es schließt mit einer Vision: *Humane Hybrid Brands* – eine Zukunftsvision für starke Marken.

Frankfurt am Main, Deutschland Christine Riedmann-Streitz
Dezember 2016

Literatur

1. Francois de la Rouchefoucauld, Zitat, http://www.gutzitiert.de/zitat_autor_fran%C3%A7ois_vi_herzog_von_la_rochefoucauld,_prince_de_marcillac_thema_lebensweisheit_zitat_13281.html, abgerufen am 10.10.2015
2. Jean-Baptiste Molière, Zitat, www.zitate.de/autor/Molière
3. Norbert Streitz, Smart Airports: http://www.smart-future.net/themes-and-issues/smart-airports (abgerufen am 31.10.2016) sowie Norbert Streitz (2016). Opportunities and Risks of Digitalization in the Context of Smart Hybrid Cities and Airports. In: Proceedings of USEWARE 2016 – Mensch-Technik-Interaktion im Industrie 4.0 Zeitalter. 8. VDI-VDE Fachtagung. VDI-Berichte 2271. VDI Wissensforum. VDI-Verlag (pp. 5–14)

Inhaltsverzeichnis

1 **Back to the roots: Marken sind keine Erfindung der Neuzeit**   1
  1.1 Motivation   2
  1.2 Marken sind keine Erfindung der Neuzeit   4
  1.3 Grundlegendes zur Marke   7
  1.4 Die Arbeitgeber-Marke   16
  1.5 Die Personen-Marke   20
  1.6 Die Marke psychologisch und ökonomisch betrachtet   26
  1.7 Quer gedacht: Über die Essenz von Meaningful Brands   35
  1.8 Vom Kunden zum Nutzer der Marke   37
  Literatur   40

2 **Impact: Werte-Treiber der Marke**   45
  2.1 Marken-Vertrauen   46
  2.2 Marke und Innovation: Die zentralen Werte-Treiber nachhaltig profitablen Wachstums   51
  Literatur   59

3 Digitale Transformation: Die Marke in einer Welt disruptiven Wandels — 61
- 3.1 Digital Transformation: The Future Starts Now — 62
- 3.2 Disruption: Widerspricht die Idee der Marke nicht der Dynamik des Wandels? — 80
- 3.3 VUCA: Über zunehmende Komplexität, schwindenden Durchblick und Bedeutungsfilter — 84
- 3.4 Digital Burn-out — 89
- 3.5 Rethinking Brand Management: Wollen wir im digitalen Zeitalter auf die Marke verzichten? — 93
- Literatur — 109

4 Future World: *Hybrid Brands* in Hybrid Cities — 113
- 4.1 Pioneering the World of Brands — 114
- 4.2 Hybrid: Werte-Treiber aus zwei Welten — 116
- 4.3 *Hybrid Brands* in Hybrid Cities — 121
- 4.4 *Hybrid Brands:* Perspektiven und Erfolgsfaktoren für die Zukunft der Marke — 145
- 4.5 *Humane Customer Centricity* — 158
- 4.6 *Humane Hybrid Brands* — 161
- 4.7 Paradigmenwechsel für „Made in Germany" — 165
- 4.8 Value Creation: *Curating Brands* — 166
- 4.9 *Humane Hybrid Brands* – eine Zukunftsvision für starke Marken — 170
- Literatur — 179

Anhang — 185

Abkürzungen und Erläuterungen

AR	Augmented Reality, angereicherte Realität
B2B	Business to Business
B2C	Business to Consumer
Beacon	Bluetooth Low Energy-Technologie, Funktechnologie
Brand Ambassadors	Marken-Botschafter
Brand Behavior	Marken-konformes Verhalten der Mitarbeiter
Burn-out	Erschöpfungszustand
CDO	Chief Digital Officer
CEO	Chief Executive Officer
CFO	Chief Financial Officer
CMO	Chief Marketing Officer
Corporate Citizenship	das gesellschaftliche, nachhaltige Engagement einer Organisation
Corporate Responsibility	unternehmerische Verantwortung
Customer Centricity	Kundenzentriertheit
Customer Journey	„Reise des Kunden"
Device	hier „Gerät"
DMPA	Deutsches Marken- und Patentamt
DOoH	Digital Out-of-Home, hier: digitale Kommunikation im öffentlichen Raum

Employability	Beschäftigungsfähigkeit
Homo Oeconomicus	Modell des wirtschaftlich denkenden und handelnden Menschen
Hybrid	hybrid; gebündelt, gemischt, gekreuzt
Hyper-Personalization	hoch individuelle Kundenansprache
I&K-Technologie	Informations- und Kommunikationstechnologie
IoT	Internet of Things; Internet der Dinge
KPI	Key Performance Indicator, Leistungskennzahl
Lymbic Map	Emotionsraum des Menschen (Gruppe Nymphenburg); motivationale und emotionale Kartierung
Mobile Payment	Mobile Bezahlsysteme
Nudges	Verhaltens-Stupser (Richard Thaler und Cass Sunstein)
NUI	Natural User Interface, natürliche Benutzeroberflächen
OoH	Out-of-Home, hier: Kommunikation im öffentlichen Raum
Relevant Set	engste präferierte Auswahl des Kunden aus dem ihm verfügbaren Angebot
Social Bot	softwaregesteuerte Agenten im Web und den sozialen Netzwerken
Social Hub	sozialer Knotenpunkt im Web und den Sozialen Medien; hier: reale Social Hubs
Stakeholder	Anspruchsgruppen
Targetting	zielgerichtete, effektive digitale Ansprache einer definierten Zielgruppe
Touchpoint	Kundenkontaktpunkt
Troll armies	Armee fingierter Identitäten
USP	Unique Selling Proposition; Alleinstellungsmerkmal
VR	Virtual Reality, virtuelle Realität
VUCA	Volatility (Volatilität), Uncertainty (Ungewissheit), Complexity (Komplexität), Ambiguity (Mehrdeutigkeit)
24/7/365	24 Stunden pro Tag, 7 Tage in der Woche, 365 Tage im Jahr

Abbildungsverzeichnis

Abb. 1.1	Die Marke: Segmente und Leistungsversprechen	7
Abb. 1.2	Die Hauptelemente der Marken-Identität	9
Abb. 1.3	Was Unternehmen tun, um ihre Marke zu stärken	12
Abb. 1.4	Marken-Hexagon „Erfolgsfaktoren"	13
Abb. 1.5	Brand Discoverability	15
Abb. 1.6	Wertschöpfungsfaktor Arbeitgeber-Marke	18
Abb. 1.7	Arbeitgeber-Marken-Check	19
Abb. 1.8	Die Nutzenfunktionen der Marke	27
Abb. 1.9	Wirkdimensionen der Marke	30
Abb. 2.1	Response-Strategien	54
Abb. 2.2	Strategische Ansatzpunkte für Innovationen	56
Abb. 2.3	Ganzheitlicher Iterativer Innovationsprozess	57
Abb. 3.1	Digital Box im Lego Store, New York City	68
Abb. 3.2	Coca-Cola®, Las Vegas	82
Abb. 4.1	Grand Place, Brüssel	130
Abb. 4.2	Ausstellung „The First Hour", Brüssel. Fotograf: Thierry Bouet, Brüssel	131
Abb. 4.3	Time Square, New York City	132
Abb. 4.4	Ritter Sport, Hauptbahnhof Frankfurt am Main	134
Abb. 4.5	Tom Bradley Terminal, Los Angeles Airport	136

Abb. 4.6	Restaurant wirbt um Pokémon GO-Spieler, Toronto	143
Abb. 4.7	Google® Datenschutz und Personalisierung	151
Abb. 4.8	Statue nahe Europapalast, Straßburg	159
Abb. 4.9	Bedeutungsfilter „Starke Marke"	167

Über die Autorin

Christine Riedmann-Streitz ist Gründerin und Geschäftsführerin der MarkenFactory GmbH mit langjähriger Erfahrung aus leitenden Managementpositionen in Industrie, Handel und Agentur in sehr unterschiedlichen B2B- und B2C-Branchen. Sie ist Expertin für Marke und Innovation als die zentralen Treiber für nachhaltig profitables Wachstum sowie Marketing und Sustainability als Schlüsselfaktoren für erfolgreiches Business. Als Dozentin lehrt sie u. a. „Change and Innovation", „Employer Branding & Bindungsmanagement" sowie „Nachhaltigkeit 3.0" an renommierten staatlichen und privaten Hochschulen. Sie ist Mitglied des Program Board der International Conference on Design,

User Experience, and Usability (DUXU) (Toronto 2016, Vancouver 2017), außerdem Keynote Speakerin und Panelist. Sie entwickelt und moderiert Workshops u. a. zu den Themen Digitale Transformation, Innovation, Sustainability und Brand Management. www.markenfactory.com.

1

Back to the roots: Marken sind keine Erfindung der Neuzeit

Zusammenfassung Wir sind mit Marken aufgewachsen, unabhängig davon, zu welcher Generation wir gehören. Sie waren bereits da, noch bevor wir anfingen, ihre Mechanismen zu ergründen. Ihre Rolle, Bedeutung und Anwendung haben sich über die Zeiten verändert, ihre Kernfunktion ist geblieben. So wurden sie integraler Bestandteil unseres Alltags und globalen Wirtschaftens und bedeutender Wertschöpfungsfaktor für Anbieter und Kunde. Das gilt jedoch nur für starke Marken, die das Nadelöhr der Ökonomie der Aufmerksamkeit passieren. Worum es dabei geht, erläutern wir in diesem Kapitel. Auch scheint es, als würde die Relevanz der Marke zunehmen und sie im digitalen Zeitalter unverzichtbar werden. Ebenso denkbar ist, dass ihre Einflusskraft durch digitale Faktoren unwiederbringlich gefährdet ist. Wir betrachten u. a. „Grundlegendes zur Marke" und setzen Akzente mit den (noch) stark vernachlässigten Segmenten „Arbeitgeber-Marke" und „Personen-Marke". Wir beleuchten die Brand Key Facts aus ökonomischer und psychologischer Sicht und prüfen, ob die Marke „Gutes" bewirken und dabei wirtschaftlichen Erfolg generieren kann. Und wir erklären, warum wir unsere Denkrichtung ändern müssen – selbst wenn wir sagen: der Kunde ist König.

1 Back to the roots: Marken sind keine Erfindung der Neuzeit

Inhaltsverzeichnis

1.1 Motivation 2
1.2 Marken sind keine Erfindung der Neuzeit. 4
1.3 Grundlegendes zur Marke. 7
1.4 Die Arbeitgeber-Marke 16
1.5 Die Personen-Marke 20
1.6 Die Marke psychologisch und ökonomisch betrachtet. 26
1.7 Quer gedacht: Über die Essenz von Meaningful Brands 35
1.8 Vom Kunden zum Nutzer der Marke 37
Literatur. 40

1.1 Motivation

Wir sind mit Marken aufgewachsen. Unabhängig davon, ob wir zu der Generation der Baby Boomer, Generation X, Millennials, Generation Y, Z oder R gehören. Wir nehmen Marken bewusst und unbewusst wahr, unabhängig davon, ob wir diese aus Sicht des Geschäftskunden (B2B), des Konsumenten (B2C), des CEOs, CFOs, CMOs oder CDOs, des Marken- oder Marketingverantwortlichen, des Start-up-Gründers oder aus Sicht der Kreativwirtschaft, einer Unternehmensberatung oder eines Marktforschungsexperten sehen. Marken sind integrierter Bestandteil unseres Alltags und unserer globalen Wirtschaft. Und sie sind Objekt von Forschung und Wissenschaft. Sie waren bereits da, von Menschen ersonnen und gebildet, noch bevor wir anfingen, ihre Mechanismen zu ergründen.

Marken erfüllen die unterschiedlichsten Funktionen im Privat- und Berufsleben, in Gesellschaft und Wirtschaft. Sie sind nicht nur in den Köpfen und Herzen von Konsumenten, sondern auch als Wert in den Bilanzen von Unternehmen verankert. Ihnen wird ein hoher Anteil am Unternehmenswert zugeschrieben und sie gelten als zentraler Faktor für den Unternehmenserfolg.

Ihr Facettenreichtum und ihre Relevanz spiegeln sich in unterschiedlichen Konzepten, Studien und Rankings wider. Wir finden das Konzept für Marken, sogenannte Love Brands oder Love Marks [1], deren

Beziehung zu Menschen (Fans) von einer anhaltenden Leidenschaft und Emotion geprägt ist. Wir lesen Untersuchungen über Marken, die Einfluss auf menschliche Lebensqualität und Wohlbefinden haben und über dessen Wechselwirkung mit ihrer wirtschaftlichen Performance (Meaningful Brands [2]). Marken werden bewertet, wie stark sie Vertrauen säen und ernten, die Trust Brands [3] sowie nach dem Grad ihrer erfolgreichen Globalisierung, der Präsenz außerhalb ihres Heimatmarktes (Global Brands [4]). Es werden die „besten" Marken gesucht, segmentiert nach Preissegment (z. B. Luxus [5]) oder Branche (z. B. Kosmetik [6], Pharma [7]) und klassifiziert nach ihrem Social Index [8], ihrer nachhaltigen Ausrichtung (Green Brands [9, 10]) und ihrer Attraktivität als Arbeitgeber-Marke (Attractive Employer Brands [11]). Beurteilt werden ihre Kraft (Powerful Brands [12]) nach Kriterien der Awareness und Brand Perception, ihr Wert (Valuable Brands [13]), ihre Agilität (Global Agile Brand [14]) und ihr Digital IQ [15]. Bei Nichtgefallen werden sie öffentlich kritisiert, wenn sie die Erwartungen der Stakeholder nicht erfüllen (Worst Brands [16], Goldene Runkelrübe [17]).

Motivation für dieses Buch „Gibt es noch Marken in der Zukunft" ist das große Gap zwischen Wahrnehmung, Erkenntnis und Umsetzung. Studien zeigen auf, dass Verbraucher auf die Mehrzahl der Marken verzichten könnten, sie sind ihnen schlichtweg gleichgültig. Doch geht es nicht nur um die Gegenwart, sondern vor allem um Zukunftssicherung. Denn die Digitalisierung kann darauf hinauslaufen, anstelle der Marken sich selbst organisierende und automatisierte Empfehlungsalgorithmen mit einer höchst individualisierten Kundenansprache zu setzen. Ist es so, wie wir uns die Zukunft wünschen?

Das digitale Umfeld wirkt disruptiv auf die Marke. Es ist an der Zeit, einen Standpunkt in der Zukunft zu finden, von dem aus die Situation in der Gegenwart beurteilt und der Weg von der Gegenwart in die gewünschte Zukunft zügig, sukzessive und konsequent entwickelt und geebnet werden kann. Die Grundlage bildet die tragfähige Zukunftsvision. Gibt es noch Marken in der Zukunft? Das ist die zugegeben provokante Frage, der dieses Buch nachgeht. Es schließt mit einer Vision: *Humane Hybrid Brands* – eine Zukunftsvision für starke Marken.

1.2 Marken sind keine Erfindung der Neuzeit

Marken sind keine Erfindung der Neuzeit. Ihre Rolle, Bedeutung und Anwendung haben sich über die Jahrhunderte verändert, ihre Kernfunktion ist geblieben. Es scheint, als würde ihre Relevanz zunehmen, parallel zu der massiven Quantität an Angeboten, der hohen Produktähnlichkeit und der steigenden Komplexität, in einer unüberschaubaren Vielzahl an Kanälen zu kommunizieren und sich für das „Richtige" zu entscheiden. Möglicherweise wird die Unverzichtbarkeit der Marke im digitalen Zeitalter zunehmen. Denkbar ist jedoch auch, dass ihre Einflusskraft durch digitale Faktoren gefährdet ist, die Kaufentscheidungen schlichtweg manipulieren und automatisieren.

Marken spielten in unserer Frühgeschichte eine nicht unerhebliche Rolle. Sie dienten den Menschen zur Abgrenzung ihrer Reviere, als Zeichen der Zugehörigkeit zu einer Familie und als Herkunftsbezeichnung von Produkten. Im alten Ägypten wurden Ziegelsteine gebrandet. Der Begriff Branding hat seinen Ursprung im Brandzeichnen von Tieren, oft von Pferden und Rindern. Das Brandzeichen markiert sie als Eigentum ihres Besitzers; dieses Symbolhafte, das auf den Besitzer verweist, ist ein wesentliches Merkmal einer Marke. Interessanterweise hat der Deutsche Marketingklub auf das Brandzeichen und sein Werkzeug, das Brandeisen, zurückgegriffen, als er 2006 die Auszeichnung „Goldenes Brandeisen" [18] erdachte, mit der er jährlich ausgezeichnete Marken-Führung kennzeichnet. Die Marken Jägermeister, Deutsche Lufthansa, Nespresso, Loewe, Red Bull, Ikea, adidas, Pampers, Ritter Sport, Kärcher und Bahlsen erhielten diese Auszeichnung. Marken wie die Haus-Marke und das Wappensiegel schützten Eigentum, sie dokumentierten Status (Familienwappen) oder Autorität, sie besiegelten Willenserklärungen (Siegel) und kennzeichneten die Herkunft von Produktsortimenten. Händler und Kaufleute nutzten Warenzeichen für Ackerbau und Viehzucht und für ihre Lebensmittelsäcke, Tee- und Kaffeemischungen. Handwerker kennzeichneten ihre Werkzeuge. Meister, Zünfte und Städte besaßen ihre Urheberzeichen. Heute noch trinken wir Biere, deren Marken im 14. Jahrhundert entstanden sind wie das Franziskaner oder das Mönchshof Bier.

1.2 Marken sind keine Erfindung der Neuzeit

Die Industriegesellschaft des 19. Jahrhunderts und die durch neue Technologien mögliche maschinelle Produktion brachten massenhaft Produkte gleichbleibender Qualität hervor. Neue Transport- und Distributionsmöglichkeiten lösten die frühere eins-zu-eins–Beziehung zwischen Anbieter und Kunde auf. Im Mittelalter waren die Händler mit ihren individuellen Sortimenten nicht nur der Point of Sale (die Einkaufsstelle), sondern auch der Point of Trust (der Vertrauensfaktor) bei Handel und Einkauf. Mit Beginn der maschinellen Massenproduktion Ende des 19., Anfang des 20. Jahrhunderts musste der Hersteller seine Produkte kennzeichnen und ihren Verkauf durch Werbung unterstützen. Eine vollkommen neuartige Pluralität und Quantität des Angebotes erforderte vom Anbieter hohe Bekanntheit und klare Differenzierung, damit der Verbraucher sich orientieren konnte. Breite öffentliche Präsenz und Bekanntheit wird zur Voraussetzung für Wahrnehmung und Interesse, Relevanz zur Bedingung für Präferenz und Kaufabsicht. Die Marke wird zum entscheidenden Mittler zwischen Anbieter und Käufer. Sie ist es, die Vertrauen schafft. Zu den ersten Hersteller-Marken seit Ende des 17. Jahrhundert gehörten Lambertz, Farina, Meissen (die wahrscheinlich erste eingetragene Marke), Zwilling und Faber-Castell.

Die Wirkungskraft von Marken muss den Menschen damals schon sehr bewusst gewesen sein. Großbritannien entwickelte ein Reichsmarkenschutzgesetz (1874) und stellte mit dem „Merchandise Marks Act" (1887) eine deutlich und allgemein sichtbare Differenzierung von in Deutschland hergestellten Produkten sicher. Deutsche Produkte, deren Qualität als minderwertig galt, mussten fortan das Label „Made in Germany" tragen. Es ist eine bemerkenswerte geschichtliche Entwicklung wie daraus später ein renommiertes Gütesiegel für Qualität wurde, das sich zu einer starken und weltweit anerkannten Marke entfaltete.

Anfang des 20. Jahrhunderts etablierten sich der Marken-Artikel und das ihn begleitende Marketing in Form von Werbung, Kommunikation und Public Relations. Marken wie Haribo Goldbären, Rama, Salzletten, Hansaplast, Hakle, Tempo kamen auf den Markt. Nach dem Zweiten Weltkrieg wurde der Markenbegriff mit der Möglichkeit des rechtlichen

Schutzes und der Eintragung ins Marken-Register um Dienstleistungs-Marken erweitert und später auf Investitionsgüter, Vor- und Endprodukte ausgeweitet. Seit Ende des 20. Jahrhunderts können auch Veranstaltungen wie die Olympischen Spiele (Olympia) als Marke angemeldet werden.

Marken werden heute nach den verschiedensten Kriterien evaluiert und in Rankings bewertet. Faktoren sind sowohl ökonomische als auch Imagefaktoren. Die Bewertungen erfolgen nicht mehr nur durch anerkannte Institutionen oder große Agenturen, sondern direkt durch deren Stakeholder: die Anspruchsgruppen. Die Arbeitgeber-Marke wird von aktuellen und ehemaligen Mitarbeitern, der Handel durch seine Kunden und die Öffentlichkeit beurteilt. Die zahlreichen globalen und nationalen, Branchen-, Segment-, Themen- und Preissegment-bezogenen Marken-Evaluationen zeigen, dass die Marke heute eine eigenständige Größe als Image- und Wertschöpfungsfaktor ist und eine hohe wirtschaftliche Relevanz erlangt hat.

Wie gesagt, Marken sind keine Erfindung der Neuzeit. Sie wurden von Menschen erdacht und geschaffen, lange, bevor es das Marketing unserer Tage gab. Sie sind früh entstanden aus dem Wunsch des Menschen heraus, sich und seine Familie, seine Herkunft und seinen Status, sein Erbe und Eigentum, seine Leistungsfähigkeit und sein Angebot abzugrenzen und mit einem qualitativen Versprechen zu kennzeichnen. Das Wesen und die Kernfunktion der Marke, als Zeichen und Kennzeichen, verdichtet und für alle verständlich für etwas zu stehen, sind geblieben. Sie verkörpert eine versprochene Qualität, einen sozialen Status, ein Vermögen, eine Leistung sowie Reputation und Image. Sie bietet ihren Status und ihre Wertewelt zur Identifikation und Selbstdifferenzierung an. So lebt sie durch die enge Verbundenheit und Zugehörigkeit zu ihren treuen Kunden und Marken-Fans, die sich mittels dieser Marke wiederum gegenüber anderen abgrenzen. Die Marke verspricht Beständigkeit und wirbt um Vertrauen, gibt Orientierung und Entscheidungshilfe. Marken sind sekundenschnell erkennbar und sie funktionieren wie Signale – früher wie heute.

1.3 Grundlegendes zur Marke

Die Marke ist ein eigenständiger bedeutender Wertschöpfungsfaktor – sowohl für den Anbieter als auch für den Adressaten. Die Bedeutung der Marke fußt auf einer Bilateralität: der Beziehung zwischen Marke und Stakeholder sowie der Wechselwirkung zwischen Ausdruck und Inhalt, zwischen Marken-Identität und Marken-Auftritt, zwischen äußerem Marken-Image und internem Marken-Bild, das durch das Marken-Verhalten geprägt wird. Aufgrund ihres Stellenwertes wurde die Marke im 20. Jahrhundert für immer mehr Segmente in Anspruch genommen. Heute können Unternehmen, Produkte, Dienstleistungen, Investitionsgüter, Vor- und Endprodukte, Städte, Veranstaltungen, Familien und Personen als Marke angemeldet und geschützt werden. Neben Hersteller-Marken finden wir Handels-Marken und die sogenannten „No Names", also Produkte ohne Marken-Bezeichnung; letztere wurden mittlerweile als Eigen-Marken wirkungsvoll in den Märkten positioniert. Abb. 1.1 zeigt eine Übersicht über Marken-Segmente und das Leistungsversprechen von Marken.

BRAND	
segment	promise
CORPORATE	corporate brand proposition (CBP)
EMPLOYER	employer value proposition (EVP)
PRODUCT / SERVICE	product / service value proposition (PVP, SVP)
PERSON	personal brand proposition (PBP)

Abb. 1.1 Die Marke: Segmente und Leistungsversprechen. (Quelle: Eigene Darstellung)

So verwundert es nicht, dass parallel hierzu die Anzahl der Marken drastisch anstieg. 2014 wurden allein in Deutschland rund 66.000 Marken angemeldet und knapp 48.000 Marken in das Marken-Register eingetragen. Das Deutsche Marken- und Patentamt (DMPA) [19] bearbeitet etwa 190 Marken pro Arbeitstag. Insgesamt sind knapp 800.000 Marken beim DMPA eingetragen, weltweit sollen es zehnmal so viel sein.

Diese unüberschaubare Quantität zwingt die Marken-Verantwortlichen zur Präzision und Konzentration in der Marken-Führung. Denn der Wirkung von Marken sind Grenzen gesetzt. Eine Hürde liegt in der Ökonomie der Aufmerksamkeit. Studien gehen davon aus, dass ein Mitteleuropäer etwa 3000 Marken-Kontakte am Tag hat und ein Bundesbürger weniger als 600 Marken kennt. Auch wenn man diese Zahlen nur als Anhaltspunkte nimmt, ist leicht erkennbar, wie wenige Marken letztendlich bei einer breiteren Öffentlichkeit ankommen. Verschärft wird die Situation dadurch, dass die Digitalisierung mit dem Web, der E-Mail, den sozialen Medien und anderen Technologien sowie der zunehmenden Vernetzung die Möglichkeiten und Kanäle der Marken-Kommunikation erheblich vervielfacht. Hinzu kommt die Multiplizierung der möglichen Zeitpunkte der Ansprache des Kunden, der heute Always-On ist und jederzeit mobil erreichbar. Da Digitalisierung zumindest teilweise die Kosten der Kundenansprache senkt, verführt dies zu immer mehr Kommunikation. Dem scheinbar grenzenlosen Zugang zum Kunden ist jedoch eine natürliche Hürde gesetzt: die menschliche Aufnahmefähigkeit. Das hat zur Folge, dass eine Marke per se nicht den Erfolg ausmacht. Sie muss zu einer starken Marke werden und aus Sicht ihrer Kunden wie ein Leuchtturm aus der Masse hervorragen.

Eine weitere Hürde liegt in der persönlichen Relevanz der Marke für den Kunden. Die meisten neu eingeführten Produkte sind nicht oder mäßig erfolgreich, da sie aus einer Make-and-Sell-Denke des Unternehmens heraus auf den Markt gebracht wurden, ohne ihre Sinnhaftigkeit kritisch zu hinterfragen und zu prüfen, ob hier überhaupt ein wahrnehmbarer Mehrwert und Nutzen sowie Interesse auf Kunden- und Konsumentenseite vorhanden ist. Hinzu kommt der Mangel an emotionaler Bindung des Kunden an die Marke, der zu teils massenhaften Abwanderungen von Stammkunden führt, und den Burn-out dieser Marke einläutet [20].

1.3 Grundlegendes zur Marke

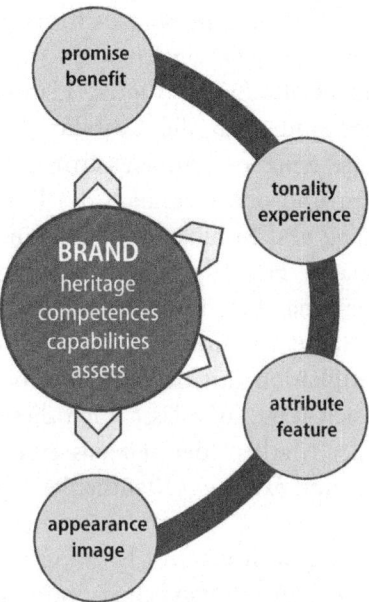

Abb. 1.2 Die Hauptelemente der Marken-Identität. (Quelle: Eigene ergänzte Darstellung in Anlehnung an das Marken-Steuerrad von Esch [21])

Deutlich sieht man den Trichter vor Augen, der, bedingt durch die Ökonomie der Aufmerksamkeit und die persönliche Relevanz, relativ wenige Marken durchlässt. Dies sind die starken Marken und es ist unabdingbar, sich auf die Grundlagen der Bildung einer starken Marke zu besinnen (s. Abb. 1.2).

Die klar erkennbare Marken-Identität, die sich von allen anderen Anbietern differenziert und deutlich abgrenzt, bildet die Grundlage einer starken Marke und das Fundament der Marken-Führung. Sie umfasst das Marken-Erbe, die Heritage, es ist das, was die Marke bedeutsam gemacht hat und sie bisher auszeichnete. Zur Identität zählen außerdem die charakteristischen Merkmale einer Marke, ihre Eigenschaften und ihr Charakter. Entscheidend für den Marken-Erfolg ist der wahrnehmbare Nutzen, den die Marke ihren Kunden und Fans stiftet. Damit ist sowohl der rationale und funktionale Nutzen, wie auch der emotionale Nutzen, also beispielsweise Prestige und Belohnung, gemeint. Die Tonalität ihres

Auftritts, die sich in Stil (u. a. dem Sprachstil), Atmosphäre oder Spirit äußert, definiert die eine Seite des äußeren Auftritts. Das Erscheinungsbild der Marke, welches alle Sinne (Optik, Haptik, Akustik, Geruch, Geschmack) anspricht und auch die Usability (Nutzerfreundlichkeit) umfasst, ist die andere Seite des Außenauftritts. Letztere bezieht sich sowohl auf das Design und den Gebrauch des Produktes oder Services als auch auf den Zugang und Kontakt zur Marke in der physischen Realität (z. B. im stationären Handel) und in den digitalen Medien. Die Wirkung von Marken-Charakter und Auftritt und der Art und Weise der Beziehung der Marke zu ihren Stakeholdern hat eine Besonderheit: Durch die Identifikation mit der Marke erfolgt ein Imagetransfer auf den Nutzer, der sich fragt: Wie lässt mich diese Marke „aussehen"? So gibt das Modell der Marken-Identität das Handlungsgerüst vor für interne (Organisation) und externe (Öffentlichkeit) Marken-Führung.

Die Marken-Identität zeigt sich u. a. im Leistungsversprechen. Die Kongruenz von Kompetenz, Nutzenversprechen und eingelöster Leistung ist eine Grundvoraussetzung für den Erfolg der Marke. Die Marken-Kompetenz äußert sich in ihrer ästhetischen, technischen, kommunikativen oder auch kulturellen Kompetenz. Die Marken-Leistung sollte immer aus der Sicht des Kunden betrachtet werden. Denn es ist der Perceived Value und die Perceived Quality, die den Kunden letztendlich begeistern, nicht die Faktenlage des Angebotes. Was sich einfach anhört, gestaltet sich in der Realität oft schwer. Blicken wir u. a. in die Finanzbranche: Die Deutsche Bank zählte jahrzehntelang zu den begehrten Arbeitgebern mit einer starken Anziehungskraft auf talentierten Nachwuchs. Sie war angesehen als „ertragsstarkes Institut" und der letzte der mehrmals wechselnden Claims [22], Ausdruck des Marken-Versprechens, versicherte: „Leistung aus Leidenschaft" [23]. Das Management verzichtet mittlerweile auf den Claim und besinnt sich entsprechend konsequent zurück auf den Marken-Kern als Leitlinie für den Umbau und Neuaufbau, der mit Gründung der Organisation definiert wurde: eine „Bank für Unternehmen" [24] zu sein. Der Marken-Kern ist Ausgangspunkt und Anker für die Veränderung. Kongruenz zwischen Versprechen und Verhalten ist Grundlage von Glaubwürdigkeit. Differenzierung ist Voraussetzung für ein starkes Marken-Profil. Das Marken-Versprechen muss an allen Touchpoints eingelöst werden und erlebbar sein: u. a. in der

Organisation über die Unternehmens- und Führungskultur und im persönlichen Kontakt der Mitarbeiter zu den Stakeholdern, zu denen auch die Kunden zählen. Eine Marke bildet sich stets von innen nach außen.

Beim Leistungsversprechen wird hinsichtlich des Absenders (Unternehmen, Arbeitgeber, Produkt, Service, Person) unterschieden; das Versprechen bezieht sich jeweils auf den Wirkungsraum dieses Absenders (Abb. 1.1). Aus diesem Grunde darf das Versprechen des Unternehmens als Arbeitgeber nicht mit seinem Versprechen als Corporate Brand in Widerspruch stehen, sondern ist im besten Fall aus ihm abgeleitet. Kongruenz ist hier eine Basis von Glaubwürdigkeit.

Eine Marke muss sich mit der Zeit und ihrem Umfeld wandeln und weiter entwickeln, um attraktiv zu bleiben. Wie sensibel die Balance zwischen Erhalt der Marken-Identität und einer Neubelebung ist, zeigt sich am Beispiel der Mode-Marke Jil Sander. Früher eine Ikone, verkörperte sie in ihren besten Zeiten den typischen (Jil Sander) Minimalismus mit ihrer positiv aufgeladenen Zeitlosigkeit. Diese Marken-Identität war eng mit der Person Jil Sander verbunden. Dies wurde zur Herausforderung, als andere Chefdesigner die Verantwortung der Marken-Führung übernahmen. Auch in der Automobilindustrie finden wir Phasen, in denen sich Marken – sicherlich getrieben durch die Anforderungen an Energieeffizienz, vielleicht auch aus mangelndem Mut heraus – im Design gefährlich stark annäherten. Oft blieben nur das Logo oder markante Gestaltungsdetails wie die Rücklichter als Erkennungszeichen übrig. Das Marken-Profil war optisch schwach ausgeprägt. Wandel muss Identität wahren, eine Herausforderung für die Marken-Führung gerade in der heutigen volatilen Zeit. Aus diesem Grunde wird das Thema in Kap. 3 vor dem Hintergrund der Digitalisierung erneut aufgegriffen und vertieft.

Der signalstärkste Ausdruck der Marken-Identität ist das Logo. Es übernimmt eine entscheidende Funktion bei der Wiedererkennung der Marke inmitten einer immer unüberschaubar werdenden Angebotsvielfalt. Insbesondere auf digitalen Plattformen, auf denen das Produkt ohne das gewohnte Marken-Umfeld präsentiert wird, sind eine deutlich wiedererkennbare Marken-Handschrift im Produktdesign und eine sekundenschnelle Wiedererkennbarkeit des Logos wesentlich. Das Logo ist

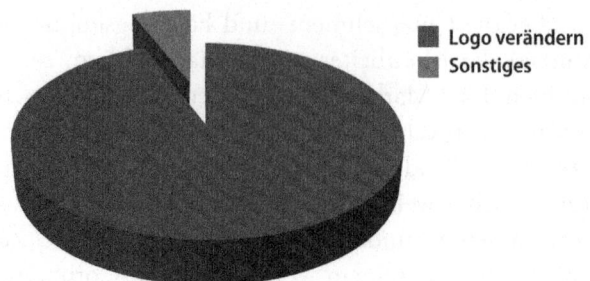

Abb. 1.3 Was Unternehmen tun, um ihre Marke zu stärken. (Quelle: Eigene Darstellung)

untrennbar mit der Marke verbunden, erkennen wir doch in wenigen Sekunden anhand erster Umrisse von Form und Farbe bereits den Absender – sofern es sich um die starke Marke handelt. Deshalb darf es nicht zu einem nach Belieben einsetzbaren und veränderbaren Marketinginstrument degradiert werden. Dennoch finden sich zahlreiche Beispiele, die den Wunsch verraten, eine interne Veränderung äußerlich durch ein neues oder modifiziertes Logo sichtbar zu machen. Den Eindruck, den man hier gewinnt, könnte man wie in Abb. 1.3 gezeigt, darstellen.

Ein Fall aus der Praxis ist das aktuelle Thema der Unternehmensnachfolge. Um zu verhindern, dass ein Logo zu einer bloßen Hülle ohne Inhalt verkommt, muss der Wandel zunächst intern vollzogen sein, bevor er sichtbar nach außen getragen wird. Vor dieser Versuchung sind selbst Konzerne nicht gefeit. Die von Yahoo initiierten „30 days of change" [25] bescherten der Öffentlichkeit einen Monat jeden Tag ein anderes Logo, bevor das finale Logo präsentiert wurde. Das Ergebnis waren sehr polarisierte Reaktionen und ein großes Unverständnis in der Öffentlichkeit. Das Logo wird von den Menschen als Identitätszeichen ernst genommen. Und die Bedeutung seiner Signalkraft wächst mit zunehmender Digitalisierung.

Unabdingbar für den wirtschaftlichen Erfolg ist, dass die Marke eine hohe Relevanz besitzt. Das ist mehr als Differenzierung von brancheninternen und branchenfremden Wettbewerbern. Relevanz bezieht sich immer auf die Bedeutung und Wertschätzung aus Sicht der Kunden, Konsumenten und Nutzer der Marke. Relevanz erfordert, das eigene

Marken-Profil trennscharf abzugrenzen: erst wahrgenommene Alleinstellung, Qualität, Nutzen und erlebte Identität und Werte der Marke erzeugen diese Relevanz. Nicht das, was in Konzepten, Texten, Layouts oder Leitlinien festgeschrieben wurde. Das klare Marken-Profil ermöglicht den Interessenten die Überprüfung des Cultural Fit und des Value Fit für eine mögliche Identifikation mit der Marke. Deshalb ist Relevanz auch ohne Nähe zum Kunden undenkbar. Meint sie nicht nur die aktuelle Relevanz des konkreten Angebotes, sondern auch eine kulturelle Relevanz, dann hat die Marke die Voraussetzung, sich ebenso in der Gesellschaft und im kollektiven Gedächtnis zu verankern. Marken wie Dornbracht und Patagonia® wollen mit ihren starken Visionen, ihren Werten, ihrer Haltung und ihrer gesellschaftlichen und kulturellen Positionierung diese kulturelle Relevanz erlangen.

Erkennbar die Nummer Eins im Segment zu sein und damit eine Leuchtturmfunktion zu besitzen, ist ein entscheidendes Kriterium für den Marken-Erfolg. Eine hohe wahrgenommene Attraktivität und Einzigartigkeit bilden die Basis für Faszination und Relevanz, die sich in der Verwendung der Marke immer wieder erneut bestätigen muss. Das Marken-Hexagon (Abb. 1.4) zeigt die Erfolgsfaktoren im Überblick: Einzigartigkeit, Uniqueness, ist ein zentraler Faktor, der die sekundenschnelle Wiedererkennung und Abgrenzung zu anderen Angeboten sicherstellt. Die durch digitale Technologien entstandene Möglichkeit,

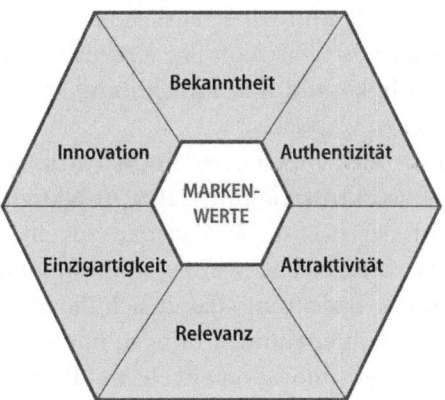

Abb. 1.4 Marken-Hexagon „Erfolgsfaktoren". (Quelle: Eigene Darstellung)

weltweit auf Angebote zuzugreifen und diese permanent vergleichen zu können, erzeugt eine vollkommen neue Transparenz hinsichtlich verfügbarer Angebote. Marken, die auf ihre Stärke Wert legen, sind gezwungen, eine Austauschbarkeit mit allen Mitteln zu vermeiden und ihre Signalwirkung zu verstärken. Die Gefahr der Austauschbarkeit droht an vielen Punkten: Produktdesign, Verpackungsdesign, Logo, Botschaften oder Produkteigenschaften. Eine hohe Wiedererkennbarkeit benötigt eine konstante Alleinstellung: So bekam der Bahlsen Leibniz Keks seine „52 Zähne", Coca-Cola® und Odol unverwechselbare Flaschenformen, die selbst im Dunkeln identifizierbar sind. Wo bei Wettbewerbsprodukten inhaltliche Ähnlichkeit droht, beispielsweise bei Getränken, wird die Marke klar im Emotionsraum des Menschen mit seinen Motiven und Wertvorstellungen positioniert; ein Modell hierfür bietet die Limbic Map [26]. Diese Limbische Landkarte zeigt die Motive, Emotionen und Wünsche des Menschen und ihre Relationen zueinander und ermöglicht, die emotionalen Nutzenversprechen und Werte von Marken sichtbar zu machen. Die Bedeutung der Limbic Map für die Marken-Arbeit gründet darauf, dass sie sich mit dem Unbewussten und Emotionen befasst. Die zahlreichen Blindtests von kohlesäurehaltigen Erfrischungsgetränken (Beispiel Pepsi® und Coca-Cola®) oder Biersorten beweisen die Wirkungskraft von konsistenten emotionalen Positionierungen.

Die Authentizität einer Marke beruht auf der Kongruenz und Konsistenz zwischen äußerem Auftritt und tatsächlichem Verhalten einer Marke. Sie ist die Voraussetzung für Glaubwürdigkeit und Vertrauen, ohne die gesellschaftliche und wirtschaftliche Beziehungen nicht denkbar sind. Authentizität ist von zentraler Bedeutung, um die Orientierungsfunktion der Marke und ihre Projektionsfläche zur Identifikation zu untermauern und zu verstärken.

Eine Marke muss bekannt sein, zumindest in ihrer Zielgruppe, um überhaupt Interesse wecken zu können. Ihre Attraktivität (in den Augen des Betrachters) ist der nächste Meilenstein zur alles entscheidenden Relevanz, die zuvor beschrieben wurde. Innovationskraft ist auch für die Marken-Stärke von Bedeutung, damit sich die Marke immer wieder neu in das Bewusstsein ihrer Kunden bringen und dort verankern kann. Deshalb sind Marke und Innovation ein eigenes Kapitel gewidmet.

1.3 Grundlegendes zur Marke

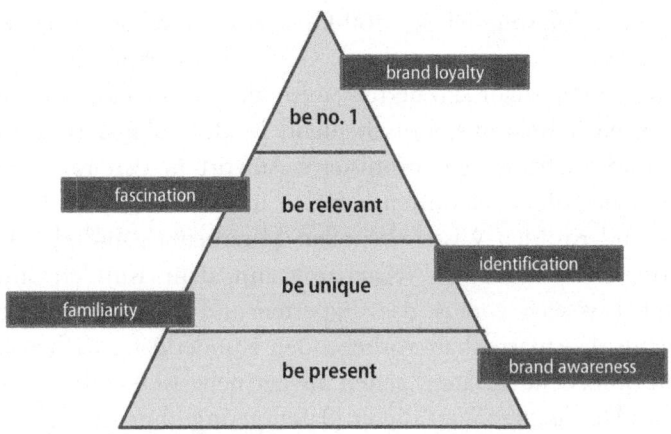

Abb. 1.5 Brand Discoverability. (Quelle: Eigene Darstellung)

Um Marken-Bekanntheit zu erreichen, muss eine Marke gefunden werden. Im vordigitalen Zeitalter war die Sicherstellung von ungestützter Marken-Bekanntheit, zumindest in der Zielgruppe, eine zentrale Aufgabe des Marketings. Die Auffindbarkeit im digitalen Zeitalter zu garantieren, ist ungleich komplexer. Doch mit der Präsenz der Marke ist es nicht getan (Abb. 1.5), ohne die Faszination und das einzigartige Marken-Erlebnis, das in der Erinnerung haften bleibt (be no. 1) ist diese Marke eine unter Millionen anderer Angebote.

Die Schärfung von Marken-Identität und -Profil ist die conditio sine qua non für künftigen Erfolg im Zeitalter der Digitalisierung. Je mehr weitere Kommunikationsinstrumente, -kanäle und Kundenkontaktpunkte entstehen, umso profilierter und attraktiver muss die Marke aufgestellt sein, um gefunden zu werden und Interesse auf sich zu ziehen. Es ist interessant, zu beobachten, wie derzeit einige Konzerne bereits ihre Synergien bündeln und die Corporate Brand stärken. Eine starke Corporate Brand soll auf die einzelnen Marken des Hauses abstrahlen. Ein anderer Grund liegt sicherlich darin, dass Konsumenten, Kunden und Öffentlichkeit immer stärker die Übernahme von Verantwortung verlangen. Wir können dies bei Unternehmen wie Henkel, Nestlé oder BMW und bei den Handels-Marken, beispielsweise Rewe, beobachten.

Das frühere Erfolgsmodell der 360-Grad-Kommunikation hat vor diesem Hintergrund längst ausgedient. Generell widerspricht ein quantitativer Ansatz der zuvor skizzierten Aufmerksamkeitsökonomie und der Forderung nach Relevanz. Entscheidend ist die Fokussierung und der sinnvoll und „nahtlos" synchronisierte Auftritt in den für die Marke und ihre Stakeholder relevanten Kanälen und Touchpoints. Exzellentes Marken- und Kunden-Wissen bei allen Mitarbeitern und eine wohlorchestrierte kommunikative Vernetzung mit dem Kunden sind entscheidend. Das setzt voraus, dass Experten und Visionäre die richtigen Schlüsse aus den massenhaft vorliegenden Kundendaten ziehen. Daten, viele und umfassende Daten, gelten als der neue Rohstoff des 21. Jahrhunderts. Doch ist der Wert dieser Daten gering ohne die Erkenntnisse und Schlüsse, die Menschen aus diesen Daten ziehen und die Marken- und Produktverantwortliche nutzen, um aus diesen Erkenntnissen neue relevante Angebote und Lösungen zu gestalten.

Über Unternehmens-, Service- und Produkt-Marken ist schon sehr viel nachgedacht, diskutiert und geschrieben worden. Nachholbedarf besteht bei der Arbeitgeber-Marke und der Personen-Marke. Sie führten bisher – im krassen Gegensatz zu ihrer wirtschaftlichen und sozialen Bedeutung – eher ein stiefmütterliches Dasein. Aus diesem Grunde ist ihnen hier jeweils ein eigenes Kapitel gewidmet.

1.4 Die Arbeitgeber-Marke

Die Arbeitgeber-Marke ist ein stark unterschätzter Wertschöpfungsfaktor. Im Besitz einer trennscharfen Arbeitgeber-Marke zu sein, die mit einem prägnanten und relevanten Leistungsversprechen ausgestattet ist, wird zunehmend für eine Organisation in ihrer Funktion als Arbeitgeber relevant. Eine globalisierte Wirtschaft mit neuen Marktteilnehmern aus gesättigten Märkten, Emerging Markets und an das eigene Marktsegment angrenzenden Branchen, die Digitalisierung mit neuen Technologien, die sich auf jeden Arbeitsplatz auswirken, und der demografische Wandel, der zu einer Verknappung an Talenten, Führungskräften und Right Potentials führt, sind drei Hauptfaktoren, die auf die Arbeitswelt Einfluss nehmen und sie zum Teil einschneidend verändern.

1.4 Die Arbeitgeber-Marke

Der vierte Hauptfaktor ist die Innovationsabhängigkeit (siehe hierzu auch Kap. 2). Die Arbeitswelten befinden sich technologisch und kulturell im Umbruch. Verschärfend wandelt die demografische Entwicklung den Arbeitgeber- in einen Arbeitnehmer-Markt. Auch Kreativagenturen, die sich berufsmäßig mit der Marke befassen, erkannten in diesem Jahr die Notwendigkeit, eine profilscharfe Arbeitgeber-Marke zu entwickeln. Zu ihren Wettbewerbern kommen hier neben einer Vielzahl anderer Agenturen all die Start-ups, die derzeit in Deutschland gegründet werden und ein ähnliches, für manchen sogar attraktiveres, Arbeitsumfeld aufweisen.

Der Wettbewerb um die jeweiligen High Potentials, die Talente, und Right Potentials, den jeweils richtigen Arbeitnehmer, hat sich deutlich verschärft und der vorausgesagte War for Talents ist bereits Realität. Heute suchen nicht nur klassische IT-Unternehmen IT-Experten. Modefirmen, Automobilunternehmen oder Finanzdienstleister, der Einzelhandel, Verlage oder der Öffentliche Dienst stehen plötzlich zu ihnen in Konkurrenz. Arbeitgebern, die nicht zu den klassischen IT-Unternehmen zählen, muss es gelingen, Präferenzen zu verändern und sich im Markt zu positionieren, um ins Relevant Set, das heißt in die engste Auswahl dieser besten Bewerber zu gelangen.

Ungeachtet dieser Entwicklungen wurde die Bildung einer starken Arbeitgeber-Marke trotz ihrer wirtschaftlichen Bedeutung zumindest in Deutschland bisher stark vernachlässigt. Nur wenige Unternehmen haben die Eigenschaften definiert, die sie als Arbeitgeber attraktiv machen [27]. Aktuelle Studien weisen darauf hin, dass die überwiegende Mehrzahl der Arbeitgeber am Standort Deutschland weder ein klar erkennbares Arbeitgeberprofil noch ein ausgeprägtes Image und oft keine Bekanntheit außerhalb ihrer geografischen Region besitzt [28]. Wer nicht definiert, was ihn als Arbeitgeber attraktiv macht, dem fehlt Profil und differenzierendes Image. Wer nicht außerhalb des Standortes und Geschäftsfeldes bekannt ist, für den kann sich niemand jenseits dieses sehr eng gefassten Kreises interessieren und ihm fehlt die notwendige Reputation in der Öffentlichkeit. Diesen Arbeitgebern mangelt es an der notwendigen Relevanz in der jeweiligen Zielgruppe. Sie sind für ihre Wunschkandidaten meist irrelevant. Aus diesem Grunde ist es insbesondere für Organisationen, die nicht zu den Top-Marken an begehrten Standorten zählen, spürbar schwierig geworden, die richtigen Kandidaten für sich zu begeistern.

Doch es sind „die eigenen Mitarbeiter, nicht Technologien und Maschinen, die letztendlich den Unterschied im intensiven branchenübergreifenden Wettbewerb ausmachen und den wirtschaftlichen Erfolg des Unternehmens sichern" [29]. Maschinen, neue Technologien sind im „harten Wettbewerb unserer Wissensgesellschaft" [29] immer nur ein Mittel zum Zweck. Alle Organisationen brauchen diese Right Potentials dringend, um Aufträge zu voller Kundenzufriedenheit und in vorgegebener Zeit, Qualität und Budget zu erfüllen. Deren Leistungsfähigkeit und -bereitschaft bildet die zentrale Voraussetzung, um Innovationen zu entwickeln und das Unternehmen erfolgreich in die Zukunft zu führen (s. Abb. 1.6).

Auch darf die Strahlkraft einer Arbeitgeber-Marke nach innen als Hebel für die Unternehmenskultur und Leistungsfähigkeit nicht unterschätzt werden. Denn Menschen verhalten sich anders, je nach den Rahmenbedingungen, in denen sie arbeiten. Eine starke Arbeitgeber-Marke bildet den sinnstiftenden psychologischen Anker. Wir wissen längst, dass der Homo Oeconomicus eine Schimäre ist. Woran sollen Mitarbeiter sich orientieren, worauf stolz sein, wofür sich als Marken-Botschafter engagieren, womit sich verbunden fühlen, wem vertrauen,

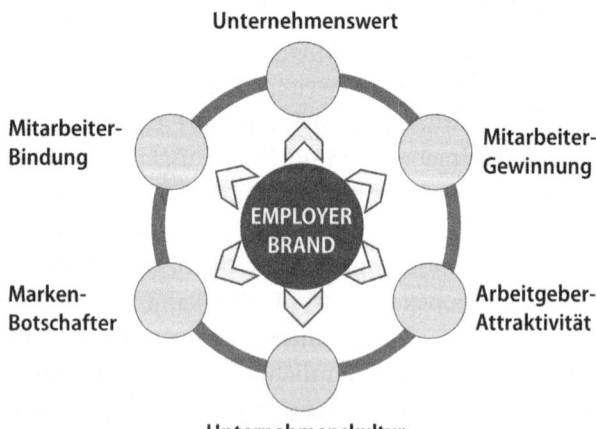

Abb. 1.6 Wertschöpfungsfaktor Arbeitgeber-Marke. (Quelle: Eigene Darstellung)

1.4 Die Arbeitgeber-Marke

wenn Identität und Werte vage bleiben? Ein Unternehmen ohne Arbeitgeber-Profil verliert nicht nur den War for Talents und vergibt sich damit die Chance zu hoher Leistungsfähigkeit. Mitarbeiter, die die Marke nicht kennen, tun und kommunizieren, was sie wollen. Entsprechend vage und diffus ist das Marken-Image. Ihnen wird nicht die Möglichkeit zur Identifikation geboten und sie können nicht aus Überzeugung zum Marken-Botschafter werden und die Werte und Alleinstellung der Marke nach außen an die (potenziellen) Kunden, potenzielle Mitarbeiter, an Freunde und Bekannte und in die Öffentlichkeit tragen. Der Mitarbeiter ist wie ein interner Kunde zu verstehen: Er will wahrgenommen, ernst genommen, verstanden, geschätzt und bestätigt werden. Das hat zentralen ökonomischen Stellenwert, denn auch die Arbeitgeber-Marke wird von innen nach außen gebildet. Nur so kann es gelingen, das Arbeitgeberversprechen einzulösen [29].

Die Attraktivität der Arbeitgeber-Marke lässt sich anhand von Attraktivitätsdimensionen (Abb. 1.7) messen: dazu zählen der Standort der Organisation, das Image des Arbeitgebers und seiner Branche (wobei eine attraktive Arbeitgeber-Marke sich durchaus von Branchenimage

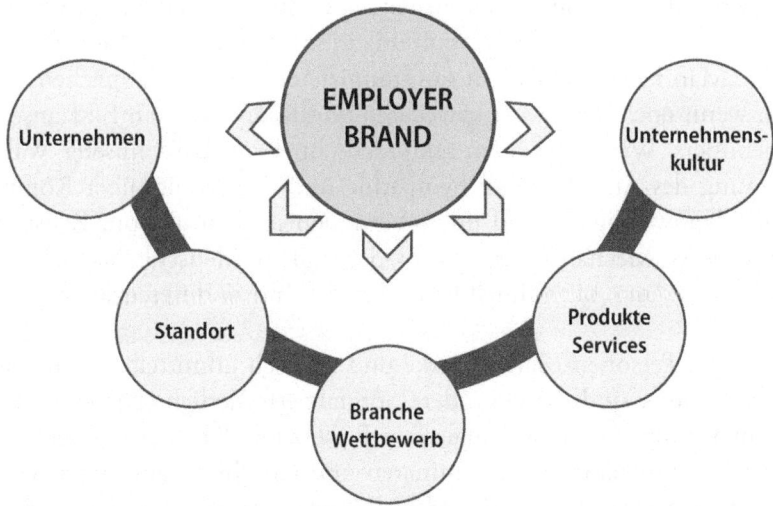

Abb. 1.7 Arbeitgeber-Marken-Check. (Quelle: Eigene Darstellung)

abkoppeln kann), die Attraktivität des Angebotes (Produkt oder Dienstleistung) und die Unternehmenskultur. Gerade jüngere Generationen achten sehr genau darauf, wofür ihr Arbeitgeber steht, wie das Arbeitsklima ist und ob der Value Fit stimmt. Und mancher Kandidat verzichtet lieber auf Gehalt, als zu einer schwachen, unattraktiven Arbeitgeber-Marke zu gehen (siehe hierzu auch Unterkapitel 3.5, Demografischer Wandel).

1.5 Die Personen-Marke

Andy Warhol sollte recht behalten, als er in den 1960er-Jahren prophezeite, dass künftig jedermann fünfzehn Minuten (welt)berühmt sein werde. Die Digitalisierung hat den Boden hierfür bereitet. Prinzipiell bietet sich jedem Menschen mit Zugang zu Internet und den sozialen Medien jederzeit die Chance, zumindest kurzfristig öffentlich Aufmerksamkeit auf sich zu ziehen. Im Ergebnis finden wir eine unübersichtliche Vielfalt an Meinungen, Performances und Präsentationen. Damit wächst die Notwendigkeit für diejenigen, die aus beruflichen Gründen darauf angewiesen sind, eine glaubwürdige und attraktive Präsenz zu zeigen, ihre Persönlichkeit zu einer Personen-Marke zu entwickeln. Denn, so ein Axiom der Kommunikationstheorie nach Paul Watzlawick: „Man kann nicht nicht kommunizieren" [30]. Wir machen uns, auch wenn noch kein Wort gewechselt wurde, spontan ein Bild unseres Gegenübers. Wir entscheiden sekundenschnell auf Basis unserer Wahrnehmung des Anderen über Sympathie und Antipathie, über Kompetenz, Glaubwürdigkeit und unser Vertrauen in diese Person. Es ist ein unbewusster Mechanismus, der in der frühen Menschheitsgeschichte wohl dazu diente, blitzschnell Freund und Feind zu differenzieren.

Da bei der Personen-Marke Marke und Mensch unmittelbar miteinander verbunden sind, ist besondere Sorgfalt erforderlich. Dieser Prozess darf nicht mit einer psychologischen Reise zum „Ich" verwechselt werden, wie sie in zahlreichen Seminaren und Coachings angeboten wird, oder mit der Übertragung des Modells eines existierenden Stars auf die eigene Persönlichkeit. Vielmehr schärft die Personen-Marke die eigenen vorhandenen Stärken und macht das Besondere der Fähigkeiten und der Individualität eines Menschen nach außen hin sichtbar und auf den ersten Blick erkennbar. Vor diesem Hintergrund haben wir ein neues Konzept zur Bildung einer Personen-Marke entwickelt, das auf wissenschaftlichen Erkenntnissen, geprüften Methoden und wirksamen Tools aus der Marken-Psychologie sowie der Kognitions- und der Persönlichkeit-Psychologie basiert [31].

Die Personen-Marke vermittelt Kompetenz und schafft Vertrauen – auf den ersten Blick.

Die Entscheidung obliegt jedem Einzelnen, ob er sich passiv den Assoziationen anderer aussetzt oder seine Personen-Marke aktiv gestaltet. In der Vielfalt der Kommunikationskanäle und Einzelmeinungen wird es für CEOs, Gründer, Ärzte, Rechtsanwälte, Kreative, Architekten, Designer, Wirtschaftsprüfer, Marktleiter, Pressesprecher, Autoren u. v. a. immer schwieriger, sich im Verdrängungswettbewerb durchzusetzen. Führungskräfte, Marketingleiter oder Projektleiter u. a. – quasi als Unternehmer im Unternehmen – nutzen ihre Personen-Marke, um ihr „Projekt" durchzubringen, etwas zu bewegen und Vorgesetzte, Kollegen, die eigenen Teams und Geschäftspartner für ihre Überzeugungen zu gewinnen.

Die Personen-Marke ist der verdichtete und nach außen sichtbare Ausdruck der Vision eines Menschen, seines Charakters, seiner Werte, der Leidenschaft, die ihn antreibt, seiner Positionierung und seiner ganz besonderen Individualität. Sie ist die Kondensierung auf das Wesentliche der Persönlichkeit, welches dann umso stärker ausstrahlt und auf einen Blick erkennbar wird.

Die Regeln der Marken-Bildung und Marken-Wirkung gelten auch hier. Die Personen-Marke gibt ein Leistungsversprechen, sie wird von innen nach außen gebildet, damit die notwendige Kongruenz im Denken, Auftritt und Handeln gewährleistet ist. Und sie muss sich weiter entwickeln können. Deshalb ist Vorsicht geboten, sich von Beratern eine Marke erarbeiten zu lassen, die man dann „trägt". Liegt der Marken-Kern nicht in den eigenen Kompetenzen und Fähigkeiten begründet, gelingt es kaum, diese Marke über Jahrzehnte lebendig zu halten und weiter zu entwickeln. Das führt nicht nur zu Peinlichkeiten wie Boygroups, die nicht singen können oder Celebrities, bei denen Performance und Privatverhalten auseinanderklaffen. Der Mensch degradiert zum vermarkteten Produkt. Und die Marke wird zum Abziehbild.

Eine Personen-Marke lebendig zu halten, ist gewissen Regeln unterworfen und es ist erfolgskritisch zu definieren, was dieses Marken-Bild im Kern ausmacht. Madonna, die für ihr vielfältiges „sich-neu-erfinden" berühmt ist, hat den Wandel zum Marken-Prinzip erhoben, ohne den Kern ihrer Marke zu verletzen. Ein charakteristischer Geschichtsausdruck, ein Grübchen, die Nase können zum Marken-Zeichen werden, ebenso das investigative Aufspüren geschäftlichen Fehlverhaltens prominenter Personen. Das mussten Prominente erfahren, die mittels Schönheitsoperationen „Korrekturen" an Schlupflidern, „Apfelbäckchen" oder Nasenformen vornahmen und damit ihrer Ausstrahlung den typischen Charakter nahmen. Sie waren anschließend „nicht mehr wieder zu erkennen".

Das Symbol, ähnlich dem Logo, garantiert die sofortige Erkennbarkeit. So wurden Symbole zum Markenzeichen: Die Zunge der Rolling Stones, der tief in die Stirn gezogenen Hut und die Sonnenbrille von Udo Lindenberg, die Stimme von Joe Cocker oder der Zigarettenrauch von Helmut Schmidt, der es sogar zum Kampagnenmotiv „Dahinter steckt immer ein kluger Kopf" der Frankfurter Allgemeinen Zeitung brachte, eine Kampagne, die erfolgreich mit derartigen Symbolen arbeitet.

In der globalen kommunikativen Vernetzung grenzen sich Personen-Marken durch ihr scharfes Profil nicht nur ab, sie sichern sich globale Verständlichkeit und reduzieren Komplexität. Hier findet eine gezielte Überhöhung statt, indem ausgewählte persönliche „Ecken & Kanten" nicht abgeschliffen werden (es wird bewusst dem Perfektionismus widerstanden), sondern im Gegenteil zum Merkmal herausgebildet werden. Sie dienen zur Abgrenzung gegenüber dem Mainstream, dem Glatten und dem Wettbewerb und schärfen das eigene Profil. In Zeiten, in denen sich jeder den perfekten Avatar zulegen kann und Social Bots als Meinungsmacher geschaltet werden, gewinnt das Authentische und Charakterstarke an neuer Bedeutung.

Die Regeln für den Brand Fit und die Marken-Dehnung gelten auch hier. Arbeitet eine Personen-Marke als Testimonial, so ist neben der

Marken-Bekanntheit der Brand Fit das wichtigste Erfolgskriterium. Als Thomas Gottschalk nach einer Marketingewigkeit von 24 Jahren nicht mehr als Testimonial für Haribo arbeitete, schien es unvorstellbar, dass eine andere Persönlichkeit seinen Platz einnimmt. George Clooney ist eng mit der Marke Nespresso verbunden. Es gibt nur wenige Personen-Marken, denen eine derartige Marken-Dehnung gelingt wie Karl Lagerfeld, der mit seiner Personen-Marke für sehr unterschiedliche Hersteller- und Produkt-Marken tätig ist.

Der Brand Fit ermöglicht den gewünschten Imagetransfer vom Testimonial auf die Marke. Dieser Imagetransfer ist bilateral, das heißt, er wirkt auch in umgekehrter Richtung von der Marke auf das Testimonial und damit auf dessen Personen-Marke. So gewinnt oder verliert bei positiven wie negativen Ereignissen, beispielsweise Krisen und Skandalen, der jeweilige Partner an Glaubwürdigkeit und Image.

Digitalisierung beeinflusst die Art und Weise der Kommunikation, neue Technologien und der demografische Wandel verändern radikal die Arbeitswelt und das künftige Berufsleben. Die folgenden vier Aspekte, im Detail beleuchtet, sind für die Personen-Marke von besonderer Relevanz.

Aspekt 1 – Vertrauen in sich wandelnden Arbeitswelten
Die Arbeitswelten wandeln sich und damit Anforderungen an den Job. Neue Berufsbilder entstehen, traditionelle werden verschwinden. Die Halbwertszeit des Wissens sinkt rapide, das gilt auch für berufliche Ausbildungen. Employability, die Beschäftigungsfähigkeit, wird zu einem grundlegenden Erfolgsfaktor in einer Zeit, in der die Arbeitsaltersgrenzen ansteigen und Maschinen und Roboter menschliche Arbeitsleistungen übernehmen. Employability betrifft bei Weitem nicht nur die Gesundheit. Künftig definiert sich der Arbeitnehmer weniger durch seine Ausbildung (z. B. Diplom-Ingenieur), seinen gelernten Beruf (z. B. Metzger) oder sein Studium (z. B. Harvard Business School), sondern durch seine Fähigkeiten und Kompetenzen, seine Haltung und seinen Charakter, die es ihm ermöglichen, in unterschiedlichsten Berufsbildern hoch qualifizierte Leistung zu erbringen. Als folgerichtige Konsequenz verliert der Lebenslauf gravierend an Bedeutung. Denn er kann nur Aussagen treffen über bisherige Leistungen, die mit den

künftigen Herausforderungen nicht notwendigerweise in Zusammenhang stehen. Der CV (Lebenslauf) ist ein Versprechen aus der Vergangenheit über die Vergangenheit. Eine Personen-Marke aber ist durch ihre Beständigkeit und Berechenbarkeit das Versprechen in die Zukunft, das Vertrauen sät. Das Versprechen, dass dieser Arbeitnehmer aufgrund seiner individuellen Fähigkeiten, seines gewinnenden Charakters, seiner Flexibilität, seiner emotionalen Intelligenz auch ganz andere Jobs erfolgreich ausgestalten kann. Kongruenz von Mensch und Personen-Marke ist entscheidend, ansonsten fallen die Marke genauso wie der auf Perfektion getrimmte Lebenslauf beim ersten persönlichen Vorstellungsgespräch oder in der ersten Arbeitswoche in sich zusammen. Die Personen-Marke des selbstständigen oder angestellten Erwerbstätigen wird umso erfolgreicher sein, je stärker sie zusätzlich das heraushebt, was ihn am Arbeitsplatz und in seinem Tätigkeitsfeld nicht durch eine Maschine ersetzen lässt.

Aspekt 2 – Arbeit wird auktioniert
Ein Großteil der Arbeit in Organisationen wird in Form von Projekten bearbeitet. Sichtbarkeit, Kompetenz, Relevanz der unternehmensinternen Experten ist die Basis, um die besten Projekte zu akquirieren, vom Projektteam akzeptiert und sich mit seinem Projekt bis zum Projektabschluss erfolgreich durchsetzen zu können. Künftig werden immer mehr Projekte extern vergeben und ausgeschrieben. Heute bereits haben sich Plattformen etabliert, die Tätigkeiten im Web auktionieren. Mehr und mehr Projektarbeiter werden mit Zeitverträgen als Freelancer von Projekt zu Projekt, von Unternehmen zu Unternehmen ziehen. Eine starke Personen-Marke ist der grundlegende Erfolgsfaktor, um schnell gefunden zu werden, auf den ersten Blick überzeugen zu können und die interessanten Aufträge zu akquirieren. Nur eine starke Personen-Marke wird sich auch im harten Preiswettbewerb über ihr Renommee und ihr Marken-Qualitätsversprechen absetzen, die lukrativen Aufträge gewinnen und ein Preis-Premium erzielen können.

Aspekt 3 – Marken-Botschafter stärken
Unternehmen sind darauf angewiesen, dass ihre Mitarbeiter engagiert, kompetent und motiviert arbeiten und möglichst viele von ihnen als Marken-Botschafter die Assets der Organisation und der Produkte und

Services nach außen tragen. Die persönliche Kommunikation und der persönliche Kontakt zum Kunden lassen sich in ihrer Wirkung nicht durch die digitalen Instrumente ersetzen. Alle Marketinganstrengungen wirken wenig, wenn Mitarbeiter im Kontakt mit Kunden, Interessengruppen oder einem hoch dotierten Bewerber nicht durch ihre Persönlichkeit überzeugen können. Nur Mitarbeiter, die durch ihre Person überzeugen, ernten Vertrauen und können andere für das Unternehmen und seine Angebote gewinnen. Je mehr Arbeit an Roboter und Algorithmen delegiert wird, umso notwendiger ist es für Organisationen, die verbleibenden Mitarbeiter hier zielgerichtet und nachhaltig zu fördern. Denn Roboter gestalten keine Unternehmenskultur und sie können die Werte und Alleinstellungsmerkmale der Organisation und ihrer Angebote nicht wirkungsvoll nach außen tragen.

Aspekt 4 – Aufmerksamkeit in der multioptionalen Vielfalt der Kommunikationskanäle
Neue Technologien und die sozialen Medien vervielfachen die Kommunikationskanäle. Jeder kann sich zu jedem beliebigen Zeitpunkt Gehör verschaffen, Meinungen äußern, sich in Szene setzen und zum Star werden. Es braucht schon eine starke Personen-Marke, um in dieser Flut an Meinungen und Botschaften durchzudringen, Fans und Follower zu gewinnen oder zumindest interessierte Leser, Zuschauer, Kunden.

Eine starke Personen-Marke ist gekennzeichnet durch eine Haltung und unverwechselbare Charaktereigenschaften und Werte. Sie gibt als Vorbild und Leuchtturm Orientierung – ob im privaten, beruflichen, gesellschaftlichen, kulturellen, politischen oder sportlichen Bereich. Haupteinflussfaktoren für den individuellen Marken-Wert sind die erbrachte persönliche Leistung und das Image in der öffentlichen Wahrnehmung. Die Konsistenz des gesamten Auftritts ist ebenso wichtig wie die Konsistenz zwischen dem Menschen und seiner Personen-Marke, ansonsten ist die Enttäuschung groß und die Marke wird abgestraft. Deshalb darf die Personen-Marke nicht wie eine hübsche Hülle über die Person gestülpt werden. Schwächen oder Fehler werden durchaus verziehen, solange die Verfehlung nicht den Marken-Kern angreift. Eine starke Personen-Marke zeichnet sich gerade durch ihre Robustheit aus. Das ist wichtig, denn auch ein weltberühmter Künstler zeigt nicht bei jedem Auftritt Bestperformance und besitzt zudem ein Privatleben, das Schwächen offenbaren kann. Es sind gerade die Einzigartigkeit, der Charakter, das Unverwechselbare, das entscheidet, warum wir genau diese Marke wählen und nicht eine andere, genau dieser Person unser Interesse und Vertrauen schenken. Starke Marken werden „geliebt" – trotz und wegen ihrer Schwächen – das gilt auch für Personen-Marken.

1.6 Die Marke psychologisch und ökonomisch betrachtet

Unser Unterbewusstsein filtert. Ohne unser aktives Zutun. Und das ist auch gut so. Müssten wir bei jedem Einkauf eines Produktes erneut nachdenken, recherchieren, Tests lesen, Freunde und Familie befragen, so würden wir sehr viel Zeit benötigen und unseren Alltag kaum bewältigen. Jeder Kaufakt, jedes wirtschaftliche Handeln erfordert Entscheidungen. Gut, dass wir Marken als Orientierungsgeber und Vertrauensanker haben, ansonsten blieben aus Gründen der Zeit, der Verfügbarkeit (Freunde und Familie könnten wir nicht ständig befragen) und Komplexität oft nur der Preis oder ein Empfehlungsalgorithmus als Anhaltspunkt übrig. Sind wir zufrieden oder gar begeistert von dem Produkt – Auto, Müsli, Champagner, Pralinen, Tablet, Versicherung –, das wir gekauft haben, dann fühlen wir uns in unserer Wahl bestätigt und belohnt. Hat die Marke ihr Nutzenversprechen eingelöst, ist die Wahrscheinlichkeit groß, dass wir sie weiterempfehlen. Auch sind wir froh, beim nächsten Kauf nicht erneut Zeit investieren zu müssen. Wir bleiben dieser Marke treu. Durch die Kaufbestätigung wird unser Vorstellungsbild der Marke um weitere positive Elemente angereichert. Fakten, die für unsere Marke sprechen, interessieren uns immer weniger, da auch unsere Peergroup von dieser Marke überzeugt ist. Geht mal etwas schief, dann sind wir bereit, der Marke zu verzeihen, wenn die Kommunikation glaubwürdig ist und das Fehlverhalten nicht den Marken-Kern betrifft und damit unser Marken-Bild in den Grundfesten erschüttert (siehe hierzu auch Unterkapitel 1.5). Entfallen die Fakten aus irgendwelchen Gründen, dann ignorieren wir die Fakten und bleiben unserem Vorstellungsbild treu. Das erklärt auch, weshalb Marken,

1.6 Die Marke psychologisch und ökonomisch betrachtet

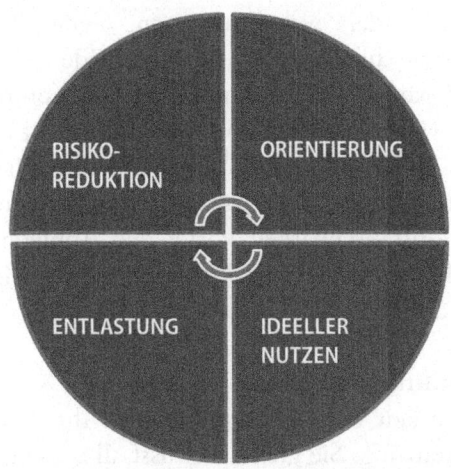

Abb. 1.8 Die Nutzenfunktionen der Marke. (Quelle: Eigene Darstellung)

die nicht mehr im Zenit ihrer Wirkungskraft stehen, noch lange eine treue Kundschaft haben können.

Wissenschaftler gehen davon aus, dass wir mindestens 70 % unserer Entscheidungen unbewusst treffen [32]. Das bestätigt sich auch bei vermeintlich rationalen Entscheidungen wie dem Abschluss einer Versicherung oder dem Kauf eines Autos. Der zentrale Filter ist: Die Marke.

Aus Sicht des Adressaten (Kunde, Konsument) betrachtet, erfüllen Marken vier wichtige Funktionen im beruflichen wie privaten Alltag (Abb. 1.8):

Orientierungsfunktion der Marke

Marken fungieren als Filter bei der Wahrnehmung eines Angebotes, das gilt für Produkte wie für Services oder Dienstleistungen. Dieses Angebot erhält seinen psychologischen Bezugsrahmen und seinen Kontext durch diese Markierung. Sie ist im Falle einer starken Marke sekundenschnell erkennbar – auf den ersten Blick und ohne viele Worte. Die Marke verändert unsere Wahrnehmung, sie unterstützt unsere Kaufentscheidung. So brauchen auch gute Produkte und Services starke Marken, um erkennbar zu werden; sie sind nicht zwangsläufig gravierend besser, aber sie werden durch die Marke und den

Bedeutungskontext anders wahrgenommen. Gerät die Marke an die Grenzen der Austauschbarkeit, ist das für beide Seiten negativ. Für den Kunden und Konsumenten erhöht sich die Komplexität der Entscheidungsfindung und in seiner „Verzweiflung" zieht er die Preiskarte. Werden Qualität und Nutzen von Hersteller- und Handels-Marke als vergleichbar wahrgenommen, gibt es kaum Gründe, zum teureren Produkt zu greifen. Austauschbarkeit kostet den Anbieter ein Verlust an Image und letztendlich Umsatz und Gewinn sowie steigenden Wettbewerb, da ihm die eindeutige Positionierung fehlt.

Ideelle Nutzenfunktion der Marke
Eine starke Marke lädt ein zur Identifikation. Ihre Identität sorgt für trennscharfe Abgrenzung. Sie grenzt bewusst all diejenigen aus, die sich ihr nicht zugehörig fühlen. Umso stärker ist ihre Identifikationskraft für diejenigen, die sich aufgrund des Value Fit für sie entscheiden. Ein prägnantes Beispiel ist die zum Klassiker gewordene „Think Different"-Kampagne von Steve Jobs Ende der 1990er-Jahre. Die Kampagne erfüllte eine interne Nutzenfunktion für alle Mitarbeiter, die sich über die Werte der Marke Apple® in deutlicher Abgrenzung zum Wettbewerb mit dem Unternehmen identifizieren konnten und in ihrer Arbeit für Apple® bestärkt wurden. Und sie erfüllte eine externe Nutzenfunktion, indem sie alle diejenigen einlud, an der Marke teilzuhaben, die sich nicht mit dem Mainstream identifizieren, sondern „anders sind". Es geht weniger um den funktionalen Nutzen des Produktes, sondern um die Werte und die Haltung der Marke. Menschen nutzen Überzeugungen und Haltungen als Zeichen ihrer persönlichen Zugehörigkeit zu einer Community genauso wie als Zeichen der Abgrenzung gegenüber anderen. So dient die Marke auch der Selbstdarstellung. Ein vages Marken-Bild, das sich an „alle" wendet, hat keine Projektionsfläche.

Zum ideellen Nutzen gehört auch die Belohnung. Die gesamte Luxusbranche gründet auf diesem Motiv der Anerkennung (in der Belohnung, Wertschätzung und Bestätigung der eigenen Person) und der Abgrenzung gegenüber anderen (die sich das Produkt oder den Service nicht leisten können oder nicht leisten wollen). Luxus-Marken haben ein hohes Belohnungsversprechen für ihre Kunden, sich etwas Besonderes zu gönnen, das nur für wenige erreichbar ist, obgleich die gleiche

Funktionalität preisgünstiger zu haben ist. Der ideelle Nutzen wird auch durch das gute Gefühl hervorgerufen, dass bereits bei der Auswahl, dann beim Kauf und später beim Tragen oder Nutzen des Angebotes durch die erkennbare Zugehörigkeit zu dieser Marken-Community entsteht. Dieser ideelle Nutzen beschränkt sich selbstverständlich nicht auf die Luxusbranche, sondern betrifft alle starken attraktiven Marken.

Auch Überraschung und das Wecken von Neugier zahlen auf den ideellen Nutzen ein. Rufen wir uns als Beispiel die ersten Banner-Ad [33] aus den Anfangszeiten der Digitalisierung von Werbung und Kommunikation, 1994 mit einer Anzeige von AT&T® in Erinnerung. Der damalige Erfolg ist für heutige Verhältnisse unglaublich mit einer Klick-Rate von 44 %, wo wir heute in 0,0x Prozenten messen [34]. Der Erfolg beruhte auf ideellen Werten wie Neuigkeitswert, Überraschung, oder Fun.

Risikofunktion der Marke
Eine entscheidende Funktion der Marke ist die Risiko-Reduktion, die durch Vertrauen entsteht. Bei einer starken Marke haben die Kunden eine klare Vorstellung, für welche Leistungen und welche Haltung sie steht und können vertrauen, dass dies auch in der Zukunft Bestand hat. Diese Risikofunktion wirkt sich auch positiv für die Organisation bei der Markteinführung von Innovationen aus. Denn die Kunden sind zwar noch nicht mit der Innovation, wohl aber mit der Marke vertraut und bauen darauf, dass das Neue gut und für sie relevant ist.

Entlastungsfunktion der Marke
Simplify your life könnte als Motto für diese Entlastungsfunktion stehen, die ein Resultat der zuvor beschriebenen drei Funktionen ist. Entlastung hinsichtlich des Zeitaufwandes sowie des Risikos, sich für das Falsche entschieden zu haben; Entlastung auch hinsichtlich der zu erwartenden Belohnung, die mit dem Nutzen des Angebotes verbunden ist.

Aus Sicht der Organisation hat die Stärke der Marke auch ein hohes ökonomisches Gewicht (Abb. 1.9).

Die ökonomische Bedeutung von Marken ist heute unbestritten. Marken machen nach Einschätzung von Unternehmern und

1 Back to the roots: Marken sind keine Erfindung der Neuzeit

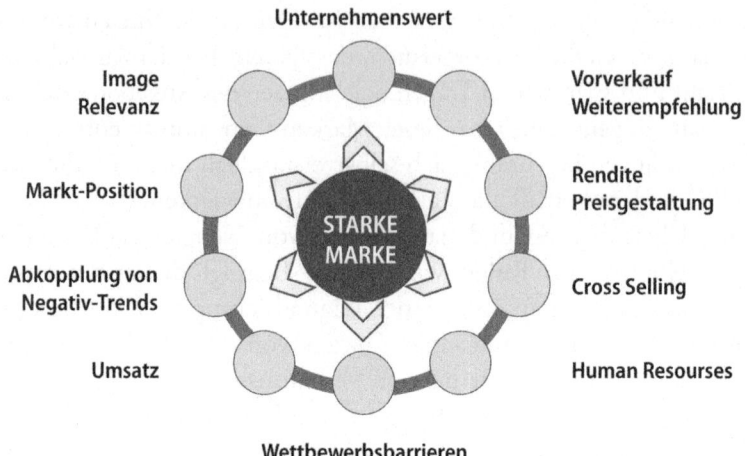

Abb. 1.9 Wirkdimensionen der Marke

Institutionen bis zu über 50 % des Unternehmenswertes aus. Faktoren, die dem Marken-Wert zugrunde liegen, sind Bekanntheit und finanzielle Leistungskraft des Unternehmens, die Wirkungskraft der Marke auf die Kaufentscheidungen und das Preis-Premium, das durch die Marken-Stärke erzielt werden kann. Eine starke Marke gilt auch hier als Versprechen, dass sich dies in absehbarer Zukunft nicht ändern wird, ein wichtiges Argument ebenso bei Merger & Acquisitions. Marke und Preissegment gehen hier eine sensible Wechselbeziehung ein. Ein Preis steht für einen Wert, den das Marken-Produkt aus Sicht des Unternehmens besitzt und den der Kunde zu zahlen bereit ist, wobei die Preissensibilität des jeweiligen Kunden verschiedenen Faktoren unterliegt. So gelingt es, mit starken Marken ein Preis-Premium zu erzielen und die Rendite zu erhöhen. Im Gegenzug schwächen Preisanbiederungen und dauerhafte Rabattaktionen das Marken-Profil und verwässern die Werthaltigkeit und das Image von Produkt und Marke – mit entsprechend negativem Einfluss auf den Marken-Wert. Nun ermöglichen die digitalen Medien eine unkomplizierte Vergleichbarkeit von Produkten; und der oft am einfachsten nachprüfbare Differenzierungsfaktor ist der Preis, sofern das Angebot nicht durch eine starke Marke gestützt wird. Die Global Pricing Study 2016 stellt dar, dass „jedes zweite Unternehmen in Preiskrieg verwickelt" ist [35]; der Erfolg von Rabattaktionen ist

1.6 Die Marke psychologisch und ökonomisch betrachtet

fragwürdig, denn selten gebe es Gewinner. Dennoch wird nahezu jeder Onlineeinkauf von Rabattaktionen als „Dankeschön" begleitet. Im digitalen Zeitalter sind Marken mehr denn je gefordert, Inhalte und Werte zu stärken, um nicht allein über den Preis definiert zu werden. Die Gefahr der Austauschbarkeit wirkt direkt zurück auf die Wahrnehmung des Kunden. Hat die Marke ihre Signal- und Erkennungsfunktion eingebüßt oder ihre Relevanz verloren, dann hat auch ein Preis-Premium seine Berechtigung verwirkt.

Wie sensibel die Preiswürdigkeit eines Marken-Produktes ist und welche gravierenden ökonomischen Folgen Fehleinschätzungen haben können, zeigt eindringlich ein Fall aus den 1990er-Jahren. Der Tag wurde zum „Marlboro Friday", damals am 2. April 1993, als Marlboro® die Preise um 20 % senkte, um den deutlichen Verlust an Marktanteilen aufzuhalten [36]. Als Ergebnis verlor die Aktie mehr als ein Viertel ihres Wertes. Das Magazin Fortune fragte „Did big brands die the day the Marlboro Man fell off his horse" [36] und interpretierte diese Aktion als Versuch, sich von jahrelangem Missmanagement zu erholen.

Eine weitere wichtige Marken-Funktion für die Organisation ist die Vorverkaufsfunktion durch die Weiterempfehlung der überzeugten externen (Kunden, Nutzer, Fans) und internen (Mitarbeiter) Marken-Botschafter. Eine Empfehlung von Freunden, des Händlers oder Medien, denen man vertraut, hat bei der Kaufentscheidung größtes Gewicht.

Die Alleinstellungsmerkmale des Unternehmens und seiner Angebote bauen Wettbewerbsbarrieren auf und sichern die Marktposition ab. Eine starke Marke ist sichtbares und global verständliches Signal dieser Uniqueness.

Nicht zuletzt kann es Unternehmen mittels ihrer starken Marke, die für eine klare Haltung und Überzeugung steht, gelingen, sich von negativen Branchenereignissen oder Skandalen abzukoppeln – einfach weil die Kundenbindung und das Kundenvertrauen ungebrochen sind und die Kunden sie auch gegen Angriffe im persönlichen Gespräch und beispielsweise in den sozialen Medien verteidigen.

Starke Marken verankern sich im kollektiven Gedächtnis
Die starke Marke ist ein fest im Kopf und Herz des Einzelnen wie im kollektiven Gedächtnis verankerte Vorstellung. Denken wir an Fastfood-Restaurants, Nuss-Nougat-Creme, Gummibärchen, Kleber oder Lippenpflege, so fällt uns sofort ein Name ein. Meist ist es der Name einer Marke, die zum Gattungsbegriff einer ganzen Produktkategorie wurde wie Tipp-Ex, Tesa, Tempo, Labello, Nutella, Uhu, Maggi Würze. Der Begriff „googeln" für „etwas im Internet suchen" hat es sogar in den Duden geschafft. Auch „Ego-Googeln" [37] findet sich dort, es bezeichnet die Suche seines eigenen Namens im Web. Wir gebrauchen das Wort selbst dann, wenn wir eine andere Suchmaschine nutzen. Oder die Marke hat eine Monopolstellung im Kopf und Herz eines Menschen erlangt: weil sie den Zeitgeist aufgreift und prägt, durch gute Erfahrungen, die dieser mit der Marke machte, durch seine Freunde, die die Marke kaufen, durch positiv besetzte Erlebnisse aus seiner Kindheit, die mit dieser Marke unterschwellig verbunden sind. Die Marke ist eine tief im Bewusstsein des Menschen verankerte emotionale und rationale Vorstellung. Sie ist der psychologische Träger für Bedeutung und Relevanz.

Wie stark Marken im kollektiven Gedächtnis verankert sein können, zeigt das Beispiel der Umbenennung von Raider in Twix. Wer diese Umbenennung erlebte, wird unwillkürlich den damaligen Slogan erinnern: „Raider heißt jetzt Twix – sonst ändert sich nix!" Der Name Twix war für den deutschen Kunden, nicht aber für den Hersteller neu. Der US-Hersteller Mars® wollte die Namensgebung weltweit vereinfachen und hat sicher die Verankerung von Produkt und Name im kollektiven Gedächtnis unterschätzt. Als Mars® 2015 eine Raider-Sonderedition ohne begleitende Werbung auf den Markt brachte, verbreitete sich diese gute Nachricht schnell über die sozialen Medien. Nestlé legte das Yes-Törtchen erneut auf, da die Nachfrage nicht abebbte. Zunächst als limitierte Sonderedition gedacht, wurde das Törtchen aufgrund des „bahnbrechenden Erfolgs" des „Kultprodukt(es)" seit 2011 ins reguläre Sortiment aufgenommen [38]. Starke Marken können sich eine hohe Marken-Erinnerung zunutze machen. So hat der Haribo-Claim „Haribo macht Kinder froh und Erwachsene ebenso" Eingang ins kollektive Gedächtnis gefunden. Mancher erinnert sicher noch automatisch die Tonfolge zu diesem Claim. Das sogenannte Sound-Branding spielt eine nicht unerhebliche Rolle bei der Marken-Wahrnehmung. Persil baute auf dieser Marken-Erinnerung nach dem Zweiten Weltkrieg auf und warb einfach nur mit „Ein großer Augenblick! Endlich wieder Persil" [39]. Es bedurfte keiner Nutzenargumentationen.

Ein anderes – aktuelles – Beispiel für die Nutzung des kollektiven Gedächtnisses für die Marke ist ein neues Produkt der Marke Nivea. In dem Wissen um die emotionale Bedeutung von Vertrauen, versucht die Marke Nivea mit einem typischen Nivea-Duft an ein kollektives Gedächtnis und persönliche Kindheitserlebnisse anzuknüpfen. Nivea hat sich nach eigenen Angaben auf die Suche nach einem multisensorischen Erlebnis [40] gemacht und eine wiedererkennbare Duftnote für die Marken-Familie Nivea entwickelt. Dieser Nivea-Duft steht für „über 100 Jahre Geborgenheit" [41] und soll über alle Produkte hinweg das Vertrauen, das Menschen seit Generationen in die Marke Nivea haben, wiederbeleben und erneut in allen Nivea-Produkten verankern. Nivea wählt hierfür einen Duft, da der Riechsinn das episodische Gedächtnis aktivieren und ein intensives, angenehmes Erlebnis (aus der Kindheit) erinnern und erneut hervorrufen kann. Düfte verstärken Assoziationen, die mit der Marke verbunden sind, sie werden ebenso bei den anderen Produkten der Marke abgerufen. Multisensorik hat in den Zeiten der Digitalisierung keineswegs ausgedient, die Marken-Führung nutzt diese Informationsfunktion gezielt, um Emotionen zu wecken – hier: um das Vertrauen wiederzubeleben.

Starke Marken spiegeln das Lebensgefühl ihrer Epoche und geben durch ihre Werte und Haltung Orientierung und Zugehörigkeit. Sie erleichtern entschieden das Leben und die Arbeit. Sie schaffen wahrnehmbare Mehrwerte durch relevante, smarte Lösungen. Ihr Erfolg hängt davon ab, dass sie eine bedeutende Rolle – jetzt – im Leben ihrer Kunden spielen. Sie verankern sich als unverwechselbare Vorstellungsbilder, als ideelle Realitäten, in Kopf und Herz sowie im Lebensumfeld des Kunden: Die Marke wird erlebbar, dort, wo es für den Kunden und für die Marke relevant ist – das heißt an allen relevanten Touchpoints. Starke Marken greifen die richtigen Themen auf und kommunizieren relevante Botschaften und Geschichten. Sie bieten ein konsistentes glaubwürdiges Marken-Erlebnis im situativen Kontext. Erfolgreiche Marken sind partizipatorisch angelegt, sie binden Mitarbeiter und Kunden mit ein – aber sie unterliegen nicht einer falsch verstandenen Marken-Demokratie.

Geführt werden sie top-down. Starke Marken sind per se nicht demokratisch; sie grenzen aus und ab – all jene, die sich nicht mit ihr identifizieren. Die Marken-Verantwortlichen und Marketingexperten reagieren nicht nur auf Kommentare und Ereignisse im Web oder in den sozialen Medien, sondern setzen aktiv die Themen. Starke Marken erfüllen rationale und emotionale Funktionen. Ihr Facettenreichtum setzt sich aus der holistischen Wahrnehmung ihres Auftritts und der eingelösten Leistung zusammen. Dies umfasst auch Produkt, Vertrieb, Service, Marketing, Verkäufer, Mitarbeiter, Promotion, Preis und das Marken-Wissen. Ein Kunde kauft nicht das Produkt, sondern das, was das Produkt funktional und emotional für ihn leistet, gebündelt in der Marke. Marke und Produkt lassen sich genauso wenig voneinander trennen wie Marke und Preis. Oft lassen sich Leistung und Qualität eines Produktes erst nach dem Kauf validieren. Der Kunde muss hier der Marke vertrauen. Ist er bereit, einen höheren Preis zu zahlen, erwartet er einen höheren Nutzen für sich. Die Preissenkung beweist ihm im Gegenteil, dass er bisher zu viel gezahlt hatte. Derartige Systembrüche (zer)stören auf Dauer die Glaubwürdigkeit und das Vertrauen in die Marke. Ein anderer Weg wäre die Revitalisierung der Marke, das Zuführen neuer Energien, damit sie an Stärke gewinnt. Denn wir sollten nicht vergessen, dass Produkte Lebenszyklen haben, Marken nicht. Das macht sie umso verletzbarer. Die Marke ist ein holistisches Gebilde, das sehr sensitiv reagiert. Vor allem Signalwirkung (Wiedererkennbarkeit) und Bedeutung (Relevanz) einer Marke und das ihr entgegen gebrachte Vertrauen werden im digitalen Zeitalter einen nicht zu unterschätzenden Stellenwert erreichen.

Starke Marken ...

- sind psychologische Träger, die unsere Wahrnehmung prägen,
- bilden Monopole – in den Köpfen und Herzen der Menschen,
- werden auch von guten Produkten und Dienstleistungen sowie von Innovationen benötigt, um im Markt erfolgreich zu sein,
- machen relevante Versprechen, die sie in der Wahrnehmung der Nutzer auch einlösen,
- erzählen interessante Geschichten ... zum Weitererzählen,
- grenzen sich ab,
- verstehen die Bedürfnisse und Wünsche ihrer Kunden,
- sind sekundenschnell erkennbar und wirken wie Signale.

1.7 Quer gedacht: Über die Essenz von Meaningful Brands

Das Leben ein Stück weit angenehmer und besser zu machen, ist seit jeher ein Versprechen der Werbung. Doch wirkt sich „Gutes tun" wirtschaftlich positiv auf die Marke aus? Besteht ein Zusammenhang zwischen der Marken-Wirkung auf Wohlbefinden und positives Lebensgefühl ihrer Kunden und ihrem ökonomischen Marken-Erfolg? Oder anders gefragt: Kann eine starke Marke Sinn stiften und gleichzeitig ökonomisch erfolgreich sein? Können Langlebigkeit und Stabilität der Marke, das Einlösen von Werten wie Nachhaltigkeit und Wohlstand Hand in Hand gehen [42]? Das Ergebnis einer global angelegten Studie zeigt die enge Korrelation zwischen Bedeutsamkeit, englisch meaning, und Erfolg auf. Die Studie „Meaningful Brands" [43] ist der global angelegte analytische Bewertungsrahmen, um das menschliche Wohlbefinden („human well-being") mit der Marke auf allen Geschäftsebenen zu verbinden und zu prüfen. Das Ergebnis der Studie bestätigt die positive Wechselwirkung zwischen Kundennutzen und wirtschaftlichem Marken-Erfolg. Bedeutsamkeit, Werte und sinnstiftende Inhalte besitzen ökonomische Relevanz.

Sinn und Bedeutung sind noch aus einem anderen Grund existenziell für die Marke. Über 70 % der Marken weltweit, über 90 % der Marken in Europa, sind für die Menschen schlicht irrelevant. Sie würden diese Marken nicht vermissen, wenn es sie morgen nicht mehr gäbe [42]. Ein Großteil der Marken hat die Beziehung zu ihren Kunden verloren. Diese Situation wird sich künftig noch zusätzlich verschärfen, wenn Marken-Verantwortliche – beflügelt durch die Möglichkeiten von Big Data – die Beziehung zu den Stakeholdern vornehmlich als ökonomische Größe sehen und Menschen als Datenquelle nutzen, anstelle zu prüfen, welchen wirklichen Nutzen die Marke dem Kunden und in einem weiteren Schritt der Gesellschaft bieten kann. Marken können auf Dauer nicht erfolgreich sein, ohne ihre loyalen Kunden, die sie weiterempfehlen und ihnen vertrauen, ohne ihre Fans, die bei einer Innovation Schlange stehen und so öffentlichkeitswirksam Begehrlichkeit schüren, ohne die Experten, die auf diese Marke bei ihren beruflichen Tätigkeiten vertrauen. Menschen machen Marken und Marken machen Märkte. Der Erfolg der Marke liegt immer in der Wahrnehmung des Betrachters (Kunde, Interessent, Mitarbeiter, Öffentlichkeit). Es besteht eine grundsätzliche Notwendigkeit, dass die Marke zu einer relevanten Marke entwickelt, ihre Stärken gepflegt und ausgebaut werden und dass der Sinn und die Bedeutung, die sie stiftet, vom Nutzer aus gedacht werden.

Ein aktuelles und aufgrund des Klimawandels akutes Thema der globalen Wirtschaft ist die Forderung nach Nachhaltigkeit. Seit Jahrzehnten wird immer wieder die (berechtigte) Frage gestellt, ob sich Nachhaltigkeit überhaupt lohnt – für das Unternehmen, die Marke, den Verbraucher und die Umwelt. Studien suchen nach Beweisen, dass „Gutes tun" und wirtschaftlicher Erfolg zusammenpassen. Wir wissen über den Verbraucher, dass „Gutes wollen" nicht notwendigerweise „nachhaltig kaufen" bedeutet. Für ihn muss das Produkt auch ohne Sustainability Features einen wahrnehmbaren Mehrwert bieten. Die Ermittlung von Sustainability Gaps zwischen Unternehmensperformance und öffentlicher Wahrnehmung dieser Performance ergibt, wie kaum anders zu erwarten, folgendes Bild: In manchen Organisationen ist die Nachhaltigkeitsperformance besser als die Perzeption in der Öffentlichkeit, in anderen ist es umgekehrt. Das Interessante daran ist: Die Messung dieser öffentlichen Wahrnehmung erfolgt – anhand der Marke! Die Marken-Beratung Interbrand nutzt sechs externe Faktoren für Marken-Stärke [44], um das öffentliche Bild unter die Lupe zu nehmen: Authentizität, Differenzierung, Präsenz, Relevanz, Konsistenz und Marken-Wissen (dies meint hier den Kenntnisstand der Nachhaltigkeitsaktivitäten). Die Erforschung dieses Gap ist eine Grundlage für eine Stärkung des Marken-Wertes. Kunden und Öffentlichkeit erwarten heute Corporate Responsibility, die Übernahme unternehmerischer Verantwortung. Verspricht die Marke etwas, das Unternehmen und Mitarbeiter nicht einlösen, dann hat dies gravierende negative Folgen für den Marken- und Unternehmenswert. Diese Gefahr lauert überall dort, wo Nachhaltigkeit als Pflicht und nicht als Chance gesehen wird, wo Nachhaltigkeit nicht im unternehmerischen Handeln und Denken der Mitarbeiter implementiert ist oder wo sie als willkommenes Label inhaltsunabhängig eingesetzt wird. Die Übernahme von Verantwortung schafft Bedeutsamkeit für Kunden wie die öffentliche Gemeinschaft. Bedeutsamkeit ist eine wichtige Angelegenheit für Marken und so hat sich der Begriff Meaningful Brands etabliert.

Meaningful Brands, das ist deutlich geworden, sind keineswegs rein marketinggetrieben, sondern ebenso konsumentengetrieben. Es ist der Wunsch der Verbraucher, Produkte von Marken zu kaufen, mit deren Werten sie sich identifizieren können. Wenn Marken sich in der subjektiven Vorstellung des Verbrauchers verankern, dann liegt es nahe zu untersuchen, inwieweit Sinn und Werte hier relevant sind. Das in dieser Eindeutigkeit Überraschende: Die gewünschte Verantwortung, die Marken zuschrieben wird, geht weit über das konkrete Produkt hinaus. „Tue Gutes für heute und für die Zukunft" kristallisiert sich als wichtiger Treiber für die Marken-Relevanz heraus. Menschen wünschen die Übernahme von Verantwortung ihrer Marken in einer immer komplexeren Welt, in der das Zutrauen in öffentliche Institutionen und die Politik sinkt, den gesellschaftlichen Wandel zu gestalten. Je jünger die Generation, umso ausgeprägter der Wunsch, die Lieblings-Marke möge eine wichtige Rolle bei der Gestaltung einer lebenswerten Zukunft spielen. Weit mehr als die Hälfte der Befragten dieser weltweiten Studie [45] geben Unternehmen die gleiche Verantwortung wie Regierungen, den sozialen Wandel zu gestalten. In ihren Augen besitzen Konzerne die Verpflichtung, die Welt besser zu machen und sie schreiben Unternehmen eine immer wichtigere Rolle zu, die großen Probleme der Welt zu lösen.

1.8 Vom Kunden zum Nutzer der Marke

Der Kunde ist König

Eine Marke ist nichts ohne den Kunden. Denn es ist der Kunde, der sich für die Angebote dieser Marke interessiert, sie in sein Relevant Set (engste Auswahl) einbezieht und sich letztendlich für sie bzw. das Produkt entscheidet. Macht er dies häufig, so wird er zum Schlüsselkunden – und steht im Mittelpunkt des unternehmerischen Interesses. Der Kunde ist

König oder der Kunde steht bei uns im Mittelpunkt, lautet denn auch ein Kernsatz des modernen Marketings. Letztendlich existieren die Marke und das Unternehmen nur, weil viele Kunden bereit sind, ihr Geld für deren Angebote auszugeben. In der Erkenntnis, dass wirtschaftlicher Erfolg auf zufriedenen, loyalen Kunden gründet, ist die Kundenzufriedenheit zu einem zentralen Geschäftszweck geworden – ein Aspekt, auf den u. a. Peter Drucker immer wieder hinwies [46].

Doch steht der Kunde immer am Ende eines Entwicklungs-, Produktions- und Innovationsprozesses. Das führt oftmals dazu, dass Produktentwicklung und Marketingkonzepte aus interner Sicht, auch Make-and-Sell-Denke genannt, geleitet werden. Das, was leicht realisierbar und technisch möglich ist, sich aus Effizienzgründen anbietet oder Meinungsbildnern im Unternehmen gefällt, setzt sich im Laufe des internen Prozesses durch. Die hohe Rate nicht erfolgreicher Produkte zeigt, dass diese Ergebnisse noch lange nicht dem Kunden gefallen und für ihn relevant sind. Daran ändern auch die neuen Technologien und ein immer präziseres Tracking des Kundenverhaltens – vom ersten Blickkontakt mit der Marke bis zur Kaufentscheidung – nichts Grundlegendes. Denn mit neuen Erkenntnissen zum Entscheidungs- und Kaufverhalten hat sich noch nicht die Blick- und Denkrichtung verändert. Der Kunde steht immer noch am Ende eines langen Prozesses bei den Überlegungen, was müssen wir tun, damit der Kunde unser Produkt kauft. Ein Paradigmenwechsel ist notwendig. Der Kunde steht erst dann im Zentrum der Überlegungen, wenn er nicht als Umsatzgröße am Ende der Kette gesehen wird, sondern als Mensch und Teil der Gesellschaft, die heute und in Zukunft Angebote braucht, um ihr Leben, ihre Umwelt und ihre Arbeit für sich bestmöglich zu gestalten. Es geht um Fragen wie: Warum entscheidet sich ein Kunde für unser Angebot? Und aus welchen konkreten Gründen entscheiden sich viele andere nicht für uns? Was benötigen die Menschen, um heute und morgen ihre Aufgaben und Herausforderungen angenehmer, schneller und qualitativ besser – und ggfs. auch kostengünstiger zu lösen? Wie möchte der Mensch sein (Prestige, Werte, Stil etc.), der kauft, was unsere Marke anbietet? Und wie gut, erfolgreich, attraktiv machen unsere Marken und ihre Angebote den Kunden? Gibt es vollkommen andere, neuartige Lösungen, an die bisher noch niemand dachte – auch solche, die durch neue Technologien möglich wären?

1.8 Vom Kunden zum Nutzer der Marke

Shifting Mindset: Kunden suchen keine Schlafzimmerbetten, sondern erholsamen Schlaf. Baumarktkunden suchen keine Bohrmaschine, vielmehr wollen sie ein Bild, Regal, Lampe oder anderes aufhängen und benötigen ein Loch in der Wand. Verbraucher wollen keine Badezimmerausstattung kaufen, sondern suchen Hygiene, Wohlfühlen oder Wellness. Kunden suchen keine Geschirrspülmaschine, sondern eine Lösung dafür, dass gebrauchtes Geschirr und Gläser nicht überall hässlich herumstehen und ohne großen Zeitaufwand wieder sauber und glänzend zur Verfügung stehen. Menschen brauchen keine Banken oder Sparkassen, aber starke, vertrauenswürdige Marken, denen sie ihr Geld anvertrauen können und die ihnen den bestmöglichen, sichersten und einfachsten Zahlungsverkehr (geschäftlich wie privat) ermöglichen. Menschen entscheiden nicht, ob sie digital unterwegs sein möchten oder nicht. Neue Technologien sehen sie als Instrumente, als Enabler, die ihnen einen bestimmten Zugang und Nutzen bieten. So verwenden auch ältere Menschen neue Technologien in den Situationen, in denen sie Mehrwert versprechen (z. B. der Kontakt zu den Kindern, die sich im Ausland aufhalten, per Skype). Und wenn Fintechs ohne Filialen auskommen, heißt das noch lange nicht, dass Kunden keine Filialen benötigen. Auch die diskutierten Bargeld-Bring-Dienste können eine Filiale nicht ersetzen. Online-Marken wie Amazon® und Zalando ist dies durchaus bewusst. Sie eröffnen eigene Shops in der physischen Wirklichkeit, damit Menschen die Marken-Welt physisch erleben können: Amazon® eröffnet seit 2015 Buchgeschäfte in den USA und Zalando besitzt eigene Shops u. a. in einer der besten Shoppinglagen in Frankfurt am Main. In der physischen Realität treffen Kunden und Interessenten im Gegensatz zur Virtualität auf physisch erlebbare Marken. Konsequent vom Käufer des Angebotes ausgedacht, stellt sich die Frage der Gestaltung einer Kundenbeziehung anders. Wir müssen die Denkrichtung ändern. Es ist nicht eine Frage nach dem Angebot, sondern immer nur, was dieses Angebot für den Menschen leistet und wie die Marke ihre Kunden in ihrem Leben und Arbeiten unterstützt – auch bei der Suche nach der „besten" Lösung eines „Problems". Diese Denkrichtung, die den Nutzen für den Kunden an den Anfang der Überlegungen stellt, wird ein zentraler USP starker Marken insb. im digitalen Zeitalter werden.

Literatur

1.1 Motivation

1. Love Marks, www.saatchi.ca/en-ca/purpose/ oder www.lovemarks.com/learn/about/, abgerufen am 08.08.2016
2. Meaningful Brands, http://www.havasmedia.de/organic-marketing/meaningful-brands/, abgerufen am 04.10.2016
3. Most trusted brands, http://fortune.com/2016/02/09/most-trusted-brands/, abgerufen am 08.08.2016
4. Best Global Brands, http://interbrand.com/best-brands/best-global-brands/2016/ranking/, abgerufen am 04.03.2017
5. Luxus-Marken, https://www.statista.com/statistics/267948/brand-value-of-the-leading-10-most-valuable-luxury-brands-worldwide/, abgerufen am 04.10.2016
6. BrandFinance Top 50 Cosmetic Brands, http://www.rankingthebrands.com/The-Brand-Rankings.aspx?rankingID=196&year=1052, abgerufen am 08.08.2016
7. Best Pharma Brands, http://www.rankingthebrands.com/The-Brand-Rankings.aspx?rankingID=400&year=1046, abgerufen am 08.08.2016
8. The Automotive Social Index, http://www.rankingthebrands.com/The-Brand-Rankings.aspx?rankingID=399&year=1043, abgerufen am 08.08.2016
9. Best Global Green Brands, http://interbrand.com/wp-content/uploads/2015/08/Interbrand-Best-Global-Green-Brands-2014-Overview-8.pdf, abgerufen am 08.08.2016
10. Top-50 Green Brands-Chosen by their customers, http://www.forbes.com/sites/robertpassikoff/2015/04/22/americas-best-50-green-brands-earth-day-2015/print/, abgerufen am 08.08.2016
11. The World's Most Attractive Employers, http://universumglobal.com/worlds-most-attractive-employers-2015/, abgerufen am 08.08.2016 und Deutschlands beste Arbeitgeber, https://www.deutschlands100.de/top-arbeitgeber/top-arbeitgeber-ranking/ranking-business.html, abgerufen am 08.08.2016
12. "The 100 Most Powerful Brands", http://tenetpartners.com.s3-website-us-east-1.amazonaws.com/top100/most-powerful-brands-list.html, abgerufen am 08.08.2016
13. The World's Most Valuable Brands, http://www.forbes.com/powerful-brands/list/, abgerufen am 08.08.2016

14. Global Agile Brand Study, Landor, http://landor.com/news/samsung-ranks-no-1-and-apple-ranks-no-6-in-landors-inaugural-global-agile-brand-study-the-only-list-to-define-and-rank-brands-by-agility, abgerufen am 07.12.2016
15. Digital IQ Index Rankings: https://www.l2inc.com/brand-rankings, abgerufen am 08.08.2016
16. Consumer Reports' best and worst car brands in 2016, http://www.newsday.com/classifieds/cars/consumer-reports-best-and-worst-car-brands-in-2016-include-audi-subaru-and-lexus-1.11504841, abgerufen am 08.08.2016
17. Die Goldene Runkelrübe, http://www.goldenerunkelruebe.de/, abgerufen am 08.08.2016

1.2 Marken sind keine Erfindung der Neuzeit

18. Goldenes Brandeisen, Marketing Club Frankfurt, http://marketingclub-frankfurt.de/club/goldenes-brandeisen, abgerufen am 25.10.2016

1.3 Grundlegendes zur Marke

19. DMPA, Deutsches Marken- und Patentamt, http://www.dpma.de/marke/markenschutz/index.html, abgerufen am 06.09.2016
20. Serviceplan, http://www.serviceplan.com/de/presse-detail/vorsicht-marken-burnout-herstellermarken-verlieren-rapide-marktanteile.html, abgerufen am 04.10.2016
21. Esch, F.-R. (2014): Strategie und Technik der Markenführung, 8. Vollständig überarbeitete und erweiterte Auflage, Verlag Franz Vahlen, München
22. Deutsche Bank Claims, https://www.slogans.de/slogans.php?BSelect[]=357, abgerufen am 08.08.2016
23. Deutsche Bank, Leistung aus Leidenschaft, https://cr-bericht.db.com/2015/de/index.html, abgerufen am 08.08.2016
24. Handelsblatt, 17. Mai 2016, Seite 29
25. Yahoo, 30 days of change, https://www.youtube.com/watch?v=agRxG-X_TEQ, (abgerufen am 19.08.2016)
26. Limbic Map, http://www.nymphenburg.de/limbic-map.html, abgerufen am 04.10.2016

1.4 Die Arbeitgeber-Marke

27. DGFP (Deutsche Gesellschaft für Personal) Langzeitstudie Personalmanagement 2012
28. „Zu klein, zu hässlich, zu uninteressant", Hochschule der Medien, Online-Expertenbefragung 2015, http://www.medienmaster.de/wp-content/uploads/2015/09/HdM_Studie_EmployerBranding_Produktreputation_ProfEichsteller2015.pdf, abgerufen am 10.10.2016
29. Christine Riedmann-Streitz, "Employer Branding 4.0", Human Resources Manager, http://www.humanresourcesmanager.de/ressorts/artikel/employer-branding-zeiten-von-40-702214093, abgerufen am 10.10.2016

1.5 Die Personen-Marke

30. Paul Watzlawick, Zitat, http://www.zitate-online.de/sprueche/wissenschaftler/16362/man-kann-nicht-nicht-kommunizieren.html, abgerufen am 26.10.2016
31. Personen-Marke, MarkenFactory, www.markenfactory.com, abgerufen am 31.10.2016

1.6 Die Marke psychologisch und ökonomisch betrachtet

32. Kaufentscheidungen treffen, siehe hierzu u. a.: http://www.absatzwirtschaft.de/kaufentscheidungen-auf-der-spur-19533/, abgerufen am 26.10.2016
33. Die erste Banner-Ad, 27.10.1994, http://thefirstbannerad.com/, abgerufen am 08.08.2016
34. Harvard Business Review, 12.02.2013, „Stop Selling Ads and Do Something Useful", https://hbr.org/2013/02/stop-selling-ads-and-do-someth, abgerufen am 08.08.2016
35. Simon Kucher + Partner, Global Pricing Study 2016, http://www.simon-kucher.com/de/news/global-pricing-study-2016-jedes-zweite-unternehmen-preiskrieg-verwickelt, abgerufen am 11.08.2016
36. Fortune Magazine, May 3, 1993, „Fall for Philip Morris", http://archive.fortune.com/magazines/fortune/fortune_archive/1993/05/03/77805/index.htm, abgerufen am 09.08.2016

37. Googeln und Ego-Googeln, Duden, http://www.duden.de/suchen/dudenonline/googeln, abgerufen am 10.09.2016
38. Nestlé, Yes Törtchen, https://www.nestle-marktplatz.de/view/marken/yes/, abgerufen am 20.09.2016
39. Museum für Kommunikation, Frankfurt a. M., Ausstellung „Berührt Verführt", 2016
40. Marken-Duft: Handelsblatt, „Der Duft von Beiersdorf", 5./6./7. August 2016, S. 22
41. Nivea, Homepage, https://www.nivea.de/neu-von-nivea/der-duft-der-pflege-0336, abgerufen am 08.08.2016

1.7 Quer gedacht: Über die Essenz von Meaningful Brands

42. Havas Media, Meaningful Brands, http://www.havasmedia.de/organic-marketing/meaningful-brands/, abgerufen 23.08.2016(2)
43. Havas Media, Meaningful Brands, Global Fact Sheet
44. Interbrand, Best Global Green Brands, Juni 2014
45. Havas Worldwide, Prosumer Report, Vol. 17, 2013

1.8 Vom Kunden zum Nutzer der Marke

46. Peter Drucker, Zitat, https://www.zitate.eu/author/drucker-peter-ferdinand/zitate/1864, abgerufen am 13.03.2017

2

Impact: Werte-Treiber der Marke

Zusammenfassung Gibt es noch Marken in der Zukunft? Die Antwort auf diese Frage hängt entscheidend auch davon ab, welchen Impact die Marke hat, welche Wirkungs-, Einfluss- und Stoßkraft von ihr ausgehen. Das führt uns dazu, nach den zentralen Werte-Treibern der Marke zu fragen, die diesem Impact zugrunde liegen und ihn ganz wesentlich befördern oder – im negativen Fall ihres spärlichen oder Nichtvorhandenseins – behindern. Sie stützen ganz entscheidend die Daseinsberechtigung einer Marke, denn sie bedingen auch die Wirkungsstärke ihrer Nutzenfunktionen (siehe Abb. 1.8). Einer dieser beiden Werte-Treiber heißt „Vertrauen". Ohne Vertrauen, die Bereitschaft sich auf etwas zu verlassen, in der Erwartung, nicht enttäuscht zu werden, gibt es keine funktionierende Wirtschaft noch Gesellschaft. Marken sind ohne Vertrauen nicht überlebensfähig. Der andere heißt „Innovation". Warum auch gute Produkte eine starke Marke benötigen und warum starke Marken auf Innovationen angewiesen sind, erläutern wir in diesem Kapitel.

Inhaltsverzeichnis

2.1 Marken-Vertrauen 46
2.2 Marke und Innovation: Die zentralen Werte-Treiber
 nachhaltig profitablen Wachstums 51
Literatur 59

2.1 Marken-Vertrauen

Vertrauen ist der Anfang von allem.
Deutsche Bank, Claim, 1995 [1]

Vertrauen ist ein „wichtiges Schmiermittel sozialer Systeme", sagt Nobelpreisträger Kenneth Arrow [2]. Jeder Kaufentscheid und jede Geschäftsbeziehung brauchen Vertrauen. Es ist der Motor von Wirtschaft und Handel und damit auch des Kaufprozesses. Vertrauen bildet die Grundlage von Marken-Stärke. Menschen vertrauen Ärzten, denen sie ihre Gesundheit oder ihr Leben anvertrauen, Menschen vertrauen Marken-Händlern, denen sie einen Gebrauchtwagen abkaufen, Passagiere beherrschen ihre Flugangst, wenn sie den Piloten zuvor persönlich gesprochen haben und ihm vertrauen, Mütter vertrauen Personen-Marken wie Claus Hipp, weil dieser persönlich mit seinem Namen für die versprochene Qualität bürgt [3]. Menschen vertrauen Marken, wenn sie eine Lebensversicherung abschließen. Vertrauen impliziert ein langfristiges Versprechen und Menschen, die sich für eine Marke entscheiden, rechnen fest damit, dass diese ihr Versprechen einlöst, denn das Marken-Versprechen ist immer auch ein Versprechen in die Zukunft. Letztendlich helfen alle Fakten über das Produkt oder das Unternehmen nicht weiter, wenn der Kunde der Marke nicht vertraut. So gesehen ist eine Marke nichts ohne das Vertrauen, das Kunden und die Öffentlichkeit in sie haben und das Marken-Vertrauen wird zur Schlüsseleigenschaft starker Marken. In Analogie zu Niklas Luhmann, der im Vertrauen einen „Mechanismus zur Reduktion sozialer Komplexität" [4] erkennt, ist das Marken-Vertrauen ein sicheres Mittel zur „Reduktion der Entscheidungskomplexität" und des Entscheidungsrisikos (siehe hierzu auch Unterkapitel 1.6). Denn das Dilemma des Kunden ist stets, dass er erst nach Kauf und Gebrauch erkennen kann, ob seine Erwartungen erfüllt sind.

2.1 Marken-Vertrauen

Der erste Schritt im Marken-Vertrauen ist die Bereitschaft des Kunden, sich auf die Marke zu verlassen, in der „begründeten" Erwartung, dass sie ihr Marken-Versprechen zuverlässig erfüllt (Prospektion). Grundlage dieses Vertrauens sind die klare Marken-Identität, hohe Bekanntheit und Reputation sowie die anschließende Bestätigung durch die Einlösung des Leistungsversprechens. Persönliche Empfehlungen aus dem privaten Kreis, Erfahrungen anderer („Kunde wirbt Kunde"), der Händler des Vertrauens oder seriöse Testurteile bestätigen den persönlichen Eindruck, Vertrauen zu können. Bei der Wahl eines neuen Arbeitgebers erfüllen (ehemalige) Mitarbeiter sowie Mitarbeiterbewertungen auf Portalen wie Kununu diese Funktion. Denn der Bewerber wird erst nach dem Eintritt in das Unternehmen prüfen können, ob er sich richtig entschieden hat. Deshalb braucht Vertrauen Marken-Bekanntheit und Marken-Wissen. Heribert Meffert formuliert dies so: „Man vertraut nur dem, den man kennt" und „Man bleibt nur dem treu, dem man vertraut" [5].

Vertrauen ist damit nicht nur eine emotionale, sondern wird zu einer wirtschaftlichen Größe. Welche Wirkung das Vertrauen und Vorschussvertrauen hat, zeigt ein aktuelles Beispiel an der Marke Tesla: Das Unternehmen erhielt nach Bekanntgabe des neuen Elektroautos Tesla Model 3 innerhalb einer Woche 325.000 Vorbestellungen; bisher galten 12.000 Vorbestellungen als unerreichbare Benchmark [6]. Und es dauerte mehr als ein halbes Jahrhundert, bis diese geknackt werden konnte. Im Fall Tesla zahlt sich das Vertrauen umgehend ökonomisch aus, denn bei 1000 US$ je Vorbestellung ergibt sich eine Vorschussfinanzierung von 325 Mio. US$. Hier äußert sich auch das Vertrauen der Kunden in den Visionär Elon Musk. Grundlage des Vertrauens ist weniger die Technik. Denn diese ist relativ neu und nicht gerade mit positiven Erfahrungen und Emotionen besetzt. Es ist das Vertrauen in die Vision, Kompetenz, Engagement und Vertrauenswürdigkeit des und der Menschen hinter der Marke. Ein hohes Marken-Vertrauen senkt das Markteintrittsrisiko für das Unternehmen und für den Kunden. Deshalb ist dies für innovative Unternehmen von unschätzbarem Wert. Vertrauen ist zudem ein wichtiger Performancetreiber für die Marke, da Stammkunden oft weit mehr als die Hälfte des Umsatzes generieren, loyale Kunden die Marke gegen Kritik verteidigen und Neukunden nur über das Vorschussvertrauen in eine Marke zum Kauf gewonnen werden können.

Das Gefühl, vertrauen zu können, gründet auf einem holistischen Eindruck der Marke. Dazu zählen u. a. Produktverpackungen im Handel, deren Zweck nicht nur im Schutz des Produktes besteht, sondern in der Kommunikation von Marken-Wert und Produktnutzen. Effizienzstrategien, die Packungsinhalt oder verwendete Rohstoffe bei gleichbleibendem Preis reduzieren, senken mit den Kosten für den Hersteller auch den Nutzen für den Kunden. Mit dem unschönen Nebeneffekt der Enttäuschung auf Kundenseite. Der Vertrauensvorschuss der Marke wird durch reine Effizienzstrategien schnell aufgebraucht, wenn diese nicht mit einem deutlichen Mehrwert aufgewogen werden. Mit dem Vertrauen einer geht die Erwartung, dass die Marke auch in Problemsituationen, z. B. bei Reklamationen, das Kundeninteresse berücksichtigt und beweist, dass sie den Kunden nicht nur als Umsatzgröße sieht, sondern an einer längerfristigen Beziehung interessiert ist. Wird eine zufriedenstellende Lösung gefunden, fühlt sich der Kunde in seinem Vertrauen bestärkt (Belohnung). Kundenbindung, Loyalität und Weiterempfehlung basieren auf Vertrauen. Folgerichtig schaden Vertrauensbrüche – so geschehen bei dem Skandal um Bio-Eier in 2013, die keine waren [7], beim Versprechen von Regionalität [8], die überhaupt nicht definiert ist und theoretisch auf das gesamte Bundesgebiet ausgedehnt werden kann, bei irreführenden oder falschen Herstellerangaben oder Falschmeldungen von smart Devices. Vertrauen kann schnell zerstört werden und es braucht lange, bis es wieder aufgebaut ist.

Umso wichtiger ist, dass Marken-Verantwortliche die Marke nach innen und außen entsprechend aufstellen, denn auch das Vertrauen bildet sich von innen nach außen. Wenn die Mitarbeiter ihrer eigenen Marke nicht vertrauen, wie sollen dann Kunden und Öffentlichkeit Vertrauen fassen. Eine aktuelle Studie hat ermittelt, dass etwa 20 % der Marketingchefs in Deutschland ihrer eigenen Marke misstrauen [9]. Das betreffe nicht nur die großen Themen wie ethische Verantwortung oder Nachhaltigkeit, sondern auch die „Hygienefaktoren", dass die Marke ihre Versprechen einhalte.

Zu denken geben in diesem Kontext die Ergebnisse der Studie „Ethics at Work 2015" [10], die in den europäischen Kernländern Deutschland, Frankreich, Italien und Spanien durchgeführt wurde.

Der Studie zufolge ist die Einschätzung der Wahrscheinlichkeit, dass Ehrlichkeit in den Unternehmen praktiziert wird, deutlich gesunken. Eine Missachtung von Gesetzen oder ethischen Standards wird häufiger wahrgenommen, aber die vermutete Wahrscheinlichkeit, dass dies auch angesprochen wird, ist gesunken. Nur etwas mehr als die Hälfte der Befragten stimmen zu, ihr eigenes Unternehmen erfülle seine Richtlinien und soziale Verantwortung. Mehr als jeder Dritte befragte Arbeitnehmer in Deutschland sagt, Ehrlichkeit sei selten im geschäftlichen Alltag. Ethische Standards spielen im Tagesgeschäft eine geringe Rolle und werden kaum vom Management unterstützt – beispielsweise in Form von Gesprächen, konkreter Hilfe, Training oder Incentives. Das birgt ein hohes Risiko für die Marken-Stärke, denn Marken wirken stets von innen nach außen. Werden selbst gesetzte ethische Standards nicht gelebt und fehlt Mitarbeitern das Marken-Vertrauen, dann mangelt es der Marke am Fundament für ihre Durchsetzungskraft in der digitalen Wirtschafts- und Konsumwelt. Marken-Verantwortliche sollten ihre Marken und das Brand Behavior der Mitarbeiter auch dahin gehend überprüfen.

Manches Unternehmen, das mehrere Marken unter seinem Dach führt, beginnt derzeit, seine Dach-Marke oder Corporate Brand zu stärken und als Absender in den Vordergrund zu stellen. Sie bündeln wertvolle Kräfte und schöpfen Synergien stärker aus. Eine Corporate Brand ist mehr als ihre einzelnen Produkt-Marken. Sie gibt den Rahmen vor, der für jede ihrer Einzel-Marken gilt. Die übergeordnete Corporate Brand kann so die zunehmend geforderte gesellschaftliche Verantwortung, die über das einzelne Produkt hinausgeht, wahrnehmen. CEO und Top-Management können zusätzlich mit ihren klar profilierten Personen-Marken dem Unternehmen ein persönliches Gesicht geben. Der ubiquitären Technologie setzen sie bewusst den denkenden, hinterfragenden, verantwortungsvollen, empathischen Menschen als Vertrauensanker entgegen. Es ist ein starkes Signal der Marke, dass die Menschen dahinter mit ihrer klaren Haltung die Verantwortung für die Ausrichtung des Unternehmens und die Gestaltung der Kundenbeziehung übernehmen. Das Risiko, dass eine Schädigung der Unternehmens- oder Dach-Marke sich negativ auf alle Produkte auswirkt, wird aufgewogen durch die positive Strahlkraft, die eine attraktive und glaubwürdige Corporate Brand auf alle Marken des Hauses wie auf die öffentliche Wahrnehmung hat. Starke Corporate Brands haben die Chance, aus der Mannigfaltigkeit der Angebote wie Leuchttürme herauszuragen. Alphabet®, Nestlé und BMW sind Organisationen, die diesen Weg – sicherlich aus sehr unterschiedlichen Gründen – derzeit gehen. Eine genauso herausfordernde wie spannende Aufgabe.

In der Zukunft wird dieses Asset der Marken, Vertrauen zu schaffen – ob als Unternehmen (Corporate Brand), Produkt (Product Brand), Service (Service Brand), Arbeitgeber (Employer Brand), Person (Personal Brand) – eine entscheidende gesellschaftliche und wirtschaftliche Rolle spielen. Denn in den digitalen Medien wird die persönliche Empfehlung von Freunden, dem Händler oder der Familie ergänzt, ersetzt oder dominiert durch Empfehlungsalgorithmen wie: „wird oft zusammen gekauft" [11], „Kunden, die diesen Artikel gekauft haben, kauften auch" [12], „andere Kunden interessieren sich auch für" [13], „Ihre zuletzt angesehenen Artikel und besonderen Empfehlungen – inspiriert von Ihrem Browserverlauf" [14] oder „für Sie entdeckt". Siri empfiehlt Restaurants, die automatisierte Software von Netflix schlägt dem Nutzer neue Filme vor, die seinen Präferenzen entsprechen, Tripadvisor empfiehlt Hotels und Restaurants. Marketing Automation macht es möglich, automatisch zu personalisieren – über das Smartphone, das Web, in den Social Media oder per E-Mail. Die automatische Orchestrierung der Kanäle und Präferenzen soll über die Personalisierung Umsatz und Ergebnis steigern. Der Kunde fühlt sich individuell angesprochen, da das Angebot seinem Geschmacksportfolio entspricht. Starke Marken stehen für die Einhaltung ihres Qualitäts- und Leistungsversprechen, für die Verantwortung über ihre Angebote, für den Schutz der Privatheit und den sorgsamen Umgang mit den ihnen anvertrauten Kundendaten. Datenschutz ist Bestandteil von Verlässlichkeit und Vertrauen. Es zählt zu den großen Aufgaben und Herausforderungen starker Marken, hier durch die Faktoren Attraktivität, Verlässlichkeit und Vertrauen zu punkten. Damit Verbraucher eine echte Alternative haben und nicht der Preis, der Algorithmus oder Einzelbewertungen zum bestimmenden Entscheidungskriterium werden (müssen). Vertrauen gründet auf Langfristigkeit und Zukunft. Es ist das Versprechen einer langfristig guten und fairen Beziehung.

2.2 Marke und Innovation: Die zentralen Werte-Treiber nachhaltig profitablen Wachstums

> *Es ist nicht zu wenig Zeit, die wir haben,*
> *sondern es ist zu viel Zeit, die wir nicht nutzen.*
> Lucius Annaeus Seneca [15]

Innovationen entscheiden über Märkte. Fatal, wenn das Tagesgeschäft keine Zeit lässt, sich wertschöpfend mit der Zukunft zu befassen. Unternehmen nennen viele Gründe, das Thema Innovation auf später zu verschieben: das Tagesgeschäft, gut gefüllte Auftragsbücher, zu viele Projekte und andere Sorgen. Doch wer immer das Gleiche tut, kann keine anderen Ergebnisse erwarten; auch das elektrische Licht entstand nicht durch die Weiterentwicklung der Kerzen. So existiert in zahlreichen Organisationen ein deutliches Gap zwischen Wissen und Handeln. Es gilt, so manche Hürde zu überwinden wie die Silodenke von Abteilungen und Länderverantwortlichen. Oft wird der Innovationsprozess nicht gelebt, sodass er sich nicht zu dem notwendigen kontinuierlichen Prozess als integraler Bestandteil zukunftsorientierten unternehmerischen Denkens und der Führungskultur im Sinne einer Innovationskultur entwickeln kann. Innovationen verarmen oft zu Produktverbesserungen oder zu effizienzgetriebenen Optimierungen, sie bieten keinen wirklich neuen Nutzen, schaffen keine neuen Märkte, bieten keine wirklich neuen Angebote, die der Markt begeistert aufnimmt und die dem Unternehmen Wertschöpfung und Wachstum bringen und die Marke stärken. Meist findet das Beobachten von Trends und Entwicklungen schwerpunktmäßig im Radius des eigenen Marktes und der Informationen durch die eigenen Zulieferer statt. Und die strategischen Innovationsfilter fokussieren im Wesentlichen auf Machbarkeit. Das hat nicht selten zur Konsequenz, dass globale Entwicklungen unberücksichtigt bleiben und das Naheliegende, da einfach umsetzbar, auf den Markt gebracht wird. Neues Denken findet nicht statt oder der Prozess wird verzögert. Gefragt nach ihrer Selbsteinschätzung zählen Manager einer internationalen Studie Deutschland zu den innovativsten Ländern weltweit, jedoch hinsichtlich Experimentierfreude und Flexibilität eher als

Schlusslicht [16]. Und dies obgleich „Produkte floppen" [17]; 60 bis 80 % aller neuen Produkte überleben nicht das erste Jahr im Handel oder sie erzielen nicht die gewünschten Ergebnisse. Das sind Produkte, die im Markt und bei den Kunden nicht ankommen und mangels Alternative nicht ersetzt werden können.

Doch das Umfeld wandelt sich rasant. Digitalisierung, Klimawandel, Ressourcenknappheit, globaler Wettbewerb, Demografischer und Wertewandel erfordern eine hohe Innovationskraft, Veränderungsfähigkeit und eine flexible Herangehensweise, sprich Agilität, in den Unternehmen. Der ubiquitäre Wandel macht Organisationen aller Branchen innovationsabhängig. Denn Stehenbleiben bedeutet, so banal es klingt, Rückschritt. Das Bestreben um immer höhere Effizienz in Produkten, Prozessen, Materialverbrauch, Mitarbeitereinsatz ist endlich. Keine Organisation kann sich in die Zukunft sparen. So ist das Management gefordert, frühzeitig zu entscheiden, wie das Unternehmen sich zu dem Wandel verhalten soll. Ob es ihn annehmen und neue Lösungen anbieten will. Manche Veränderungen kündigen sich frühzeitig an wie der Klimawandel. Er zwingt Unternehmen heute, die sich den neuen Anforderungen beispielsweise an Erneuerbare Energien nicht stellten, sondern ein „weiter so" vorzogen, ihre seit Jahren oder Jahrzehnten etablierten Organisationen vollkommen neu aufzustellen. Seit dem Bericht des Club of Rome Anfang der 1970er-Jahre und dem Brundtland Report Ende der 1980er-Jahre war eine Energiewende absehbar. Die Nuklearkatastrophe in Fukushima 2011 war der unerwartete Hochbeschleuniger. Sie veränderte „plötzlich" die Schwerpunkte für erfolgreiche Business-Modelle u. a. in Richtung Erneuerbare Energien. Unternehmen stehen vor der Notwendigkeit, über ihr Handlungsprinzip zu entscheiden: Effizienz? Suffizienz? Oder Innovation? Effizienz reduziert zwar den Kosten- und Ressourcenverbrauch, sie schafft aber aus sich heraus keine neuartigen Lösungen. Und nicht selten wird sie durch den Rebound-Effekt eines vermehrten Verbrauchs zu günstigen Preisen wieder aufgehoben.

Die Gründe für die Notwendigkeit von Innovationsfähigkeit und -kompetenz liegen auf der Hand: Erfolg lässt sich nicht linear fortschreiben – heute weniger denn je. Produktlebenszyklen werden kürzer – mit zunehmender Geschwindigkeit. Wissen lässt sich nicht schützen – auch nicht durch Patente. Und die Halbwertszeit von Wissen sinkt rapide – aufgrund der Schnelligkeit des Wandels und neuer Technologien, die Bisheriges infrage stellen. Der Wandel ist die Konstante, sodass ein Ausruhen auf dem bisher Erreichten und mangelnde Innovationskraft schnell in die Austauschbarkeit und Bedeutungslosigkeit führen, da der Wettbewerb kurzfristig nachzieht – die Globalisierung macht es möglich. Das Zusammenspiel von Hersteller und Zulieferer in der Automobilindustrie verdeutlicht, wie sehr Commodity-Produkte, schnell und ohne Aufwand austauschbare Angebote, dem Preisdruck unterworfen sind. Es ist ein Leichtes, Lieferanten mit austauschbaren Produkten umgehend zu wechseln. Erst Innovationen und Alleinstellungsmerkmale, mit denen sich der Hersteller profilieren kann, schaffen Mehrwert und Wertschöpfung. Für den Lieferanten wie für das Unternehmen.

Die Digitalisierung zeigt mit ihrer disruptiven Wirkung eindrucksvoll, wie sich Marktkräfte verschieben, wenn Innovationen nicht durch die traditionellen Marken, sondern durch neue Player im Markt implementiert werden. In kurzer Zeit gelten neue Standards und Benchmarks, nach denen sich auch die früheren Marktführer und Pioniere richten müssen. Wir warten heute auf das selbstfahrende Auto. Eine Idee, die starke Marktimpulse setzt und weitreichende Auswirkungen hat. Doch entstand sie nicht in den Häusern der weltweit bekannten und renommierten Marken der deutschen Automobilindustrie, sondern in IT-Konzernen. Obgleich deutsche Autohersteller seit Jahren ins Silicon Valley reisen und die Autos mit immer mehr Elektronik ausgestattet und zunehmend vernetzt werden: Beispiele sind multimediale Navigationssysteme, das digitale Benutzerhandbuch oder Luftdrucksensoren. Auch das – aus Verbrauchersicht sehr naheliegende – mobile Bezahlen wurde nicht von der deutschen Finanzindustrie „erfunden", sondern von IT-Konzernen. Es brauchte sehr viele Monate bis deutsche Finanz-Marken sich auf ein eigenes System einigen konnten und paydirekt auf den Markt kam. Zum Nachteil des Verbrauchers. Denn erst paydirekt bietet Datensicherheit „Made in Germany" von Marken, denen im Finanzsektor vertraut wird. Der Online-Handel mit Lebensmitteln ist aktuell ein weiteres Segment, in dem gravierende Veränderungen zu beobachten sind. Darüber hinaus wirken neue Technologien disruptiv. Ein Beispiel

2 Impact: Werte-Treiber der Marke

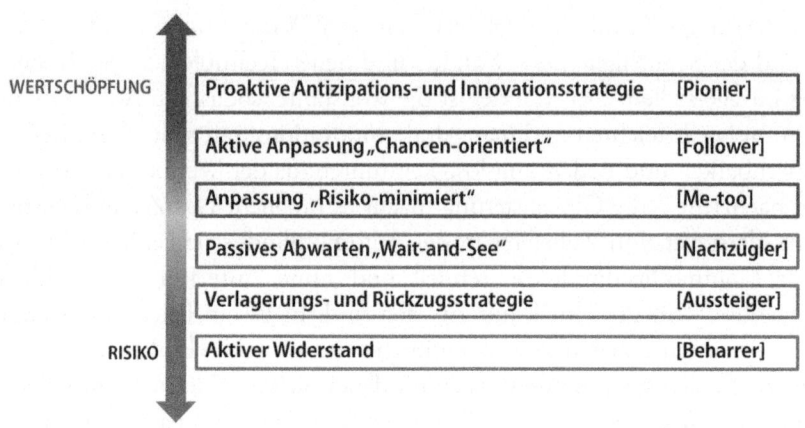

Abb. 2.1 Response-Strategien. (Quelle: Eigene Darstellung in Anlehnung an Meffert und Kirchgeorg [18])

ist der 3-D-Druck, wenn „jeder drucken kann, was er will" und die Herstellung eines Produktes in Losgröße 1 kein Problem mehr ist.

Wandel erzwingt Reaktion – von Widerstand über wait-and-see bis zur Pionierstrategie. So existieren unterschiedliche Response-Strategien (Abb. 2.1) auf sich wandelnde Umfelder und Märkte. Von der proaktiven Antizipations- und Innovationsstrategie der Pioniere über die chancenorientierte Anpassung der Follower, die Risikominimierung durch Me-too bis hin zu den Passiven, die erst einmal abwarten wollen, ob sich das Blatt nicht noch einmal zu ihren Gunsten wendet oder denjenigen, die sich zurückziehen oder Widerstand leisten. Der Versuch, das Risiko auszuschließen, kann Risiko potenzieren. Das bisher vielleicht bewährte „weiter so", „wait-and-see" oder „Regelkonformität" sowie fehlende Interdisziplinarität verhindern die notwendige Offenheit für das Neue, die Neugier auf Veränderungen, auf das Ergreifen von Chancen und erfolgreiche Umsetzen von Möglichkeiten für die Zukunftsgestaltung des Unternehmens.

Die Wahl der Response-Strategie hat erhebliche Auswirkungen auf die Marke, wie die aktuellen Beispiele RWE mit innogy und E.ON mit Uniper zeigen. Anstelle neue Entwicklungen als Chance zu begreifen, führte das Abwarten zur Notwendigkeit, die Marke aufzuspalten.

Es ist eine Illusion zu glauben, die bequemere Position ist die des Followers. Der Pionier errichtet hohe Markteintritts- und Wettbewerbsbarrieren, generiert einen oft uneinholbaren Wettbewerbsvorsprung, gewinnt einen höheren Marktanteil und kann – als Original – ein entsprechendes Preis-Premium verlangen. Der Follower muss extrem schnell sein (Agilität), er muss die Situation früh erkennen und hat im Gegensatz zum Pionier wenig Zeit zum Handeln, es muss ihm gelingen, bereits bestehende und gefestigte Kundenpräferenzen zu ändern, die hohen Markteintrittsbarrieren zu überwinden und er benötigt ein erstklassiges Marketing und eine starke Marke.

Das Dilemma: Erst durch die Umsetzung relevanter Ideen im Markt entsteht Wertschöpfung. Erst Innovationen bringen die neuartigen Lösungen, die auf neuartige Herausforderungen, Aufgaben oder den Trend zu einem Mehr an Convenience Antworten geben. Sie können vielfältiger Natur sein: technisch-orientierte, nutzen-basierte, Produkt-, Prozess-, Design-, Material-, Soziale oder Nachhaltigkeitsinnovationen. Eine Innovation kann radikalen Charakter haben mit einer disruptiven Wirkung auf die gesamte Branche, da sie vollkommen neue Standards für diese Branche und das Business setzt. Oder sie hat hybriden Charakter und verbindet das Beste aus zwei Welten. Das bekannteste Beispiel ist sicherlich das Hybrid-Fahrzeug. Hier wurde eine bewährte mit einer neuen Technologie verknüpft, um Mehrwert zu erzeugen. Wir kommen hierauf später zurück. Klar ist, inkrementelle Innovationen (Optimierungen) erhalten bestenfalls den Status quo. Es genügt heute nicht, Produkte immer besser zu machen. Das war die Strategie der Handyhersteller bis das iPhone von Apple® auf den Markt kam und eine Tastatur auf dem Handy plötzlich als old fashioned galt. Ein neuer Standard hatte sich blitzschnell weltweit etabliert.

Es gibt mehrere Ansatzpunkte für Innovationen (s. Abb. 2.2). Der marktorientierte Ansatz ist der Versuch, erkannte Lücken für das eigene Unternehmen zu erschließen. Der technologische Ansatz nimmt neue Technologien als Ausgangspunkt für neue Produkte. Der wettbewerbsorientierte Ansatz sucht die bessere Marktposition in der Branche durch Innovationen zu erreichen oder abzusichern. Es ist ein nicht ungefährlicher Ansatz, wenn der Begriff Wettbewerb zu eng gefasst wird und sich nur auf die eigene Branche oder das eigene Marktsegment bezieht. Letztendlich muss jede erfolgreiche Innovation auch die Bedingungen der Customer Centricity erfüllen. Customer steht hier für Kunde,

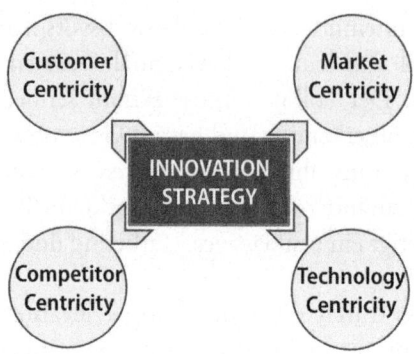

Abb. 2.2 Strategische Ansatzpunkte für Innovationen. (Quelle: Eigene ergänzte Darstellung in Anlehnung Müller [19])

Konsument und den Nutzer. Denn es ist letztendlich derjenige der zahlt und nutzt, der über den Erfolg des Unternehmens entscheidet. Customer Centricity besitzt bei der Entwicklung von Innovationen und für die Marke – insbesondere im Zeitalter der Digitalisierung – eine primäre Bedeutung. Deshalb wird dieses Thema separat in Kap. 3 behandelt.

Der Innovationsprozess muss ganzheitlich gelebt werden (s. Abb. 2.3). Beliebigkeit und Mainstream müssen konsequent vermieden werden, wertvolle Kräfte dürfen nicht verloren werden, indem jeder Trend als wichtig erachtet und für ein neues Angebot genutzt wird. Es ist erforderlich, dass Unternehmen exakt prüfen, was zu ihrer unternehmerischen Vision und Zielsetzung passt, welche Haltung die Organisation hat, welche Verantwortung sie übernimmt und was ihren Kunden Mehrwert bringt – emotional, rational und funktional. In einem ersten Schritt geht es darum, aus den zu beobachtenden globalen Entwicklungen die Kernthemen der Zukunft zu antizipieren und die spezifischen Zukunftsthemen für das eigene Unternehmen herauszufiltern und zu definieren. Erst auf dieser Grundlage werden zielgerichtet Ideen und Innovationen kreiert. Strategische Innovationsfilter unterstützen die Verantwortlichen, die neuen Ideenkonzepte auf Relevanz und Machbarkeit zu prüfen und zu priorisieren. Diese Innovationsfilter müssen allerdings richtig gesetzt werden, um nicht das kantige Ideenkonzept bis zur Bedeutungslosigkeit abzuschleifen. Meist wird in den Organisationen vom anderen Ende her gedacht: Was macht der Wettbewerb, wo

2.2 Marke und Innovation: ... 57

Abb. 2.3 Ganzheitlicher Iterativer Innovationsprozess. (Quelle: Eigene Darstellung)

müssen wir nachziehen? Was ist ein Hype, wo können wir aufspringen? Was ist schnell machbar und umsetzbar?

Ein Produkt ist nichts ohne eine starke Marke
Was jede noch so gute Innovation benötigt, um im Markt erfolgreich sein zu können, ist die passende starke Marke. Das gilt – entgegen der Ansicht vieler Manager – auch im B2B-Segment. Da heißt es dann oft: Der Markt sei überschaubar, das Unternehmen kenne seine Kunden, der Prozess von der Idee bis zum eingebauten bzw. angewendeten Produkt sei anders, vielschichtiger, als im B2C-Segment. Doch Marktbedingungen ändern sich heute rasch, neue Anbieter stoßen mit anderen Preisstrukturen in etablierte Märkte, Anbieter aus angrenzenden Branchen erweitern ihr Portfolio und gerade im B2B-Prozess läuft das Produkt oft Gefahr, „gedreht" zu werden. So kann beispielsweise ein Installateur, der letzte Entscheider in der Kette, bevor eine Keramik im Bad eingebaut wird, ein gleichwertiges innovatives Produkt einer anderen Marke wählen, wenn seine Alternative qualitativ gleichwertig ist und das Produkt nicht namentlich ausgeschrieben ist. Eine starke Marke entlastet ihn und mindert sein Risiko, da er ihrer Leistung vertrauen kann. Eine starke Marke sichert im B2B den Erfolg entlang der Vertriebsstufen, denn die Multiplikatoren, Marken-Botschafter und Entscheider kennen die Marke und empfehlen sie weiter. Zudem ermöglicht die starke Marke, ein Preis-Premium zu erzielen, das dem Hersteller und seinem Geschäftspartner zugutekommt, beispielsweise im Objektgeschäft. Das Appartement in bester New Yorker oder Londoner Lage mit Bad und Küche renommierter Premium- oder Luxus-Marken erhöht signifikant dessen Verkaufspreis. Je intensiver der Wettbewerb, je multipler die Kommunikationskanäle und Distributionswege, je ähnlicher, das heißt austauschbarer, die Produkte, desto mehr ist auch das B2B-Unternehmen ökonomisch gezwungen, seine Innovationen in den Kontext einer starken Marke zu stellen. Starke Marken haben eine wichtige Türöffner- und Vorverkaufsfunktion und

sind das notwendige Kennzeichen, um neue Produkte und Innovationen erfolgreich einzuführen. Das Vertrauen in die Marke senkt die Markteintrittsbarrieren deutlich. Starke Marken sichern Zukunft – B2C und B2B.

Die Marke profitiert von der Innovationskraft
Die Innovationskraft umfasst die Fähigkeit und den leidenschaftlichen Willen, Neues zu schaffen und auch in Zukunft im Alltag der Kunden verankert zu sein. Diese Connectedness (Verbundenheit) versorgt die Marke mit entsprechenden Customer Insights und Informationen über Entwicklungen und Trends im engeren wie im globalen wirtschaftlichen und gesellschaftlichen Umfeld. Die Innovationskraft führt zu einer neuen Lebendigkeit der Marke, die entsteht aus einer Rückbesinnung auf das Kreative, das Überraschende, das Faszinierende, die Inszenierung – verbunden mit starkem Content. Innovationen helfen der Marke, sich immer wieder zu erneuern, neue spannende Geschichten zu erzählen, neue Interessenten zu gewinnen und bestehende Kunden zu bestätigen sowie sich im geschäftlichen wie privaten Alltag ihrer Kunden zu verankern.

Innovationskraft benötigt auf Unternehmensseite Energie und eine hohe Dynamik, die mit Energie und Neugier auf Kundenseite belohnt wird: Kunden warten auf das neu angekündigte Produkt und verleihen ihm so einen hohen Must-have-Faktor. Diese Innovationsfähigkeit und Energie bildet sich von innen nach außen. Ihr Ursprung liegt in den Menschen. Starke innovative Marken brauchen diese kompetenten, engagierten, kreativen Mitarbeiter, die Eigeninitiative, Neugier, Energie und Leidenschaft mitbringen, ohne die diese Leistung nicht möglich wäre. Der Unternehmens- und Führungskultur und zwischenmenschlichen Interaktion kommt hier eine neue Bedeutung zu, die gar nicht hoch genug eingeschätzt werden darf. In Zeiten disruptiven Wandels basieren Fortschritt und Innovation auf neuem Denken und auf Wissen, das geteilt wird, um es zu vervielfachen.

Innovationskraft und Veränderungsfähigkeit sind die conditio sine qua non für die Zukunft starker Marken. Unternehmen benötigen Innovationen und starke Marken, um erfolgreich neue Antworten auf neue Realitäten und ungewisse Zukünfte geben zu können. Sie können die Zukunft am besten vorhersagen, indem sie diese aktiv gestalten und die Lücke zwischen Idee, Entscheidung und Umsetzung möglichst klein halten.

Literatur

2.1 Marken-Vertrauen

1. Slogan Deutsche Bank, https://www.slogans.de/slogans.php?BSelect[]=357, abgerufen am 08.08.2016
2. DIE ZEIT, Online, http://www.zeit.de/2016/15/oxytocin-hormon-gehirnforschung/seite-2, abgerufen am 04.10.2016
3. Handelsblatt, Werbung ist Chefsache, 26.05.2012, http://www.handelsblatt.com/unternehmen/beruf-und-buero/buero-special/tv-vermarktung-werbung-als-chefsache/6674036.html, abgerufen am 04.10.2016
4. Niklas Luhmann in Süddeutsche Zeitung online, „Riskante Erfindung der Moderne, http://www.sueddeutsche.de/wissen/gemischte-gefuehle-vertrauen-riskante-erfindung-der-moderne-1.1015100, abgerufen am 26.10.2016
5. Business Village, http://www.businessvillage.de/Der-Mensch-als-Marke/mag-83.html, abgerufen am 04.10.2016
6. DIE ZEIT Online, 11. April 2016, http://www.zeit.de/mobilitaet/2016-04/model-3-tesla-vorbestellungen-elektroauto, abgerufen am 05.10.2016
7. Skandal um Bio Eier, 2013, http://www.spiegel.de/wirtschaft/soziales/bio-eier-lasche-gesetze-machen-etikettenschwindel-erst-moeglich-a-885482.html, abgerufen am 05.10.2016
8. Regionalität bei Lebensmitteln, https://www.verbraucherzentrale.de/regionale-lebensmittel, abgerufen am 05.10.2016
9. Deutsche Markenreport, http://www.xing-news.com/reader/news/articles/234815?newsletter_id=12109&xng_share_origin=email, abgerufen am 02.04.2016
10. Ethics at Work, Insitute of Business Ethics, 2015. http://www.ibe.org.uk/userassets/publicationdownloads/ibe_survey_eaw15_europe.pdf, abgerufen am 17.09.2016
11. „wird oft zusammen gekauft": http://www.amazon.de/Circle-Roman-Dave-Eggers/dp/3462046756/ref=sr_1_1?s=books&ie=UTF8&qid=1463379552&sr=1-1&keywords=Circle, abgerufen am 08.08.2016
12. „Kunden, die diesen Artikel gekauft haben, kauften auch": http://www.amazon.de/Circle-Roman-Dave-Eggers/dp/3462046756/ref=sr_1_1?s=books&ie=UTF8&qid=1463379552&sr=1-1&keywords=Circle, abgerufen am 08.08.2016
13. „andere Kunden interessieren sich auch für": http://www.buch.de/shop/home/suggestartikel/ID42541520.html?sswg=BUCH&sq=Der%20Circle, abgerufen am 08.08.2016

14. „Ihre zuletzt angesehenen Artikel und besonderen Empfehlungen – Inspiriert von Ihrem Browserverlauf": https://www.amazon.de/gp/history/ref=pd_pyml-rhf, abgerufen am 04.03.2017

2.2 Marke und Innovation: Die zentralen Werte-Treiber nachhaltig profitablen Wachstums

15. Seneca, Lucius Annaeus: http://zitate.woxikon.de/autoren/lucius-annaeus-seneca, abgerufen am 08.08.2016
16. Innovationsbarometer 2014, GE Global Research Institute,
17. Tina Müller, Hans-Willi Schroiff, Warum Produkte floppen, Haufe, Freiburg, 2013
18. Meffert, H. Kirchgeorg, M., Marktorientiertes Umweltmanagement, 1998
19. Müller, W., Innovationsstrategien, 2009

3

Digitale Transformation: Die Marke in einer Welt disruptiven Wandels

Zusammenfassung Disruption: Die digitale Transformation zeichnet sich durch hohe Geschwindigkeit, große Reichweite und systemische Wirkung aus und wirft völlig neue Fragen auf. Die Dynamik des Wandels hat einen Aspekt, der vom Management oft vergessen wird: Die Menschen leben bereits digital. Treiber des digitalen Wandels sind nicht nur innovative Unternehmen und IT-Konzerne, sondern oft die eigenen Kunden. Das hat Konsequenzen für die Marken (B2B wie B2C), da sie schlichtweg den Anschluss an ihre Kunden und Stakeholder verlieren und in die Gleichgültigkeitsfalle geraten, wenn sie sich dem digitalen Wandel verschließen. Wir befassen uns in diesem Kapitel u. a. mit dem scheinbaren Widerspruch zwischen einer stabilen Marken-Identität und der Notwendigkeit der Veränderung sowie dem drohenden Risiko des digital Burn-out. Vielleicht – meint mancher – wir sollten oder könnten auch beruhigt auf die Marke verzichten. Für all diejenigen, die dies nicht wollen, betrachten wir die Herausforderungen und Anforderungen an Organisationen, ihre Marken in das Zeitalter der Digitalisierung zu überführen, damit sie nicht irgendwann aus dem Leben ihrer Kunden verschwinden.

Inhaltsverzeichnis

3.1　Digital Transformation: The Future Starts Now. 62
3.2　Disruption: Widerspricht die Idee der Marke
　　　nicht der Dynamik des Wandels? 80
3.3　VUCA: Über zunehmende Komplexität,
　　　schwindenden Durchblick und Bedeutungsfilter 84
3.4　Digital Burn-out 89
3.5　Rethinking Brand Management: Wollen wir im
　　　digitalen Zeitalter auf die Marke verzichten? 93
Literatur 109

3.1 Digital Transformation: The Future Starts Now

> *Fortschritt besteht wesentlich darin, fortschreiten zu wollen.*
> Lucius Annaeus Seneca [1]

Die Zukunft beginnt jetzt, the Future starts now. Der ursprüngliche Titel dieses Kapitels lautete: Die Zukunft hat bereits begonnen, eine Aussage, die bereits Robert Jungk in seinem bekannten Buchtitel [2] verwendete. Hintergrund dieser Formulierung ist, eindringlich bewusst zu machen, dass das Digital Age bereits vor Jahren begonnen hat und Teil unseres Lebens geworden ist und nun die Zeit knapp wird, das Brand Management holistisch danach auszurichten. Die Entscheidung, wie die Zukunft einer Organisation und ihrer Marken in einem, fünf oder zehn Jahren aussieht, liegt in den Händen des Top-Managements. Und die Weichen werden immer schon heute gestellt.

Disruption ist mittlerweile zum Buzzword geworden, mit dem sich viel Geld verdienen lässt. Die Veränderungen, die sie auslöst, sind durch hohe Geschwindigkeit, große Reichweite und systemische Wirkung gekennzeichnet und werfen vollkommen neue Fragen auf. Unternehmen und Organisationen werden vor die Wahl gestellt: „disrupt or be disrupted" [3]. Die Frankfurter Allgemeine Zeitung erklärte den Begriff zum „Wirtschaftswort des Jahres" 2015 [4]. „Disruption" wurde von dem Harvard-Business-School-Professor Clayton M. Christensen mit seinem Buch „The Innovator's Dilemma" [5] geprägt, in dem er prägnant darlegt, dass selbst erfolgreiche Unternehmen blind gegenüber disruptiven Veränderungen sind, wenn sie sich zu eng auf die existierenden profitablen Kunden- und Geschäftssegmente fokussieren. Er setzte seine Arbeit 2003 mit „The Innovator's Solution" [6] fort mit der Erläuterung, wie Unternehmen Disruptionen schaffen können statt von ihnen zerstört zu werden. Christensen entwickelte damit die von Joseph Alois Schumpeter geschaffene Idee der „Schöpferischen Zerstörung" [7] konsequent und systematisch weiter.

Diese Dynamik des Wandels hat einen Aspekt, der vom Management oft vergessen wird: Das Digitale ist in Alltag und Privatleben der Menschen angekommen. Die Nutzung mobiler Kommunikation, sozialer Medien, die Verlagerung der Datenspeicherung in die Cloud, die Übermittlung von Daten über die Cloud und das „mobile Einkaufen" ist heute für viele Menschen eine Selbstverständlichkeit. Treiber des digitalen Wandels sind nicht nur innovative Unternehmen und IT-Konzerne mit ihren neuen Technologien oder neuartigen Anwendungen existierender Technologien, sondern oft die eigenen Kunden. Das hat Konsequenzen für die Marken im B2B- wie im B2C-Segment, da sie schlichtweg den Anschluss an ihre Kunden und Stakeholder verlieren, wenn sie sich dem digitalen Wandel verschließen. Kunden, Entscheider, Geschäftspartner sind privat digital unterwegs und möchten auf diesen Komfort auch geschäftlich nicht verzichten. Eltern werden von ihren Kindern mit den digitalen Technologien vertraut gemacht. Den Komfort, den sich der Mensch in seinem Alltag gönnt, auf den möchte er weder im Büro, noch beim Einkauf oder auf Reisen verzichten. Mobile Payment, ein selbstverständlicher Bedarf von Menschen, die ein Smartphone besitzen und das bequeme Einkaufen wünschen, wurde nicht von den führenden Marken der Finanzbranche erschaffen. Obgleich der Geldfluss zu den ureigenen Aufgaben der Finanzinstitute gehört. Die Herausforderung für Organisationen besteht darin, ihre Marken in das Zeitalter der Digitalisierung zu überführen, damit sie nicht irgendwann aus dem Leben ihrer Kunden verschwinden.

Aufhorchen lassen in diesem Kontext die Ergebnisse der 2016 erschienenen Studie „Digital Brand Leadership" [8]: Marken-Manager sehen keine Notwendigkeit, ihre Marken-Führung aufgrund der Digitalisierung zu überdenken. Geschäftsmodelle scheinen in ihren Augen „nicht in Gefahr" zu sein und „die Digitalisierung keine Auswirkungen zu haben". Viele sehen „bloß ein Zuwachs an Kanälen". Die Digitalisierung wird deutlich unterschätzt, vielleicht auch, weil sie so spielerisch mit ihren Apps und Games daherkommt. Dabei erfordert gerade die zunehmende Komplexität der Digitalisierung eine stringente und in sich konsistente und holistische Marken-Führung – ausgehend vom Marken-Kern und der Marken-Identität und mit einer ebenso konsequenten Überprüfung der Marken-Wahrnehmung an den jeweiligen Touchpoints anhand der relevanten KPIs.

Was bedeutet das nun für die Marke?

Point of Communication
Die digitalen Medien verändern die Kommunikation in gravierender Weise. Allein die Entfernung von Mensch und Device hat sich gewandelt, sie scheinen miteinander zu verschmelzen. War mit dem Radio das Medium in Hörweite, rückte es mit dem Fernseher in Sehweite und gelangte mit dem Desktop-Computer in Greifweite auf den Schreibtisch. Spätestens seit Einführung des tragbaren Notebooks, des dünnen und batteriestarken MacBook Air und des Tablet (2010) wurde das Device nicht nur mobil, sondern konnte – in den Händen und auf den Beinen gehalten – auf dem Sofa, dem Stuhl im Coffee-Shop oder im Sessel in der Flughafen-Lounge sitzend genutzt werden. Seit der Smartwatch trägt man sein Device direkt am Körper, mit dem „vernähten" Datenkabel [9] in der Kleidung, mit den Augmented-Reality-Brillen am und den neuartigen Kontaktlinsen [10] im Auge. Und wer es lieber unsichtbar mag, trägt das Device per Mikrochip unter der Haut [11]. Die Kontaktlinse wird nicht nur zum Computer der Zukunft aufgerüstet, sie wird auch zum medizinischen Beobachter. Microsoft® entwickelt sogenannte NUIs, Natural User Interfaces [12], die das Leben der Menschen verbessern wollen, wenn diese on the go sind. Diese Functional Contact Lense stellt dem Nutzer digitale Informationen auf einem Display zur Verfügung, das direkt in seinem Auge sitzt. Gleichzeitig

überwacht die Linse die gesundheitliche Performance ihres Trägers, beispielsweise den Blutzuckerspiegel. Google® arbeitet mit Pharmakonzernen wie Sanofi, Glaxo Smithkline® und Novartis zusammen, um Software mit medizinischem Nutzen zu entwickeln, um u. a. Diabetikern den Alltag zu erleichtern; dazu gehören auch diese Smart Lenses, die intelligenten Kontaktlinsen [13]. Der Marketingbegriff Touchpoint, als Kundenkontaktpunkt und als Point of Communication gewinnt durch die technologischen Entwicklungen eine viel weitreichendere Bedeutung. Der Kontakt kann prinzipiell überall stattfinden, über sichtbare und – für andere – unsichtbare Kanäle. Er dient nicht mehr nur der Information, dem Dialog oder der Partizipation, sondern ausdrücklich auch der Kontrolle. Diese Kontrolle ist nicht nur Selbstkontrolle, sondern immer auch eine Kontrolle durch andere, da die erhobenen Daten nicht nur der betreffenden Person zur Verfügung stehen, sondern gespeichert sind. Umso wichtiger wird das Vertrauen in die Marke, mit der man diese enge Beziehung eingeht.

Perception
Die Digitalisierung verändert die Wahrnehmung, wie ein Vergleich der Fotos der Papstwahl 2005 und 2013 augenscheinlich belegt. 2005 sehen wir den Petersplatz in Rom voller Menschen, die zusammenkamen, um gemeinsam den neuen Papst zu begrüßen. Dasselbe geschah 2013, doch zeigt das Bild vor allem die hell erleuchteten Displays von an langen Armen hochgestreckten Tablets und Smartphones. Während 2005 das Dabeisein und das gemeinschaftliche Erleben das Ereignis prägte, war es 2013 das Erleben durch Aufzeichnen – zur Dokumentation, dabei gewesen zu sein. Wir nennen das auch: das „Klopfzeichen der Moderne" [14]. Das Gemeinschaftsgefühl ist der Aufzeichnung dessen, weshalb man zusammengekommen ist, gewichen. Das ist eine neue Qualität der Wahrnehmung, die sich auf die spätere Erinnerung dieses Ereignisses auswirkt. Das psychische Erleben ist ein anderes in der physischen Welt und in der virtuellen Welt.

Digitalisierung verändert Wahrnehmung – auch im Straßenverkehr. So gibt es noch keine Lösung für gefährdete Verkehrsteilnehmer wie Fußgänger, die auf ihre Smartphones starrend andere Verkehrsteilnehmer und rote Ampeln nicht wahrnehmen oder twitternde Pkw-Fahrer auf der Autobahn, die ihre Aufmerksamkeit nicht auf die Straße, sondern auf die sozialen Medien richten. Die physische Wirklichkeit ist hier – wenn auch nur für Sekunden – ausgeblendet und der nächste Verkehrsunfall vorprogrammiert.

Mit Virtual Reality (VR) gelingt der zeitweise psychologische Ausstieg aus der physischen Realität. Die ersten Erfahrungen konnten wir Anfang dieses Jahrhunderts mit Second Life, dem Ausstieg aus unserem ersten und Einstieg in ein zweites Leben, sammeln. VR ermöglicht Marken, schneller und näher am Kunden zu sein: Produkte können im Prototyping präziser und schneller getestet werden, VR-Brillen bieten an dem Ort, an dem der Kunde sich gerade befindet, ein erweitertes Marken-Erlebnis, beispielsweise bei virtuellen Spritztouren oder der Spezifikation eines neuen Pkws [15]. VR vereinfacht die Vorentscheidung beim Autokauf durch erste virtuelle Probefahrten, ohne lange Wegstrecken zum nächsten Autohändler und die Reservierung eines Testfahrzeugs vornehmen zu müssen. Der gewünschte Pkw kann realitätsnah konfiguriert und angeschaut werden. Ebenso können Badezimmer oder die neue Wohnungseinrichtung wie in einer Vorschau geprüft werden. Auch das Kino bietet die virtuelle Alternative; in Berlin haben 2016 die ersten Virtual-Reality-Kinos eröffnet. Es wird spannend, zu sehen, ob sich diese Technologie im Kino durchsetzen wird, lebt doch der Kinobesuch immer auch vom Gemeinschaftserlebnis mit einem Publikum, das in der virtuellen Realität ausgeblendet ist. Vielleicht liegt hierin der Grund für die (noch) mangelnde Akzeptanz der VR-Kinos. Virtual Reality wird für den immersiven Journalismus eingesetzt, um Menschen hautnah katastrophale Situationen in entfernten Krisengebieten erleben zu lassen [16]. Ein derartiges Projekt hatte seine Premiere beim World Economic Forum 2015 [17]. Menschenrechtsorganisationen nutzen VR, um eine aufgezeichnete Realität nochmals „live" erleben zu lassen [18]. Doch letztendlich kann auch die VR-Brille das reale Fahrerlebnis und das gemeinschaftliche Erleben der Marke in der physischen Welt nicht ersetzen.

Technologie vernetzt, ersetzt aber nicht die erlebte Nähe. Das erfahren Arbeitgeber, die ihr Recruiting digitalisieren. Es kommt sogar bei Studenten, den Digital Natives, nicht gut an, wenn das erste

Vorstellungsgespräch virtuell geführt wird. Sie empfinden dies als mangelnde Wertschätzung und befürchten, dass der entscheidende „erste Eindruck" nicht der Wirklichkeit entspricht. Auch die Digital Natives suchen Arbeitgeber (siehe hierzu auch Unterkapitel 1.4), die den Menschen und seine Fähigkeiten ernst nehmen und Algorithmen nur für ein erstes Matching von Ausschreibungs- und Bewerbungsprofil nutzen, um die Vielzahl der Bewerbungen überhaupt sichten zu können. Die Versuchung liegt nahe, den gesamten Recruiting Process, beginnend mit dem ersten Kontakt (Awareness) über das Targetting konkreter Right Potentials, der Präferenzbildung bis zur Entscheidung über Algorithmen und digitale Kommunikation zu steuern. Der physische Eintritt in das Unternehmen wäre dann der erste Moment, in dem Mitarbeiter und Arbeitgeber live aufeinandertreffen. Digitalisierung im Recruiting ist sinnvoll und an vielen Stellen notwendig. Sie ermöglicht es, alle Bewerber zu erfassen, unabhängig davon, ob sie sich per Brief, E-Mail oder Facebook® bewerben, und erhöht Effizienz und Geschwindigkeit des Prozesses. Sie ersetzt allerdings nicht ein sehr frühzeitiges persönliches Gespräch. Wenn künftig Avatare von Callcentern oder Personalabteilungen mit potenziellen Kunden und Bewerbern sprechen oder wenn in einem nächsten Schritt Arbeitgeber-Avatare mit Bewerber-Avataren sprechen, um eine Vorauswahl zu treffen, dann kommunizieren Maschinen mit Maschinen, ohne dass die Menschen sich kennenlernen (siehe hierzu auch Unterkapitel 3.5, Automation). Das wäre ein Paradigmenwechsel in der Wahrnehmung, die einer Entscheidung zugrunde gelegt wird. In diesem Falle wäre dies sogar kontraproduktiv, wenn wir uns in Erinnerung rufen, welche Eigenschaften den Menschen von der Maschine unterscheiden und im Berufsalltag wertvoll machen. Wenn Produkte oder Menschen nicht mehr persönlich erlebbar sind, dann werden sie austauschbar. Wenn Bewerber allein anhand standardisierter Datensätze ausgewählt werden, dann ist diese vermeintliche Objektivität wenig zielführend. Wir dürfen auf Marken nicht verzichten, die das physische und persönliche Erleben ermöglichen, pflegen und zelebrieren.

Augmented und Virtual Reality liefern neue Spielwiesen und Kommunikationsmöglichkeiten für Marken, die allerdings zunächst sehr genau die Perzeptions- und Nutzungsmechanismen erforschen müssen. Soziale Gemeinschaft zu erleben ist wichtig und sie ist auch für Marken essenziell. Marken-Erlebnisse jenseits der Digitalisierung zu kreieren wird ein USP künftig starker Marken sein. Sicher nicht ohne Grund beginnen Marken wie Amazon® oder Zalando, die ihr Business online starteten, sich auch in der physischen Welt mit Filialen zu verankern. Digitale Marken-Erlebnisse reichen für eine tiefere Kundenbeziehung wohl nicht aus.

Alles, was Technologie möglich macht, wird entwickelt werden, aber nicht alles, was technisch möglich ist, ist auch sinnvoll und zielführend.

Decision Making
Digitalisierung und der Einfluss von AR und VR verändern den Kaufprozess und nehmen deutlich Einfluss auf die Kaufentscheidung. In-Store kann der Interessent das Produkt vor dem Kauf ausprobieren: Eine Digital Box im New Yorker Lego-Shop öffnet virtuell die Verpackung und lässt das fertig aufgebaute Modell vor den Augen des potenziellen Käufers oder potenziell Beschenkten entstehen (Abb. 3.1). Ein spezieller Code auf dem Paket macht es möglich.

Abb. 3.1 Digital Box im Lego Store, New York City. (Foto: Christine Riedmann-Streitz)

Beim Homeshopping müssen nicht mehr kistenweise Klamotten für die private Anprobe bestellt werden. Mittels einer Technologie für eine virtuelle Umkleidekabine wird das Einkaufen zum Erlebnis in den eigenen vier Wänden. Die eigene Webcam wird zum magischen Spiegel und die Homeshopper können eine höchst individualisierte Produktauswahl virtuell anprobieren; sie sehen das angezogene Kleidungsstück an ihrem Körper [19]. Diese Technologie, die bisher nur Geschäften zur Verfügung stand, funktioniert durch AR jetzt auch im eigenen Wohnzimmer. In-Store eingesetzt, würde diese Technologie dem Händler viel Lagerfläche und Kosten sparen, da es ausreicht, das Kleidungsstück einmal in jeder Größe vorrätig zu halten; Form, Farbe und Material werden jeweils „eingespielt". Auch Ikea [20] arbeitet mit den Möglichkeiten der Augmented Reality. So kann der Ikea-Kunde schnell überprüfen, ob das neue Sofa in sein Wohnzimmer passt, indem es in seine eigenen vier Wände eingespielt wird. Saturn testet seit 2016 in ausgewählten Filialen, ob und wie Virtual Reality beispielsweise den Küchenkauf unterstützen kann [21]. Villeroy & Boch präsentierte erstmals einen virtuellen Badrundgang auf der internationalen Messe für Bad, Sanitär, Heizung und Klima, ISH 2015.

So sinnvoll und bequem für den Kunden diese Hilfe bei der Produktauswahl ist, verändert sie doch entscheidend die Customer Journey und auch die Auswahlkriterien. Aspekte des Designs wie Material, Haptik, Qualität treten zurück, die Marke kann an Wirkung verlieren, wenn allein anhand des projizierten Bildes der Kauf entschieden wird. Möglicherweise verschieben sich auch die Kaufhebel und Auslöser. Wurde die Vorauswahl durch Algorithmen getroffen, sodass manche Marke keine Chance hat, überhaupt in Betracht zu kommen? Ist der Hebel die Technologie, die Plattform, die Marke oder der Kunde? Und wer hat letztendlich die Kontrolle: der Hersteller, der Algorithmus, der Händler oder der Konsument? Auch an diesem Beispiel wird sehr deutlich, dass die Zukunft nur mit einer starken Marke zu gewinnen ist, die in beiden Welten, der physischen wie der virtuellen Welt optimal aufgestellt ist.

Es gehört zu den ureigenen Aufgaben von Marken, Orientierung zu geben. Je größer die Angebotsvielfalt und die Entscheidungsmöglichkeiten werden, je mehr der Kunde von allen Seiten involviert wird, um seinerseits zu wählen oder zu beurteilen, umso mehr steigt die Bedeutung starker Marken. Der Kunde wird durch Partizipation und Involvement heute ständig gezwungen, Entscheidungen zu treffen. Will ich den Cookies zustimmen oder nicht? Stimmen die AGBs – und alle Updates – von Google®, WhatsApp®, Facebook® mit meinen Wertvorstellungen überein? Was passiert, wenn ich aus Facebook® aussteige und von Last-Minute-Informationen meiner Freunde abgekoppelt bin? Habe ich beruflich ein Nachsehen, wenn ich diese E-Mail spätabends nicht mehr beantworte? Gebe ich der Nachricht ein like oder ein dislike? Stimmt die Straßenverkehrsinformation in dem Head-up-Display meines Pkws mit der physischen Realität überein oder zeigt eine mangelhafte Software eine falsche Höchstgeschwindigkeit an? So konterkariert die Digitalisierung sehr oft ihr Versprechen, Assistent zu sein und den Alltag und Beruf zu vereinfachen. Digitalisierung vervielfacht nicht nur die Entscheidungsanlässe und -möglichkeiten, sondern fordert dem Menschen eine höhere Entscheidungsgeschwindigkeit ab. Starke Marken filtern, treffen glaubwürdige Vorentscheidungen, die den jeweiligen Werten ihrer Kunden, Fans und Interessenten entsprechen; sie können sich weiter entwickeln zu kuratierenden Marken (siehe hierzu auch Unterkapitel 3.5).

Seamless Gateways
Digitalisierung schafft eine neue Vielschichtigkeit und Überlagerung von Kommunikations- und Distributionskanälen und Realitäten. Die Herausforderung für Marken besteht darin, den Wechsel von einem Kanal in den anderen sowie von der physischen in die virtuelle Realität und zurück für den Kunden ohne hindernde, unbequeme Schnittstellen zu gestalten. Die Zukunft liegt in der Seamless Shopping Experience. Wählen wir ein realistisches Szenario:

Szenario

Jan sitzt abends zu Hause auf seinem Sofa, im Büro an seinem Schreibtisch oder im Auto auf dem Rückweg von einer Geschäftsreise. Sein Smartphone meldet sich mit einem personalisierten Angebot, das an diesem Tag genau zu seiner Stimmung passt. Er schlendert in das Erlebniskaufhaus, wird mittels Beacon (Beacon ist kleiner Sender, der per Bluetooth mit mobilen Endgeräten kommunizieren kann) zum Angebot geleitet, der Verkäufer hat auf seinem Tablet seine Interessen erkannt und berät Jan, als würde er ihn seit Jahren kennen. Wenige Zeit später verlässt Jan glücklich ohne „Gepäck" das Kaufhaus und entscheidet, spontan mit seinen Freunden in einem Restaurant essen zu gehen. Jan hat einfach per Mobile Payment bezahlt, erhält die Ware per delivery-on-demand nach Hause, und wenn Jan diese nicht innerhalb einer Frist zurückgibt, wird der Betrag von seinem Konto abgebucht. Einfacher und entspannter kann Einkaufen kaum sein. Das ist nicht etwa die Zukunft, sondern heute schon möglich [22].

Bedarfsorientierter Kontakt, dort, wo der Kunde sich aktuell befindet, ob mobil, zu Hause, Out-of-Home, Desktop oder In-Store ist bereits möglich und hat das Potenzial, zur Benchmark und später zum Standard zu werden.

Diese Nahtlosigkeit hat nicht nur eine technische Komponente. Dazu gehört auch ein zügiges Reagieren auf Kundenkontakte und Kundenfeedbacks seitens des Anbieters mit Kunden-orientierten Regeln für standardisierte und persönliche Kommunikation. Nichts ist für den Verbraucher frustrierender, als auf ein individuelles Problem oder eine Frage, deren Lösung sich nicht aus den im Web verfügbaren Informationen erschließen lässt, eine standardisierte Antwort zu erhalten, die auf sein Problem nicht eingeht und dieses nicht löst. Da offenbart sich Distanz – das Gegenteil von Kundennähe. Nähe zum Kunden braucht eine gute Kenntnis des Kunden, damit es der Marke gelingt, sich in dessen Alltag zu verankern, so wie es das Ziel von Lego, Ikea oder Starbucks® ist. Den Kunden verstehen kann sich auch in „attraktiven" Shops mit breiten Gängen und der Lupe am Einkaufswagen äußern, wie wir sie u. a. bei dm erleben oder in der Zukunft vielleicht in Form von AR-Brillen, die dem Kunden Informationen zu den jeweiligen Produkten live einspielen – über Zusatzstoffe, Herkunft, Kalorien etc.

Die Nahtlosigkeit zwischen den Welten lässt ganz neue Dynamiken entstehen. Der Pokémon GO-Hype (AR-Technologie), der sich im Sommer 2016 rasant über die Kontinente verbreitete, ließ Menschen aus allen Teilen einer Stadt zu einem gemeinsamen Ort strömen, dorthin, wo sich angeblich ein besonders seltenes Exemplar befand. Es ist ein Spiel, das Grenzen aufhebt. Nicht nur, dass Unbekannte ein gemeinsames Ziel verfolgten, auch die Grenzen der Privatsphäre (nachbarschaftliche Gärten), der Sicherheit (Truppenübungsplätze), der Arbeitszeiten (Unternehmen) oder der Verkehrssicherheit (Stau vor Parkplätzen) wurden negiert. Diese neue Technologie versetzt nicht nur die Nutzer, sondern auch die Marken-Verantwortlichen in eine Lernphase. Das Spiel mit und in verschiedenen Welten eröffnet neue Chancen, birgt aber auch Gefahren. Die Mechanismen sind noch nicht erforscht; auch Marken-Experten stehen hier erst am Anfang ihrer Erkenntnisse und der Möglichkeiten, die sie für ihre Marken entwickeln und ausschöpfen können (siehe hierzu auch Unterkapitel 4.3, *Hybrid Brands* in Hybrid Cities).

Mensch und Marken-Produkte sind heute nur wenige Clicks voneinander entfernt. Dennoch sind Marken-Angebote darauf angewiesen, dass sie schnell gefunden werden, verfügbar sind, und leicht gekauft werden können. Die Nutzung der Kommunikations- und Distributionskanäle seitens des Kunden erfolgt situativ und das Always-On erfordert eine bedarfsgerechte Interaktion in der Marken-Kommunikation mit den Stakeholdern. Diese Nähe ist ein Faktor, Vertrauen zu schaffen. Das hat weitreichende Konsequenzen. Es geht nicht mehr nur um Zielgruppenreichweite und -durchdringung, sondern um die Qualität und Quantität der Interaktion mit dem potenziellen Kunden und seine Bereitschaft, Informationen und Geschichten im Kontext der Marke und Marken-Erlebnisse zu teilen. Seamless Gateways sind Bestandteil des gewünschten und mehr und mehr eingeforderten nahtlosen Marken-Erlebnisses.

Information – Dialogue – Participation
Die digitalen Medien geben Öffentlichkeit und Kunden ständigen Zugriff auf die Marke und sie verändern die Beziehungsqualität in der Marken-Kommunikation. Die ehemalige One-Way-Kommunikation

(das Unternehmen informiert den Kunden) hat sich zu einem Dialog (Kundenrezensionen, gedruckte oder elektronische Feedback-Formulare, E-Mail etc.) weiterentwickelt. Feedback-Möglichkeiten reichen heute nicht mehr aus. Der Kunde ist gewohnt, zur Interaktion und Partizipation eingeladen zu werden, am Prozess teilnehmen zu dürfen, und er fordert dies zunehmend ein. Der Kunde verschafft sich Gehör, auch wenn er nicht kauft. Open Innovation ist eine Form dieser Partizipation, Promotions wie „Bau dir deinen Burger" [23] eine andere Möglichkeit, Kunden und neue Interessenten zu involvieren. Amazon® gründete den Produkttester-Klub, Starbucks® lädt die Öffentlichkeit ein, Wünsche zu äußern – und generiert daraus Ideen für neue Produkte (in fünf Jahren wurden 150.000 Kundenideen verarbeitet [24]). Ikea schuf den Blog „Design by Ikea" und einen „Share Space" zum Austausch von privaten Einrichtungsfotos, Inspirationen und Tipps [25]. Nebenbei entsteht eine sprudelnde Erkenntnisquelle wie Kunden heute leben. Das Ikea-Prinzip, Kunden etwas zu verkaufen, das diese dann in Eigenregie und Eigenverantwortung zusammenbauen dürfen, ist im Grunde genommen Delegation und wird heute als Partizipation verstanden. Partizipation ist Mitmach-Marketing, es macht den Kunden zum Mitgestalter in der Hoffnung, mit den Teilnehmern neue und engagierte Marken-Botschafter sowie weitere Customer Insights zu gewinnen. Partizipation stärkt die sogenannte Ownership, der Kunde sieht das fertige Produkt auch als „sein Baby", er verbindet damit persönliche Erlebnisse, wird es empfehlen und gegen mögliche Kritik engagiert verteidigen. Wir kennen diese Notwendigkeit der Ownership aus dem Projektmanagement. Kein Projekt gelingt, wenn die Beteiligten es nicht auch als „ihr Baby" sehen und zum Erfolg vorantreiben. Mittels Partizipation schaffen Marken eine breite Identifikationsplattform für Interessierte und Kunden, die es ihnen ermöglicht, immer wieder neue Marken-Botschafter zu gewinnen. Partizipation hat allerdings für Marken dort ihre Grenzen, wo Innovation beginnt: Selten wird ein Kunde das neuartige Produkt von morgen liefern, da sich der Mensch naturgemäß in den Bahnen des Vertrauten bewegt.

Vier Aspekte der Partizipation sind in unserem Zusammenhang von Bedeutung:

1. Partizipation beschert der Marke wertvolle Daten entlang der Customer Journey und allen Touchpoints, an denen diese erhoben werden. So kann Big Data für höchst individualisierte Angebote genutzt werden. Marketing Automation unterstützt diesen Prozess. Doch sollte die Entscheidungshoheit nicht bei der Technik, sondern immer beim Marketingverantwortlichen liegen. Daten bewirken keine Emotionen, sie schaffen keine Werte und allein die Quantität der Kommunikation ist nicht zielführend.
2. Durch Partizipation formen die Kunden das Bild der Marke in der Öffentlichkeit mit. Das Informationsmonopol liegt nicht mehr beim Unternehmen. Jeder Teilnehmer kann sich Gehör verschaffen und auch Mitarbeiter nutzen die Gelegenheit, ihren Arbeitgeber zu bewerten. Das birgt die Gefahr für inaktive Unternehmen und schwache Marken, die Marken-Kontrolle abzugeben, denn einer Grundregel der Kommunikation zufolge übernehmen in diesem Fall automatisch andere die Kontrolle. Ein stiller Absender zu sein, der Produkte und Services anbietet, reicht nicht mehr aus. Auch aus diesem Grund ist eine starke Marke von Bedeutung.
3. Neben Open Innovation ist Crowdsourcing eine weitere Spielart der Partizipation. Beide funktionieren nur, wenn die Marke stark ist. Stärke bezieht die Marke durch ihre Bekanntheit und Relevanz in der öffentlichen Meinung und bei ihren Stakeholdern – im Fall von Start-ups durch die Verbindung der Faktoren Glaubwürdigkeit, Neuigkeitswert und erwarteten Kundennutzen. Für schwache Marken wird sich niemand engagieren wollen.
4. Partizipation endet bei der Marken-Führung. Marken müssen top-down geführt werden. Demokratisierung ist hier falsch verstandene Partizipation und führt zur Verwässerung des Marken-Bildes und zur Schwächung der Projektions- und Identifikationsfläche – intern für die Mitarbeiter und extern für den Kunden und Interessenten.

Focus
Das Digital Age erfordert eine neue Fokussierung. Das Marken-Erlebnis und die aktive Beziehung zum Kunden sind unerlässlich. Doch durch die Vielzahl der möglichen Kanäle und die permanente Verfügbarkeit

von Angeboten 24/7/365 hat sich die 360-Grad-Kommunikation überholt, sie ist schlichtweg nicht mehr realisierbar. Allein die wichtigsten Social-Media-Netzwerke in Deutschland permanent und variabel zu bedienen, würde jedes Marketingkonzept und -budget sprengen. Erschwerend kommen automatisierte Verfahren hinzu, die die Entscheidungsfindung des Interessenten lenken. Die Sache hat einen Vorteil, sie zwingt, sich auf das Wesentliche zu konzentrieren. Das ist nicht wirklich problematisch, denn auch eine ungezielte 360-Grad-Kommunikation war wirkungslos. Anstelle einer rundum Präsenz in allen Medien benötigen Marken heute ein integriertes Konzept für ihre Kommunikation, eine gezielte Cross-Channel-Communication dort, wo die Zielgruppe sich aufhält und in der Reichweite und Präsenz erzielt werden können. Der gut orchestrierte, konsistente und konsequent an der Marke ausgerichtete Auftritt offline und online an allen relevanten Touchpoints ist heute unabdingbar. Der Fokus sollte agil gedacht werden, ähnlich einer Linse, die sich immer wieder neu auf ein Objekt fokussiert. Der sprachliche und ästhetische Kosmos der Marke wird erweitert und immer wieder angepasst, um den „Draht" zu den Kunden zu halten und neue, junge Kunden zu gewinnen. Fokussierung gepaart mit Perceived Quality und Perceived Value sowie der Brand Fit sind oberste Kriterien (siehe hierzu auch Unterkapitel 1.3). Das erfordert eine gezielte und geprüfte Selektion der wertvollsten Kanäle und Touchpoints entlang der Customer Journey. Der Kunde ist bequem geworden, er erwartet heute, dass die Marke auf ihn zukommt. Sie muss prüfen, wo, wie und mit welchen Inhalten sie ihn am besten erreicht. Ein ganzheitliches Konzept ist die Voraussetzung dafür, dass die Marke erlebbar wird und alle Aktivitäten letztendlich auf die Marke einzahlen. Ohne konsequente Fokussierung ist das heute nicht mehr leistbar.

Profiling

Digitalisierung erfordert ein scharfes Marken-Profil; die prägnante und unverkennbare Signalisierung einer Marke wird künftig immer wichtiger. Besonders dann, wenn sich das Produkt oder der Service nicht im gewohnten Marken-Umfeld präsentieren kann. Die meterlangen Regale von Drogerie- oder Supermärkten stellen oft schon eine Herausforderung für den Kunden dar, das gewünschte Produkt zu finden. Es verschwindet in der Menge, wenn nicht entsprechende Filter wirken: die Platzierung im Regal, der Regalstopper, die Promotion, der Preis und die Marken-Stärke. Die Zeit des Kunden ist knapp, die Marke braucht eine sofortige Wiedererkennbarkeit. Gestaltet sich die Suche komplex, verschiebt der Kunde den Kauf lieber oder es kommt zur Kaufverweigerung. Im stationären Handel sind der Hersteller und der Händler die Hebel, das Umfeld zu gestalten. Ganz anders stellt sich dies im E-Commerce dar. Der Click in den Amazon®-Onlineshop, beispielsweise in die Rubrik Herrenuhren, führt zu einer Vielzahl an Uhren in Reihen platziert, auf neutralem Hintergrund. Die Marke ist entkontextualisiert und muss sich im Umfeld einer wenig nachvollziehbaren Sortierung behaupten. Es sind andere Filter, die hier wirken: der marktstarke Anbieter und die automatisierte Empfehlung. Der Hebel, das Produktumfeld zu gestalten, liegt beim Portalanbieter und Onlinehändler. Shop-in-Shop-Lösungen haben den Nachteil, dass der Interessent den Marken-Shop erst suchen, dann öffnen und schließlich nach dem Produkt fahnden muss. Diese neuen Bedingungen und Wirkmechanismen müssen in die Marken-Führung einfließen, soll sich die Marke auch online behaupten. Ansonsten laufen Marken-Verantwortliche Gefahr, dass Kundenentscheidungen künftig nicht mehr von Nutzen und Mehrwert ihrer Marken, sondern direkt von Algorithmen oder Onlinebewertungen gesteuert werden. Wird es zu komplex, entscheidet nicht selten der Preis. Kann man doch das Produkt bei Nichtgefallen ohne Angabe von Gründen wieder retour senden.

Consistency
Das digitale Zeitalter stellt neue Anforderungen an die Führung der Marke. Das betrifft die Quantität an Kommunikationskanälen (online und offline), die Geschwindigkeit der Interaktion, die Gleichzeitigkeit der Themen und Botschaften und der globale und jederzeitige Zugang zu den Botschaften einer Marke einerseits und dem Response von Kunden und Öffentlichkeit andererseits. Es ist eine große Aufgabe für die Marken-Führung u. a. hinsichtlich der Auswahl des jeweils geeigneten Kanals, der marken-konformen Gestaltung der Customer Touchpoints online und offline und der Ausbalancierung der richtigen Kommunikationsfrequenz mit den Kunden: gemeint sind hier Interaktionsumfang

und -tiefe. Zudem kann der vernetzte Konsument jederzeit seine Meinung äußern und leicht gegen vermeintliche oder reale Missstände ins Feld ziehen und diese einer globalen Öffentlichkeit bekannt machen. Für jede Meinung und Weltsicht finden sich ausreichend viele Befürworter. Dies wird zu einer großen Herausforderung an die Stärke und Durchsetzungskraft der Marke. Marken sind künftig zu konsequenter Konsistenz in ihrem Auftritt und zu einer klaren Haltung hinsichtlich ihrer Werte und Verantwortung gezwungen. Das schließt alle Mitarbeiter im Unternehmen mit ein. Die Marke muss nach innen gut aufgestellt sein. Führungsverständnis, Kommunikationsverhalten (Brand Behavior) und Unternehmenskultur sind entscheidend, um einerseits alle Mitarbeiter mit der Marke vertraut zu machen und zu begeistern (Brand Ambassadors) und andererseits ein glaubwürdiges und widerspruchsfreies Marken-Bild nach außen zu geben. Das betrifft den gesamten äußeren und inhaltlichen Auftritt der Marke – und ebenso die Einhaltung des Marken-Versprechens und der selbstgesetzten ethischen Standards. Konsistenz braucht auch das Preis-Leistungsverhältnis angesichts der Endlosrabattierungen vor allem im E-Commerce, wo selten eine Bestellung folgenlos bleibt und dem Kunden umgehend die nächste rabattierte Offerte in sein Blickfeld geschoben wird.

Die Gleichzeitigkeit der Kommunikation, die leichte Verfügbarkeit bisheriger Marken-Botschaften (ein Beispiel sind die zahlreichen Claims der Deutschen Bank, die jeweils auf eine neue Ära im Unternehmen schließen lassen) und die Historie des Marken-Verhaltens erfordert eine eindeutige Marken-Identität, -Positionierung und eine Konsistenz von Haltung und Verhalten, mit denen sich die Marke klar differenziert und authentisch, glaubwürdig und kundenrelevant kommuniziert. Je klarer und eigenständiger das Marken-Profil, desto stärker die mögliche Wirkungskraft. Die Marken-Führung erfordert eine hohe Stringenz und Konsistenz – ohne in die Falle der Starrheit zu laufen, denn sie muss parallel die Wandelbarkeit der Marke sichern (siehe Unterkapitel 3.2).

Connectivity
Digitalisierung erfordert Vernetzung – nicht nur in der Kommunikation, auch in der Distribution: Menschen aller Nationen bewegen sich

heute in der digitalen Welt. Digitalisierung ist im Alltag angekommen, unabhängig davon, wie weit die Digitalisierung in den Unternehmen und im Handel fortgeschritten ist. Hat der Interessent ein Produkt auf der Website gefunden, dann erwartet er, dass dieses verfügbar und die Website nicht „veraltet" ist, sondern stets aktuell gehalten wird. Er ist verwundert bis verärgert, wenn er deutlich besser über das Produkt Bescheid weiß als der Verkäufer am Point of Sale. Er reagiert mit Unverständnis, wenn der Verkäufer das Produkt nicht oder erst nach langem Suchen findet. Dem Informationsgrad, den Digitalisierung bereitstellt, muss auf Anbieterseite mit Schnelligkeit, Kompetenz, vernetztem Wissen, Kommunikation und Information begegnet werden. Der Vernetzung auf Kundenseite muss die Vernetzung online und offline auf Anbieterseite entsprechen. Der Onlinehandel ist eine starke Konkurrenz für den stationären Handel; auch gehen Kunden nicht mehr nur über den Computer online shoppen, sondern immer mehr on the go auf dem Smartphone [26]. Wenn nun der Kunde bereit ist, sich auf den Weg in den Einzelhandel zu machen, dann liegt es nahe, dass er vorab online prüft, ob das Produkt verfügbar ist, damit sein Weg nicht umsonst ist. Doch weniger als 30 % der Einzelhändler kommunizieren derartige Informationen über ihre Produkte, so eine Studie von Accenture in 2015 [27].

Mit den digitalen Technologien verändern sich die Einflussfaktoren auf die Meinungsbildung, Präferenzbildung (Relevant Set) und das Treffen von Entscheidungen. Einst hieß die Zauberformel AIDA (Attention, Interest, Desire, Action); sie wurde später um Aftersales-Komponenten (der Betreuung des Kunden nach dem Kauf) und wahrnehmungs- und verhaltenspsychologische Komponenten erweitert. Die Expertenempfehlung lautete, eine Core Story zu entwickeln, von der aus alle Kommunikationskanäle bedient wurden, um ein konsistentes Marken-Bild zu gewährleisten. Sie galt als das Kernstück des Content Marketing. Heute spricht man von „Integrierter Kommunikation". Die Linearität von AIDA hat im digitalen Zeitalter ausgedient. Die Einflüsse, denen der Kauf- und Entscheidungsprozess ausgesetzt ist, erfolgen nicht linear auf einem Zeitstrahl, sondern sind komplex vernetzt. Bekanntheit und Aufmerksamkeit sind zwar immer noch die Basisvoraussetzungen, doch mit der Präsenz muss eine Stimulierung des Interessenten verbunden sein, die ihm eine emotionale Wahrnehmung der Marke ermöglicht und ihn aktiv einbindet. Digitalisierung erfordert aktive Vernetzung: Vernetzung der Kanäle und der Beziehungen zum Kunden. Vernetzung von Online und Offline, privater mit beruflicher Welt und der Konsumwelt.

Archetype
Der Marke droht noch von anderer Seite Gefahr. Es geht um die Marke als das Original, beispielsweise im Kontext des 3-D-Drucks, der die Diskussion von Original und Kopie neu entfachen könnte. Spätestens mit dem Angebot erschwinglicher 3-D-Drucker für den Privatbereich wurde deutlich, dass „drucke alles, was Du willst" in der Öffentlichkeit angekommen ist. 3-D-Druck ermöglicht eine Effizienzsteigerung in der Produktion und die individualisierte Massenproduktion in hoher Qualität, beispielsweise bei medizinischen Produkten, Implantaten, Prothesen oder Hörgeräten. Doch welche Konsequenzen wird es nach sich ziehen, wenn der 3-D-Drucker nicht mehr nur in den Produktionsstätten steht, sondern ebenso in den Büros und privaten vier Wänden? Löst 3-D-Druck die industrielle Fertigung ab, da nahezu jedes Produkt, von der Brille über den Staubsauger bis zum Auto, auf einem Prototyp basiert, der auch für den 3-D-Druck benötigt wird? Was bedeutet dies für die Wirtschaft, wenn Produkte wie Schrauben, Werkzeuge, Befestigungstechnik, Skier oder Mode künftig direkt vom Weiterverarbeiter (z. B. Handwerker), Weiterverkäufer (z. B. Handel) oder direkt vom Nutzer gedruckt werden können? Das erste voll funktionsfähige Haus ist mittlerweile in 3-D gedruckt worden – mit einer „Bauzeit" von rund drei Wochen. Wie verändert sich das Verhältnis des Kunden zur Marke, wenn Kleidung, Accessoires, Schuhe nach Belieben gedruckt werden können – bequem zu Hause, zu einem günstigen Preis und äußerst variabel in der Farb- und Materialwahl. Die Haptik eines Stoffes, die Feinheit der Naht, der einzigartige Akzent, die speziellen Farbtöne, das charakteristische Design, die gute Passform – all das, was beispielsweise eine renommierte Mode-Marke besonders macht, wird hier auf den Prüfstand gestellt. Das gleiche gilt für Schokolade, Pasta, Pizza, Kuchen und andere Speisen. Der 3-D-Druck basiert auf einem originalen „Bauplan", doch die Ausführung liegt nicht mehr in der Kontrolle des Urhebers. Die Präzision, Qualität und alle sinnlichen Details der Ausführung

sowie der unverwechselbare Charakter sind jedoch wichtige Elemente der Marken-Differenzierung und der emotionalen Verankerung einer Marke. Das ist eine Herausforderung, mit der sich Marken künftig ebenso befassen müssen. Marken-Führung und Qualitätssicherung und das Marken-Erlebnis bekommen hier ein weiteres Betätigungsfeld.

3.2 Disruption: Widerspricht die Idee der Marke nicht der Dynamik des Wandels?

Die Idee der Marke hat ihren Ursprung bereits in den Hochkulturen der Frühzeit und die ersten heute noch bekannten Marken wurden im 14. Jahrhundert geschaffen. Marken stehen als Identitäten, Vorstellungsbilder und Versprechen in die Zukunft für Beständigkeit. Doch nun erreicht die Dynamik der Veränderung im Zeitalter der 4. Industriellen Revolution ungeahnte Ausmaße. Organisationen sind gefordert, für ihre Zukunftssicherung mehr denn je Wandlungsfähigkeit zu beweisen und manches Unternehmen sieht sich vor der Notwendigkeit, sich komplett neu aufzustellen. Nur ein Bruchteil der neu gegründeten Start-ups hat langfristig Erfolgschancen auf dem Markt. Tradierte Geschäftsfelder brechen ein und parallel dazu entstehen neue Märkte. Traditionelle Marken verblassen während neue Marken entwickelt werden. Kann die Idee der Marke, die auf einem einzigartigen Marken-Kern und einer unverwechselbaren Marken-Identität beruht, diesem disruptiven Wandel gerecht werden oder steht sie nicht vielmehr im Widerspruch zu dessen Dynamik?

Um die Antwort vorweg zu nehmen: sie lautet „nein", vorausgesetzt allerdings, die Marke kann eine gewisse Robustheit und Stärke für sich verbuchen. Eine Marke muss lebendig bleiben und sich immer wieder ins Gespräch bringen, nur so vermag sie sich stets wieder erneut in ihrer Zeit und im Alltag ihrer Kunden zu verankern und die Nähe zu ihren Kunden und zur Gesellschaft und damit ihre Relevanz zu erhalten. Starke Marken haben umso mehr Möglichkeiten, sich mit neuen Inhalten aufzuladen, da das Marken-Bild einen hohen Differenzierungsgrad aufweist und fest im kollektiven Gedächtnis verankert ist. Sie besitzen die notwendige Präsenz und Attraktivität sowie das Vertrauenskapital, um gesellschaftliche Veränderungen und neue Bedürfnisse frühzeitig aufzugreifen und den Wandel von Lebens-, Arbeits-, Konsum- und Kommunikationsgewohnheiten aktiv widerzuspiegeln. Diese Veränderungsfähigkeit, diese energiegeladene und zielgerichtete Beweglichkeit, bildet die Basis, um nicht „aus der Welt zu fallen".

Bei der Anpassung der Marke unterscheiden wir zwischen den langfristigen, stabilen Elementen der Marken-Führung wie Haltung, Vision, dem Mission Statement und den taktischen, kurzfristig angelegten Aktivitäten wie Kampagnen, Events, Slogans u. a. Beides bedarf der Pflege der Marke und einer längerfristigen Strategie, ausgehend vom Marken-Kern, um nicht beliebig zu werden. Das Fundament bildet die kontinuierliche Überprüfung der Marken-Energie an den Touchpoints und der Einflussfaktoren auf die Marken-Attraktivität. Allerdings dürfen der Marken-Kern nicht beschädigt und das Marken-Profil nicht verwässert werden. Wie weit der Wandel im Einzelnen gehen darf und sollte, ist marken-spezifisch. Es hängt vom aktuellen „Zustand" der Marke ab und davon, was Kunden und Öffentlichkeit als „unverrückbar" ansehen. Das kann ein besonderes Charakteristikum sein oder einfach etwas, das die Verbraucher lieben, vielleicht auch nur, weil sie sich seit Langem daran gewöhnt haben. So hat Coca-Cola®, eine der stärksten Marken der Welt, seit Marken-Gründung das Logo nur leicht angepasst. Auch das typische Verpackungsdesign, die Coca-Cola® Flasche, hat die Jahrzehnte überdauert. Sie ist mit ihrer Unverwechselbarkeit und extrem hohen Wiedererkennung (man muss die Flasche nicht mit den Augen sehen, um Coca-Cola® zu identifizieren) zur Designikone geworden, die beispielsweise das Stadtbild von Las Vegas schmückt (Abb. 3.2). Jedoch hatten die Verantwortlichen der Marke 1985 eine Erneuerung von Logo und Rezeptur verpasst, in der Hoffnung und mit dem Ziel, verlorene Marktanteile zurückzugewinnen. Der Ausflug dauerte ganze 79 Tage. Protestgruppen gründeten die Society for the Preservation of the Real Thing. Die Menschen widersprachen ganz einfach ihrem in intensiven Marktforschungen abgegebenen Votum, was sie dort als geschmacklich bessere Rezeptur bewertet hatten. Sie wollten ihre Coca-Cola®, so wie sie sie kannten und liebten, zurück (Abb. 3.2).

Abb. 3.2 Coca-Cola®, Las Vegas. (Foto: Christine Riedmann-Streitz)

Dieser Fall ist auch als „marketing blunder of the century" in die Marketinggeschichte eingegangen [28].

Ungeachtet dessen wandelt sich die Marke Coca-Cola® stetig, um immer wieder erneut das gesellschaftliche Lebensgefühl einzufangen. Coca-Cola® brachte Mitte der 1950er- bis Anfang der 1960er-Jahre mit dem Claim „Mach mal Pause" die Sehnsucht der Menschen auf den Punkt, in einer Zeit, in der die Arbeitstage lang und hart und die Pausen selten und kurz waren. Die Coke-Pause wurde zu einer begehrten Selbstbelohnung mit einem Schuss „American Way of Life" [29]. In der

3.2 Disruption: Widerspricht die Idee der Marke nicht der …

heutigen Zeit, wo Sharing und Personalisierung großgeschrieben werden, wirbt das Unternehmen erfolgreich mit „Trink 'ne Coke mit…" oder „Share a Coke", wie es auf Englisch heißt [30].

Eine starke Marke ist gefordert, in der öffentlichen Wahrnehmung präsent zu bleiben, um nicht an Bedeutung, Glaubwürdigkeit und Vertrauen zu verlieren. Es blieb eine unerfüllte Hoffnung, dass Menschen ihren Marken folgen und sich in den sozialen Medien über sie austauschen und den Kontakt zu ihnen suchen. Vielmehr erwarten sie, dass Unternehmen aktiv werden und Informationen und Angebote liefern, wann und wo sie diese benötigen; dosiert und zielgerichtet. So müssen die Marken-Verantwortlichen immer wieder attraktive Wege suchen, damit die Marke zum Kunden kommt. Die physische Nähe zum Kunden ist ein entscheidender Faktor, auch Marken wie Coca-Cola® starten immer wieder Promotions im stationären Handel wie die Kampagne „Trink 'ne Coke mit". Die digitalen Technologien schaffen nicht nur neue Spielfelder, auf die wir später noch eingehen, sie wirken wie Beschleuniger und machen es unabdingbar, dass Marken wandlungsfähig sind. Die Marke bleibt so über neue gesprächsstoffreiche Geschichten in Kontakt mit der Öffentlichkeit und verankert sich im besten Falle als Ritual im Alltag. Aus diesem Motiv heraus entstanden Konzepte wie z. B. Third Place (Starbucks®), „Snack für Zwischendurch" oder das „mitwachsende" Kinderspielzeug (Lego). Derart verankert konnte Lego den Schritt in den Arbeitsalltag der Erwachsenen mit Lego Serious Play als Design-Thinking-Instrument wagen [31]. Innovationen sind ein wichtiges Mittel, die Marke lebendig zu halten, mit der Zeit zu gehen und den Must-have-Faktor neu aufzuladen. Sie erschließen neue Kundengruppen und bestätigten bestehende in ihrer „Marken-Wahl" – die Bedeutung von Innovationen kann in diesem Kontext gar nicht hoch genug eingestuft werden (siehe hierzu auch Unterkapitel 2.2). Wandel und Innovationen sind wichtig, damit Marken nicht den Burn-out erleiden, erschöpfen und verblassen. Oft haftet der Marken-Führung im letzteren Falle etwas Statisches an, die Kriterien der Marken-Führung werden zu einem Korsett, und irgendwann fehlt der Mut zur Veränderung und den Produkten und Services mangelt es an Inspirationen und Zeitgeist. Die Marken altern mit ihren Kunden bis irgendwann auch die loyalsten Kunden ihre

Vorlieben für Kleidungsstil oder Verzehrsituation, für kulturelle Formate oder Freizeitaktivitäten oder ihr Mobilitätsverhalten verändert haben und der Brand Fit nicht mehr gegeben ist. Oder die Marke wird austauschbar durch preisgünstigere Angebote oder hochpreisige Marken, die die Bedürfnisse der Zeit besser erfüllen, beispielsweise indem sie ein Mehr an Convenience bieten, ökologisch sinnvoller scheinen oder gesunde Ernährung versprechen. Auch Naming oder Packaging können aus der Zeit fallen oder unerwünschte Konnotationen erhalten, wenn sich gesellschaftliche Konventionen ändern. Leider multiplizieren sich die Schwierigkeiten und Herausforderungen mit der Zeit. Erfolgt die Erkenntnis spät, dann kann die Neuausrichtung der Marke nicht mehr in Form einer kontinuierlichen Entwicklung gestaltet werden, die bestehende Kunden „mitnimmt". Mit zunehmendem Grad der notwendigen Veränderung muss sehr sensibel ausbalanciert werden, wie die Marke sich positioniert und wie sie den Spagat zwischen Neuerfindung und Erhalt bestehender Kunden für alle Seiten gewinnbringend gestalten kann.

Die Marke widerspricht nicht der Dynamik des Wandels, sie selber muss in einem gewissen Sinne „mit der Zeit gehen" und wandlungsfähig bleiben. Darüber hinaus ist sie gerade in diesen Zeiten ein verlässlicher Orientierungsgeber und Kurator (siehe hierzu auch Unterkapitel 3.5). Wichtig ist, dass die Marke im Wandel nicht nur aus der Unternehmensperspektive betrachtet wird, denn es gilt: „Perception is Reality".

3.3 VUCA: Über zunehmende Komplexität, schwindenden Durchblick und Bedeutungsfilter

Der Begriff VUCA hat in Managementzirkeln Trendstatus erreicht. Er fasst die Herausforderungen der Unternehmenslenker, das Unternehmen bzw. die Organisation sicher und zukunftsorientiert auch durch unsichere und disruptive Zeiten zu steuern, in vier Dimensionen zusammen. Das Akronym steht für Volatility (Volatilität), Uncertainty (Ungewissheit), Complexity (Komplexität) und Ambiguity (Mehrdeutigkeit). In unserem

Kontext stellt sich die Frage, ob und inwieweit die Marke hier eine Rolle spielt oder welche Konsequenzen sich hieraus für die Marke ergeben.

Volatility
Volatile Märkte oder Zeiten kennzeichnet, dass mit unvorhergesehenen Ereignissen gerechnet werden muss. Dauer und Tiefe der Auswirkungen ist zunächst unbekannt, doch es war absehbar, dass es zu einer Veränderung kommt und es liegen zahlreiche Informationen vor, anhand deren die Wirkungen des eigenen Handelns abgeschätzt werden können. Sind Innovationen Verursacher des Wandels, dann profitieren die Marken, die diesen Umbruch initiiert haben (beispielsweise Apple® mit dem Smartphone) oder agil genug sind, schnell eine starke Follower-Position aufzubauen (wie Samsung). Marken, die dies nicht vorhergesehen haben (wie Nokia), nicht robust genug gegenüber Veränderungen sind oder Widerstand leisten, werden schnell zum Nachzügler. Diese Entwicklungen und Mechanismen zeichnen sich heute bei der Elektromobilität, der Gesundheit (mit der Forderung der Zuckersteuer oder des teilweisen Werbeverbots für Süßwaren und zuckerhaltige Getränke) oder den Erneuerbaren Energien ab. Bei der Energiewende war eine Verknüpfung von Katastrophen (Erdbeben, Tsunami, Havarie des Kernkraftwerks Fukushima) Verursacher dafür, dass eine gesamte Branche sich „plötzlich" neu erfinden musste; bei dem „Diesel-Gate" war es die Fälschung der Abgaswerte. Volatil ist auch das Verbraucherverhalten – initiiert beispielsweise durch neue Trends, Billigangebote oder eine hohe Produktähnlichkeit.

Die Konsequenz für die Marke ist, dass sie auf Derartiges vorbereitet sein muss. Themen wie Übergewicht, Gesundheit, Ressourcenknappheit, Erneuerbare Energien oder Elektromobilität werden seit Jahrzehnten diskutiert. Starke Marken, die nahe am Kunden sind und deren Verantwortliche die gesamtgesellschaftlichen Entwicklungen prospektiv betrachten, können bereits frühzeitig proaktiv zukunftsorientierte Lösungen anbieten. Durch ihre Agilität und Innovationskraft können sie auch kurzfristig reagieren. Sie sind robust und durch Volatilität weniger angreifbar. Ihre Glaubwürdigkeit und der Vertrauensvorschuss stärken ihre Orientierungsfunktion – insbesondere in volatilen Zeiten.

Uncertainty
Uncertainty meint Ungewissheit und diese ist mit Unsicherheit verbunden. Letztere resultiert selten aus einer lückenhaften Informationslage, auch Fehlinformationen oder mangelndes Vertrauen können die Ursache sein. Hier im Kontext der Marke bezieht sich Unsicherheit auf die Kaufentscheidung. Unsicherheitsauslöser können neue Wettbewerbsprodukte, die Vielfalt ähnlicher Angebote oder ein Skandal sein (z. B. Bio-Eier in 2013, falsche Abgaswerte in 2015). Entfallen qualitative und emotionale Kriterien starker Marken, dann entscheiden hier die Nähe (des Point of Sale) oder der günstigere Preis: Warum soll der Verbraucher für ein Bio-Produkt ein Preis-Premium zahlen, wenn er Gefahr läuft, dass „kein Bio drin ist"? In diesem Falle genügen ihm auch Billigeier. Warum soll er nicht zum preisgünstigen No-Name-Produkt greifen, wenn er annehmen darf, dass der Produzent ein namhafter Marken-Hersteller ist? Oder es entscheidet der Neuheitswert eines Wettbewerbsangebotes. Einer starken Marke gelingt es durch ihre Orientierungsfunktion und Verlässlichkeit Unsicherheiten aufzufangen, indem sie eine attraktive, vertrauensvolle Lösung anbietet. Ihr kann es gelingen, sich von einem Skandal zu entkoppeln und evtl. sogar neue Kunden zu gewinnen.

Complexity
Die Digitalisierung hat die Anzahl der Kommunikations- und Distributionskanäle explosionsartig vervielfacht und die Zeitpunkte für Kommunikation ins Unermessliche gesteigert. Die Komplexität wächst, sowohl auf Unternehmensseite wie auch auf Verbraucherseite. In Phasen der Komplexität herrscht meist kein Mangel an Information, eher der berühmte Information Overload; die Auswahl ist komplex geworden. Komplexität ist vor allem in folgenden vier Feldern zu beobachten:

1. <u>Vernetzung</u>
   Der stationäre Handel und der parallel existierende Onlineshop bieten zahlreiche Möglichkeiten der Vernetzung: online suchen => In-Store anschauen => In-Store kaufen oder: online suchen => In-Store anschauen => online kaufen (da nur hier die Rückgabe-Garantie bei Nicht-Gefallen wirksam ist) oder: online suchen => online bestellen => In-Store abholen etc. Immer neue Omni-Channel-Konzepte

verbinden E–Commerce mit stationärem Handel und dem Einkauf über das Smartphone. Hinzu gesellen sich Pop-up-Stores oder „Inspiration Stores" [32], in denen die Interessenten für eine begrenzte Zeit ein neues Einkaufserlebnis erwartet. Die durch Vernetzungen entstehende Komplexität stellt eine Herausforderung dar – für die Organisation wie für den Verbraucher.

Eine ganz andere Art der Vernetzung stellen die etwa 50 Mrd. Geräte dar, die 2025 miteinander vernetzt sein sollen. Unabhängig davon, ob diese Größenordnung tatsächlich eintritt, schafft die zusätzliche automatisierte Vernetzung (der Waschmaschine mit dem Handwerker, des Kühlschranks mit dem Supermarkt etc.) neue Schnittstellen und Variablen. Die Entscheidungslage wird noch komplexer. Hinzu kommt, dass im IoT die Kommunikation automatisiert ist. Das muss vom Menschen beherrscht werden, will er der Entscheidungsträger bleiben.

2. Globalisierung
Die Geschäftstätigkeit findet in einer Vielzahl von Ländern auf verschiedenen Kontinenten statt. Nicht nur Gesetze und Regulatorien, auch unterschiedliche Kulturen, Verbrauchsgewohnheiten und Lebensstile müssen berücksichtigt werden. Geografisch muss für jede Marke die Entscheidung getroffen werden, ob sie eine globale oder regionale Ausrichtung bekommen soll, das heißt, sich auf bestimmte Regionen, Länder oder Ländergruppen beschränkt. Wobei auch hier zu berücksichtigen ist, dass der Marken-Auftritt über das Web und die Social Media keine Ländergrenzen mehr kennt und Sprachbarrieren künftig durch automatisierte Robo-Translator oder andere Instrumente aufgehoben werden. Die Komplexität liegt hier aufseiten des Unternehmens bzw. der Organisation.

3. Vielschichtigkeit
Kundenkontaktpunkte, Kommunikations- und Distributionskanäle überlappen sich. Die Mehrschichtigkeit dieser Kanäle und die Vielzahl der Kommunikationsinstrumente zwingen die Marken-Verantwortlichen, ihre Marken zu fokussieren, deren Stärken zu bündeln und das Marken-Profil zu schärfen. Ansonsten droht den Marken Unauffindbarkeit, Bedeutungslosigkeit oder Austauschbarkeit und

sie entschwinden – allmählich – aus der öffentlichen Wahrnehmung. Dazu braucht es ein strategisches, integriertes Konzept der Kundenansprache, das flexibel genug ist, neue gesellschaftliche Entwicklungen zu integrieren genauso wie neue Technologien zu erproben und bei Erfolg anzuwenden. Die Komplexität betrifft vor allem den Sender, die Organisation; denn der Verbraucher nimmt nur das wahr, was die Vielschichtigkeit durchdringt und er wird nur das wählen, was für ihn relevant ist.

4. Orientierungslosigkeit
Die Entscheidungsfreiheit für den Kunden und Nutzer steigt ins Unbeherrschbare, wenn zu viele ungewichtete Informationen vorliegen. Es wird für jede Marke zur Hausaufgabe der Marken-Verantwortlichen, diese Komplexität zu adressieren, sich ihr zu stellen und eine jeweils marken-spezifische Antwort darauf zu finden. Starke Marken bieten mit ihrer Signalwirkung und ihrem Wertekanon wertvolle Orientierung in komplexen Situationen.

Ein linearer Marken-Kommunikationsansatz ist hier aus Gründen der Vielzahl der Kanäle und der Gleichzeitigkeit der Kommunikation ungeeignet. Die Marke muss mehrere Kanäle bedienen mit unterschiedlichem marken-spezifischem Content. Die Interaktion mit Kunden, Konsumenten und Interessenten erfolgt gleichzeitig und parallel auf unterschiedlichen Plattformen. Denn der Kauf- und Entscheidungsprozess entspricht nicht mehr dem Modell einer linearen Achse. Die Make-and-Sell-Denke, ausgehend von bespielbaren Kanälen und deren Potenzial (Anzahl der Kundenkontaktpunkte, Stärke des Involvements der Zielgruppe) ist nicht mehr zielführend. Ausgangspunkt ist der Kunde, der bedarfs- und situationsgerecht angesprochen werden will.

Ambiguity
Ambiguity, Mehrdeutigkeit – Es ist die klassische Situation, in der, hier unter dem Marken-Aspekt, der Verbraucher dem unbekannten Unbekannten gegenüber steht. Er kennt (noch) nicht die Hintergründe der aktuellen Situation, mit der er konfrontiert ist. Oft befinden sich in Phasen der Ambiguity Gesellschaft, Wissenschaft und Wirtschaft in einem Stadium der Experimente und des Lernens. Denken wir an Situationen mit sich widersprechenden wissenschaftlichen Erkenntnissen

über Wirkstoffe in Lebensmitteln, die der Gesundheit schaden oder Krankheiten verursachen sollen, oder an neuartige Viruserkrankungen wie die Vogelgrippe oder den Zika-Virus. Kompetenz, Reputation und Vertrauen sind Faktoren, die hier Orientierung schaffen. Es sind die starken Unternehmens-Marken sowie Organisationen und Institutionen mit einer starken Marke, denen Verbraucher vertrauen oder dem Experten mit einer starken Personen-Marke, dem es gelingt, sich in der Vielfalt der Meinungen und Befürchtungen Gehör zu verschaffen und Orientierung zu geben. Auch aus diesem Grund überdenkt derzeit mancher Konzern seine Marken-Architektur. Es ist eine Tendenz zu erkennen, die Dach-Marke, die Corporate Brand, als Absender und Verantwortlichen aller Produkt-Marken des Hauses stärker in den Vordergrund zu stellen und zu profilieren.

Welche Schlussfolgerungen lassen sich daraus für die Zukunft der Marke ziehen? Wir leiden heute nicht an einem Mangel an Informationen, sondern an einem Mangel an Orientierung. Uns mangelt es nicht an Korrelationen, wohl aber an tragfähigen Schlussfolgerungen mit visionären Entscheidungen. Die starke Marke als Werte- und Nutzenbündel und Bedeutungsfilter kann hier in Zukunft eine wichtige Rolle übernehmen mit ihrer Perceived Quality, ihrem Perceived Value und ihrem Gained Trust (siehe hierzu auch das Unterkapitel 4.7).

3.4 Digital Burn-out

Burn-out ist zum Inbegriff des stressgeplagten Menschen geworden. Der Begriff bezeichnet ein Symptom der Überlastung, das für emotionale Erschöpfung, De-Personalisierung und verminderte Leistungsfähigkeit (körperlich, geistig, emotional) steht. Die Digitalisierung, die uns mit dem Computer, der E-Mail und dem Smartphone eine Vereinfachung unseres Lebens und Arbeitens versprach, ist zum Verstärker von Ablenkung sowie Stress durch permanente Erreichbarkeit geworden. Der sozialen Norm des sofortigen Feedbacks per E-Mail, Facebook®, Twitter®, WhatsApp® etc. sind viele nicht mehr gewachsen. Digitaler Burn-out betrifft alle – Kinder, Studenten oder Arbeitnehmer –, die sich durch ihre digitalen Devices, meist das Smartphone, permanent ablenken, unterbrechen, stören lassen.

Das führt zu Unkonzentriertheit bis hin zu Konzentrationsschwäche und Burn-out. Selbst Digital Natives erkennen, welche wertvolle Lebenszeit das Always-On frisst und verordnen sich Computer- oder Facebook-freie Zeiten. Die digitale Überflutung und ubiquitäre Erreichbarkeit ist konfrontiert mit der begrenzten menschlichen Aufnahmekapazität. Man gewinnt den Eindruck, die Überflutung treibt Menschen nicht selten in Bequemlichkeit, einfach nicht mehr eigenständig zu denken und kritisch zu hinterfragen, nicht mehr ganz einfach „nein" zu sagen.

Burn-out droht auch Marken [33]. Dieses Phänomen wird durch die Digitalisierung forciert und stellt eine nicht zu unterschätzende Gefahr für die Zukunft der Marke dar. Betrachten wir deshalb zunächst die Faktoren, die den Burn-out verursachen und anschließend die spezifischen Merkmale der Digitalisierung, die als Verstärker wirken.

Neue digitale Technologien, die Vernetzung von Geräten durch das Internet of Things (IoT), Robotics, Big Data und Künstliche Intelligenz (KI) wirken in alle Gebiete der Wirtschaft, des Arbeits- und Privatlebens und der Gesellschaft. Sie erlauben Waschmaschinen, Backöfen, Geschirrspülern, Kühlschränken, Bädern, Service Devices (wie Amazon® Echo [34]) und diversen Kaufbuttons (wie Amazon® Dash Button [35]) in unserer Wohnung, die Dinge des täglichen Bedarfs automatisch nachzubestellen. Marken, die hier nicht bereits „hinterlegt" sind, werden es schwer haben, sich am Markt durchzusetzen und neue Angebote und Innovationen im Markt zu implementieren.

Burn-out droht
Burn-out droht bei gravierenden Defiziten u.a. bei folgenden Parametern:

- Identität
  wenn die Marke an Kraft und das Marken-Profil an Schärfe verliert: Beispiele sind eine hohe Produktähnlichkeit oder Premium-Marken, die weitere Preissegmente abschöpfen wollen wie das Luxus- oder das untere Preissegment, ohne dies glaubwürdig in der Marken-Architektur zu verankern. Verwässert das Marken-Profil, fragte sich der Kunde, wofür die Marke steht. Bei Luxus-Marken schwinden Anziehungskraft und Faszination, die auf dem Prinzip der Verknappung und „Unerreichbarkeit" für die breitere Gesellschaft bauen.

- Customer Centricity
  wenn die Marke den Kunden nicht (mehr) versteht: beispielsweise, wenn sie im Zuge der Globalisierung in fremde Länder expandiert ohne Kenntnis von Kunde und Kultur, wenn sie ihm etwas anbietet, was er längst nicht mehr als relevant erachtet oder wenn sie verkennt, worin der eigentliche Kundennutzen liegt.
- Konsistenz
  durch Beliebigkeit, beispielsweise hervorgerufen durch inkonsistente Kommunikation in den diversen Medien, der ein strategisches Fundament fehlt. Die Marke sendet so viele unterschiedliche Botschaften bis der Verbraucher nicht mehr weiß, wofür sie eigentlich steht.
- Glaubwürdigkeit
  durch mangelnde Transparenz, wenn etwa beim Influencer Marketing Meinungen, Promotions und Werbung nicht durch Kennzeichnung für den Adressaten erkennbar unterschieden werden.
- Attraktivität
  bei mangelnder Innovationskraft und Veränderungsfähigkeit. Die Marke vermag nicht mehr, sich zu erneuern, mit spannenden Geschichten und interessanten Produkten oder Services zu überraschen, neue Interessenten und Fans anzuziehen und immer wieder Anlässe zu generieren, die es dem Menschen erlauben, sich mit ihr zu befassen.
- Zeitgeist
  durch Erstarrung, wenn die Marke mit ihren Kunden altert, ohne sich immer wieder zu verjüngen oder durch einen übertriebenen Perfektionismus der Marken-Verantwortlichen, der ihr jede Lebendigkeit nimmt oder aus Angst der Verantwortlichen, das Falsche zu tun.
- Relevanz
  durch Hyper-Personalization: Eine Aufgabe der Marke ist es, Orientierung zu geben. Diese Orientierungsfunktion übt die Marke technisch durch die mögliche eins-zu-eins-Beziehung (Personalisierung) zum Kunden aus, psychologisch erfolgt sie u. a. durch den Brand Fit und den Perceived Value. Starke Marken verstehen ihren jeweiligen Kunden (Individuum) und sie greifen das Lebensgefühl und die relevanten Themen der jeweiligen Zeit auf (Gesellschaft), in der

der Kunde lebt. Sie sind mit dem Individuum und der Gesellschaft connected. Konsequenterweise braucht eine starke Marke neben der personalisierten Ansprache des Einzelnen für ihre Relevanz die Präsenz und Anerkennung in der Öffentlichkeit. Digitalisierung ermöglicht Hyper-Personalization, sie ist ein Quantensprung in der personalisierten Kundenansprache. Wo früher Kundenprofildaten und Kundentypologien hinzugezogen wurden, ist es nun möglich, den Kunden sozusagen auf Schritt und Tritt zu tracken und sein Verhalten zu analysieren. Marken jedoch, die sich schwerpunktmäßig auf den Einzelkunden beziehen, um ihn über hyperindividualisierte Angebote größtmöglich abzuschöpfen, laufen Gefahr, einen digitalen Burn-out zu erleiden. Wenn sie nicht gleichzeitig Reichweitenpräsenz zeigen, dann verlieren sie an Relevanz in der Gesellschaft und der Peergroup des Kunden und damit auch an Bedeutung für den Einzelnen. Die persönliche Relevanz basiert immer auch auf einer Rückprojektion in der gesellschaftlichen Relevanz.

- Uniqueness
  durch Automatisierung: Auch im Marketing hat die Automatisierung Einzug gehalten unter dem Begriff Marketing Automation. Sie kann jedoch zur austauschbaren Standardisierung und die Marke direkt in die Gleichgültigkeitsfalle führen. Wird die Automatisierung personalisierter Werbung zum Selbstzweck (Technologie, Umsatz), läuft die Kommunikation zum Kunden Gefahr, letztendlich ad absurdum geführt zu werden. Niemand kauft ein bestimmtes Produkt, weil er weiblich, 29 Jahre, verheiratet, halbtags berufstätig ist und ein Kind hat. Diese Denkweise entspringt nicht einer kundenorientierten Sichtweise. Menschen suchen nicht ein Produkt, sondern eine Lösung für ihr Problem, ihre Wünsche und Sehnsüchte. Und das am liebsten von einer Marke, die das Vorschussvertrauen erfüllt und das Marken-Versprechen einlöst oder sogar übertrifft.

Eine Burn-out-Marke verliert Marktanteile, Stammkunden, Vertrauen und Loyalität. Sie wird zur Hülle ihrer selbst – bis sie erlischt. Die erschöpfte Marke wird nicht mehr wahrgenommen. Zu beobachten ist auch hier eine De-Personalisierung: die wachsende Distanz zu Kunden und Stakeholdern und ihren aktuellen Wünschen und Bedürfnissen sowie die Bequemlichkeit, Trends und Entwicklungen nicht mehr wahrzunehmen und in das eigene Angebot zu integrieren. Die Wirkungskraft der Marke schwindet und sie vermag es nicht mehr, neuen Produkte und Innovationen den attraktiven Bezugsrahmen zu geben, den diese für den Markterfolg benötigen. Oft wird der Versuch unternommen, fehlende Marktanteile durch Rabatte zu erkaufen anstatt die Marke zu stärken und durch Werte, Nutzen und das Marken-Erlebnis zu überzeugen. Erschöpfte Marken sind nicht mehr relevant; sie besitzen nicht mehr die Überzeugungskraft, Vertrauen zu säen. In der Folge werden diese Marken austauschbar, der Kunde wählt nach Nähe, Verfügbarkeit und Preis.

3.5 Rethinking Brand Management: Wollen wir im digitalen Zeitalter auf die Marke verzichten?

The chance to make a memory is the essence of brand marketing.
Steve Jobs [36]

Wie wird die Zukunft aussehen? Wir können sie nicht vorhersagen, aber wir können heute bereits die Grundlagen schaffen und sie aktiv gestalten. Das geschieht weder durch Anpassung oder wait-and-see, noch durch reaktives Kommunizieren mit den Stakeholdern in den sozialen Medien, sondern nur mittels starker zugkräftiger Visionen und erfolgreicher innovativer Lösungen, die neue Benchmarks setzen. Zukunft wird vom Menschen gemacht – im positiven wie negativen Sinne. Deshalb ist die Frage durchaus erlaubt nach einem Rethinking of Brand Management: Wollen wir im Zeitalter von Big Data, IoT, Social Media auf die Marke verzichten? Es spricht vieles dafür, dass sich so manche Eigenschaft der Marke durch neue Technologien ersetzen lässt. So, wie die menschliche Arbeitskraft und -leistung zum Teil von Robotern übernommen wird und Führungskräfte und deren Mitarbeiter sich im Extremfall vollständig durch Software ersetzen lassen (so realisiert im Unternehmen DAO; siehe hierzu auch Unterkapitel 3.5, Marke neu denken). So liegt die Frage an Marketeers und Marken-Verantwortliche nahe, ob sie das Modell „Marke" in die Zukunft überführen wollen. Fällt die Antwort positiv aus, dann geht es in einem nächsten Schritt um die Kriterien und Faktoren, die die Zukunftsfähigkeit der Marke bestimmen und um die Aufgaben, die Marken in der Zukunft übernehmen sollten. Damit verbunden ist die Entscheidung, nach welchen Prämissen die Marke die digitalen Instrumente, die dem unerschöpflichen menschlichen Erfindergeist weiter entspringen werden, einsetzen wird. Will sie das Steuer und die Kaufentscheidung in Zukunft Maschinen, Software oder Algorithmen überlassen? Wenn ja, zu welchem Zweck? Wenn nein, was gibt dem Verbraucher auf Werten basierende Orientierung in der Multioptionalität der Angebote, Kanäle, Realitäten?

Das Themensetting der deutschen Marketingmedien in 2016 scheint geprägt von Big Data (massenhaftes Sammeln von Kundendaten), Hyper Personalization, den Vorzügen und Gefahren von KI, Face Recognition (siehe hierzu auch Unterkapitel 4.4, Privacy), Marketing Automation, Cloud-Lösungen zum Sammeln aller Spuren eines Kunden, dem Influencer Marketing und sich wandelnden Geschäftsmodellen (z. B. wenn Werbeschaltungen direkt und unter Ausschluss beratender Mediaagenturen erfolgen). Ein neues Tool von Google® platziert vom Unternehmen verfasste Werbebotschaften per automatisiertem Algorithmus automatisch im Google®-Netzwerk und wertet das Ergebnis aus; die umfassenden Kundendaten geben Auskunft darüber, wo der Kunde sich gerade befindet, was er macht und was er angeblich „braucht". Eine der großen Sorgen scheint die Suche nach Standards zu sein, um die flüchtige Sichtbarkeit der Marke überhaupt messen zu können [37]. Native Advertising, ein weiteres aktuelles Thema und in Wahrheit eine Verbrauchertäuschung, da die Werbung gut getarnt als redaktioneller Beitrag daherkommt, scheint hingegen kaum jemand zu hinterfragen. Vielleicht, weil diese Werbeform bereits seit den 1980er-Jahren bekannt ist, doch damals zumindest als Advertorial oder Anzeige gekennzeichnet sein musste. Mit den digitalen Medien wird die Täuschung immer perfekter. Man kann durchaus den Eindruck gewinnen, dass der *High Performance Customer* (Hochleistungsverbraucher) konditioniert werden soll, der ungeachtet seiner Wünsche Käufe tätigt, wenn er nur optimal getrackt und getriggert wurde.

Bequemlichkeit und der Wunsch nach Selbstaufgabe könnten Gründe für Marken-Verantwortliche sein, mit der Digitalen Revolution ihre Arbeit Algorithmen und Marketing Automation zu überlassen. Denn das Steuer aus der Hand zu geben, bedeutet für die Marke automatisch den Burn-out, da sich im dichten Netz der ubiquitären automatisierten Kommunikation nur starke Marken durchzusetzen vermögen. Und diese haben aus Verbrauchersicht ihre Berechtigung, wie Studien stets neu belegen. So veröffentlichte das Handelsblatt im Juni 2016 eine Umfrage zu den „populärsten Händlern". Wir finden neben Amazon® (E-Commerce), die Marken dm (stationärer Handel) und Douglas (E-Commerce und stationärer Handel) auf den ersten Plätzen – Serviceorientierung, Kundenbindung, Marke, Bekanntheitsgrad und Kundenorientierung sind ihre wesentlichen Erfolgsfaktoren [38]. Diese Faktoren sind nicht technikbasiert!

Die Frage lautet deshalb nicht: Ist Digitalisierung für Marken gut oder schlecht? Denn die 4. Industrielle Revolution kann nicht rückgängig gemacht werden. Sie lautet auch nicht: In welchem Ausmaß müssen Marken sich digitalisieren, um ihr Business nicht zu gefährden? Denn das ist die Perspektive einer notgedrungenen Anpassung. Die Frage lautet vielmehr: Welche Chancen bietet die Digitalisierung, um die Performance der Marke für das Unternehmen und für den Kunden zu steigern? Wie kann die Marke mithilfe neuer Technologien ihre Stakeholder-Beziehungen optimieren, um den Kunden dort abzuholen, wo er sich gerade befindet und ihm das zu bieten, was ihm einen Mehrwert bringt? Und welchen Beitrag leistet die Marke, um innovative und vertrauenswürdige Lösungen und Mehrwert-Angebote für die großen und kleinen Probleme des Alltags und für eine lebenswerte Zukunft zu gestalten? Wir brauchen Marken, die smarte Angebote machen, versehen mit einem hohen funktionalen, rationalen und emotionalen Kundennutzen. Marken, die den Kunden und seine jeweils gewünschte Privatsphäre ernst nehmen. Marken, die der Beliebigkeit Sinnhaftes entgegensetzen. Personen-Marken, die sich gegen gefakte Profile und Social Bots in den sozialen Medien durchsetzen. Arbeitgeber-Marken, die dafür bekannt sind, dass sie die Rahmenbedingungen für Kreativität und zukunftsorientiertes Denken und Handeln schaffen. Innovatoren, Vordenker und Pioniere brauchen die starke Marke auch künftig als gültiges Versprechen, damit ihre zukunftsorientierten Lösungen Akzeptanz und Vertrauen in den Märkten und in der Gesellschaft finden.

Marken-Verantwortliche sollten die digitalen Möglichkeiten gezielt nutzen und zur Stärkung der Marke einsetzen. Hierzu ein Beispiel:

> **Beispiel**
>
> Die digitale Welt bringt eine bisher ungewohnte Transparenz – über Produkte, ähnliche Produkte, Kundenmeinungen (auch wenn diese keineswegs repräsentativ sind) und Produkttests. Kunde, Interessent und Öffentlichkeit gewinnen eine neuartige Macht über das Unternehmen und seine Marken. Sie können eine viel stärkere Kontrolle ausüben und nehmen diese auch wahr. Suchmaschinen ermöglichen einen globalen Zugang zu Informationen aller Art. Tipps und Tricks, Empfehlungen oder Erklärvideos von Konsumenten an Konsumenten können den Weg zum Fachmann im stationären Handel überflüssig machen. Der Kunde ist heute informierter als mancher Verkäufer und besitzt mehr Wissen über das Kaufverhalten seiner Peergroup als manches Unternehmen. So nutzen Marken-Verantwortliche künftig die Möglichkeiten der KI, um ihre Verkäufer und internen Mitarbeiter mit Kundenkontakt per Knopfdruck mit allen relevanten Informationen – gewichtet – zu versorgen, sodass sie auf dem gleichen Informationslevel wie ihre Kunden sind. Sie können dann ihre Kraft darauf konzentrieren, den Kunden über seinen Wissensstand hinaus zu beraten und ihm die Marke nahezubringen. In gleicher Weise könnten Ärzte sich in Sekunden auf den aktuellen Stand wissenschaftlicher Erkenntnisse bringen und ihnen bleibt Zeit und Kraft, den Patienten individuell darüber hinaus zu betreuen.

Es gilt, bestehende Denkmodelle und Lösungswege zu verlassen, auch wenn sie noch so erfolgreich waren. Auch das Denken muss disruptiv werden, wenn sich das Umfeld dynamisch verändert und die Komplexität exponentiell steigt. Bestehende Produktportfolios, Geschäftsmodelle, Vertriebs- und Kommunikationskanäle müssen überprüft werden. Ebenso das Management der Marke. Im Folgenden sind einige Zukunftsaspekte näher beleuchtet.

Globale Ausrichtung

Die Weltwirtschaft ist global vernetzt und auch die Menschen sind es in ihrem Privatleben. Globalisierung und Digitalisierung erleichtern es Newcomern aus jeweils angrenzenden Branchen, aus den Emerging Markets sowie den Start-ups in gesättigte Märkte einzutreten. Als Folge nimmt die Wettbewerbsintensität für jeden Marktteilnehmer zu.

Wirkung und Inhalte der Marken-Kommunikation lassen sich nicht mehr geografisch begrenzen, sondern müssen vom Ansatz her bereits weltweit gedacht werden. Die Marke der Zukunft muss sich global aufstellen. Das Web, Social Media und E-Commerce kennen keine Landesgrenzen und bestehende Sprachgrenzen sind mittels automatischer simultaner Übersetzungssysteme bald überwunden. Nur starke Marken, die sich nicht regional oder in ihrer Branche abschotten, werden sich in der weltweiten Vernetzung auch in ihrem Heimatmarkt durchsetzen können.

Demografischer Wandel
Der demografische Wandel zwingt Marken, über ihre Angebote neu nachzudenken. Menschen werden älter und bleiben doch länger jung. Arbeitgeber können dem War for Talents nur mit einer attraktiven starken Arbeitgeber-Marke begegnen, die das Lebensgefühl nachfolgender Generationen berücksichtigt. Ansonsten fehlen ihnen die Leistungsträger von morgen. Vor dem Hintergrund der Alterung der Gesellschaft und des steigenden Rentenalters in den etablierten Märkten wird Employability, Beschäftigungsfähigkeit, ein überaus wertvolles Gut – sowohl für Arbeitgeber als auch für Arbeitnehmer. Beschäftigungsfähigkeit ist holistisch gedacht in der Verknüpfung von Fachkompetenz und Berufserfahrung mit der physischen, geistigen und emotionalen Fitness. Sie wird immer wichtiger in einer Zukunft, in der Arbeitsaltersgrenzen schwinden und Maschinen menschliche Arbeitsleistungen übernehmen. Employability umfasst überfachliche Kompetenzen wie Team- und Kommunikationsfähigkeit, Einfühlungsvermögen, Reflexions- und Konfliktfähigkeit sowie unternehmerisches Denken und Handeln. Sie gründet auf der Einstellung und Haltung von Eigenverantwortung, Eigeninitiative und Engagement, Offenheit gegenüber Neuem und lebenslanger Lernbereitschaft. Sie basiert auf einer geistigen, örtlichen und situativen Flexibilität – und last but not least auf Gesundheit. Roboter werden überall dort Arbeitsplätze übernehmen, wo sie besser sind als der Mensch: So sind sie präziser, schneller, kraftvoller, zeigen keine Ermüdung und können standardisierte Aufgaben 24/7/365 in gleichbleibender Qualität absolvieren. Umso stärker brauchen Menschen Angebote, um sich zu schulen, weiterzubilden, ihre Persönlichkeit zu bilden und ihre Fähigkeiten zu schärfen, die ihre Überlegenheit

über Maschinen ausbauen und die Leistungsfähigkeit der Organisation zukunftsorientiert sichern.

Doch geht die Herausforderung für Marken durch den demografischen Wandel weit über die Arbeitgeber-Marke hinaus. Denn eine älter werdende Gesellschaft hat andere Bedürfnisse. Unternehmen und Organisationen mit starken Marken können diese Aufgaben annehmen und neue Technologien gezielt für die Entwicklung innovativer Produkt- und Service-Lösungen einsetzen, die Menschen helfen, lebenslang ein autarkes, eigenständiges, mobiles und gesundes Leben zu führen. Die Technik wird so eingesetzt, dass sie dem Menschen dient und er diese eigenständig kontrollieren kann – beispielsweise indem Roboter die Einkäufe entsprechend dem persönlichen Einkaufszettel übernehmen, alle anfallenden Arbeiten im Haushalt ausführen oder auf Wunsch die Zeitungen aus aller Welt vorlesen.

Multikulturelle Megacities
2050 werden geschätzte 70 % der Weltbevölkerung in Städten leben, vielfach in den sogenannten Megacities. Die weltweite Migration, emotional oft mit Vorbehalten und Ängsten verbunden, führt zu einer Vielfalt der Kulturen, die auf verdichtetem Raum miteinander leben. Die Marke ist gefordert, diese Multikulturalität und Pluralität der Wertevorstellungen und kulturellen Rituale zu berücksichtigen – auch in ihrer Marken-Kommunikation. Das betrifft die Organisation als Corporate Brand genauso wie als Employer Brand und die unter diesem Dach geführten Product und Service Brands.

Automation
Automatisierung hat mehrere Aspekte, die im Kontext der Marke von Interesse sind. Zum einen bringt Automatisierung Effizienz. Kosteneffizienz und Zeiteffizienz. Die Automatisierung von Prozessen nach modernsten Maßstäben hat für produzierende Unternehmen am Standort Deutschland einen unschätzbaren Vorteil: Sie ermöglicht ihnen, ihre Produktion im Inland zu belassen und menschliche Arbeitsplätze zu erhalten. Damit rechnet sich Qualitätssicherung am Standort Deutschland und durch Prozessinnovationen lässt sich zudem die Produktivität

steigern. Automatisierung führt dazu, dass Roboter bald zum gewohnten Kollegen werden. Zukunftsorientierte Top-Manager können darin eine große Chance erkennen, sich selber und ihren Mitarbeitern Freiraum zu schaffen für die besonderen Fähigkeiten, die unternehmerische Zukunft gestalten. Der Maschine überlassen sie all die standardisierten Aufgaben, die diese viel besser erfüllen kann als der Mensch. Das Top-Management fördert im Gegenzug intensiv die menschlichen Kompetenzen und Fähigkeiten, die eindeutig der Maschine überlegen sind: z. B. Abstraktion, Entscheidungskompetenz, Erfahrung, Emotionale Intelligenz, Empathie, Erkennen und Entscheiden in Zwangslagen (Dilemma), Einfallsreichtum und Fantasie, Generalisierung, Common Sense, Intuition, Kreativität, Kritisches Denken, Motivation, Moral, Werte, Träume und Visionen. (Nebenbei bemerkt, ist hier das gesamte Bildungssystem gefragt, daran mitzuwirken.)

Zum anderen wird Automatisierung zunehmend im Marketing eingesetzt. Das große Versprechen lautet, dass sich die unzähligen Kommunikationskanäle online und offline synchronisieren, mit unternehmenseigenen Big Data vernetzen und daraus Aktivitäten für die Kundenansprache generieren lassen. Die Kommunikation mit dem Kunden wird automatisiert; mittels Programmatic Advertising wird der Onlinekontakt in Echtzeit automatisch gesteuert. Dahinter verbergen sich Algorithmen, die aus Nutzerdaten lernen, um das Tracking zu verfeinern und die Kaufwahrscheinlichkeit zu eruieren. Künftig wird Marketing Automation in der Lage sein, Vorschläge für Aktivitäten zu generieren und die Kundenansprache zu aktivieren, sobald die Software erkennt, dass aktuell ein(e) Kunde(ngruppe) höchstwahrscheinlich eine extrem hohe Kaufabsicht hat. Das Zeitalter der automatisierten Hyper-Personalization der Marke-Mensch-Kommunikation ist angebrochen. Doch die Automatisierung bringt Statistiken über Korrelationen, das sind noch keine Kausalitäten und Konklusionen. Der eigentliche Mehrwert für Unternehmen bzw. Organisationen liegt nicht in der Menge der Daten, sondern ausschließlich in der Qualität der Datenanalyse. Und hier sind Menschen mit sehr viel Erfahrung, Intuition und Bauchgefühl gefragt. Auch schafft eine automatisierte Ansprache kein Vertrauen, sondern eher Distanz. Maschinen fehlt auch mit KI die

Fähigkeit, kritisch zu denken. Denn KI ist eine programmierte „Intelligenz", ansonsten wäre es wohl auch dem Microsoft Chatbot nicht passiert, dass er seine Vokabeln von den „falschen" Usern lernte [39]. Automatisierung führt zu – wenn man es humorvoll sieht – lustigen Angeboten: Ist es technische Spielerei oder ernst gemeinte Sicherheit, wenn Bonus-Apps von Autoversicherern für sicheres Fahren Punktabzüge geben bei Geschwindigkeiten über 130 km/h auf Autobahnen, Vollbremsungen bei plötzlichen Gefahren auf der Straße (Reh, Kind) sowie Fahrten in Gefahrenzeiten des Berufsverkehrs anstelle Sonntagsmorgens auf der Autobahn [40]. Diese Regeln gehen an der Wirklichkeit des Kunden vorbei, der nicht sonntags, sondern werktags ins Büro fahren muss, und der in voller Überzeugung und Geistesgegenwärtigkeit eine Vollbremsung macht, wenn ein Kind plötzlich auf die Straße läuft oder er hinter einem auf die Straße rollenden Ball das hinterherlaufende Kind vermutet. Die berechtigte Frage ist zudem, ob diese „intelligenten" Systeme ihre eigenen Fehler einkalkulieren, wenn sie nicht erkennen können, ob das Geschwindigkeitsschild 30 mit der zeitlichen Begrenzung „22–6 h Lärmschutz" versehen ist. So geben sie unter Umständen der Kfz-Versicherung falsche Informationen über das von ihr beobachtete Fahrerverhalten. Denn der Fahrer wäre keineswegs zu schnell gefahren mit einer Geschwindigkeit von 50 km/h in der Zeit zwischen 6 Uhr und 22 Uhr. Eine weitere Skurrilität sind all die Empfehlungen, die einem online begegnen: Kein Marketeer wäre im vordigitalen Zeitalter auf die Idee gekommen, einem Kunden, der ein teures Sofa gekauft hat, nach kurzer Zeit und dann mit hoher Ausdauer erneut Werbung zu hochwertigen Sofas zukommen zu lassen. Auch schaut der Käufer einer hochwertigen Küchenmaschine, die er in der Hoffnung bestellte, sehr lange Freude an ihr zu haben, verwundert, wenn ihm nach kurzer Zeit das nächste Angebot über ebensolche Küchenmaschinen präsentiert wird. Es wäre dem zuvor genannten Marketeer nicht nur schlichtweg zu kostspielig geworden, er hätte es nicht getan, weil es einfach keinen Sinn macht. Stattdessen hätte er den Kunden mit Werbung über ergänzende Möbelstücke oder sonstige ergänzende Produkte und Services aus dem eigenen Portfolio beglückt. Warum in aller Welt lassen Marketeers es heute im digitalen Zeitalter zu, dass Menschen überhäuft werden mit sinnlosen Werbeangeboten? Big Data garantiert eben noch kein tiefes Wissen über den Kunden und eine intelligente Kundenansprache.

Die Herausforderung für die Marketingverantwortlichen liegt in der intelligenten Vernetzung der Kommunikation über alle relevanten Kommunikationskanäle, um ein konsistentes Bild der Marke zu kommunizieren und in der individuellen wie in der öffentlichen Wahrnehmung sicherzustellen. Selbstlernende Systeme helfen, der neuartigen Komplexität Herr zu werden und valide Entscheidungsgrundlagen zu erhalten. Die Frage ist jedoch, wie weit die Automatisierung getrieben werden soll, denn Synchronisierung der Aktivitäten und Inhalte ist eine Sache, die automatisierte Ansprache des Kunden ist eine andere Sache. Das ist nicht mehr das Wunder der Technik, der Kunde wundert sich vielmehr über die Technik – und über die Marke, die ihn nicht versteht, wo dieser Marke doch so viele Daten über ihn vorliegen.

Denken wir die Automatisierung weiter, dann führt sie auf einfache und kostengünstige Weise zu einer Multiplizierung der Botschaften, die den Kunden 24/7/365 erreichen. Die menschliche Aufnahmekapazität ist endlich. Dort, wo er sich nicht mittels Adblocker wehren kann, muss er zu anderen Maßnahmen greifen. Wenn Marken mehr und mehr ihre Kommunikation über Maschinen und Roboter effizient personalisieren, ihre Callcenter durch selbstlernende Chatbots ersetzen, ihre Kunden mittels digitaler Einkaufsberater und persönlicher Assistenzsysteme beraten, die auf Algorithmen und KI basieren, dann muss auch der Mensch aufrüsten. Was wäre, wenn der Konsument eine Maschine zwischen sich und die ihn überflutenden Angebote stellte. Und wenn seine Maschine jegliche Angebote blockte („Werbungsverweigerer") und sie nach eigens definierten Kriterien nach Belieben selektierte (heute vegan + hochwertige Qualität, morgen Gemüse + Bio, übermorgen Fleisch + regional etc.), sie ausgestattete mit KI oder exakt das in Echtzeit herausfilterte, was ihn soeben persönlich interessiert? Dagegen sind die derzeit kontrovers diskutierten Adblocker äußerst harmlos.

Automatisierung birgt große Gefahren für die Marken-Stärke. Und die Verantwortlichen sollten alles daran setzen, dass die Zukunft der Werbung und der Marken-Kommunikation nicht in einer

Maschine-zu-Maschine-Kommunikation endet. Wir dürfen es nicht zulassen, dass Mensch und Marke der Technik unterworfen sind. Marken sind für Menschen gemacht, so sollten auch Menschen über Marken entscheiden und nicht Maschinen.

Nachhaltigkeit
Unser Ökosystem ist labil geworden. Wir sehen uns mit Klimaveränderungen und knappen Ressourcen bei Energie oder Trinkwasser konfrontiert. So ist beispielsweise weniger als drei Prozent des weltweiten Wasservorkommens als Trinkwasser geeignet und große Teile der Weltbevölkerung leiden unter Trinkwasserknappheit. Verantwortung zu übernehmen, die Auswirkungen des eigenen unternehmerischen Tuns zu internalisieren und Transparenz zu schaffen, wird zu einem wichtigen Aspekt des Verbrauchervertrauens. Der vorausschauende Umgang mit knappen Ressourcen bestimmt nicht nur unsere Lebensqualität, sondern auch die Leistungsfähigkeit der Wirtschaft. Für die starke Marke ist Nachhaltigkeit in Zukunft kein Randthema mehr, zumal Verbraucher Verantwortung einfordern und das Web das unternehmerische Handeln weltweit transparent macht. Unternehmer und Marken-Verantwortliche müssen für sich beantworten, wie nachhaltig ethischer Konsum und Sharing Economy sind und wie sie sich neue Technologien – u. a. Product Memory und Blockchain [41] – zunutze machen können. Sie bieten mit ihren starken Marken nicht nur nachhaltige Lösungen, sondern setzen Nudges und das Persuasive Design ein, um der Gesellschaft und der Wirtschaft – transparent und nachvollziehbar (nicht manipulativ!) – die gewünschte Verhaltensänderung attraktiv und leicht zu gestalten.

Brand Experience
Je digitalisierter das menschliche Umfeld wird, umso wichtiger ist es für Marken, Nähe und Erlebnisse in der realen Welt zu schaffen. Dies auch aus dem Grund, dass zentrale Elemente einer Marke in der realen Welt

in der virtuellen Wahrnehmung zurücktreten. Kunden brauchen eine klare Vorstellung des Marken-Versprechens, ein hohes Marken-Wissen sowie eine emotionale Beziehung zur Marke, damit beim Onlineeinkauf nicht der Algorithmus oder der Preis entscheiden. Sie brauchen darüber hinaus physische Erlebnisräume, in denen die Marke direkt erlebbar ist und die Verkäufer hohe Beratungskompetenz über die Informationslage im Web hinaus besitzen und engagierte Marken-Botschafter sind.

Derzeit ist eine gesellschaftliche Tendenz zum postfaktischen Verhalten zu beobachten, die insbesondere durch die sozialen Medien unterstützt wird. Charakteristisch für das Postfaktische ist, dass die emotionale Wirkung einer Aussage ihren Wahrheitsgehalt und die Fakten überlagert. Konsequenterweise müssen starken Marken auch an ihrer emotionalen Wahrnehmung arbeiten und diese stärken, damit das Faktische, das für sie spricht, mit einer adäquaten emotionalen Wirkungskraft untermauert wird. Und umso schärfer müssen Haltung, Werte und das Marken-Profil positioniert sein und von den Menschen hinter der Marke als Marken-Botschafter gelebt werden.

Im Zeitalter der Digitalisierung entwickelt sich die Customer Journey zu einer Customer Experience Journey. Die Marken-Erlebnisse im Kauf- und Entscheidungsprozess sind die emotionale Botschaft, erfolgreiche Produkte, Services und Innovationen ein physischer Ausdruck, gesellschaftliche Entwicklungen und Werte, den Kunden und seine Bedürfnisse verstanden zu haben. Doch das Erleben hat noch eine weitaus größere Bedeutung. Sie manifestiert sich im Wechsel vom Information Design zum Experience Design. Es geht heute nicht mehr nur um die Gestaltung von Produkten und Services derart, dass sie leicht verständlich und bedienbar sind und der Verwender sie effizient und effektiv nutzen kann. Benutzerfreundlichkeit, erwartete Qualität und Nützlichkeit, werden vom Kunden vorausgesetzt. Im Vordergrund stehen die Erfahrung, das Erleben und das möglichst unvergessliche Erlebnis des Nutzers. Dabei ist es unerheblich, ob es sich um analoge oder digitale (z. B. von Apps oder Websites) Nutzung handelt. Die Nutzung evoziert ein bestimmtes, im positiven Falle ein angenehmes Gefühl und im besten Falle ein unvergessliches Erlebnis, das sich in der menschlichen Psyche verankert. Mit „Welcome to the Experience Economy" [42] läuteten B. Joseph Pine und James H. Gilmore 1998 im Harvard Business Review die Experience Economy ein. Sie erklärten sie als Nachfolger der Agrar-, Industrie- und schließlich Service-Ökonomie. Die Freunde von Jan aus Unterkapitel 3.1 würden in der Agrar-Ökonomie Jan zum Geburtstag selber einen Kuchen backen – sozusagen from scratch, sie würden sogar den vorgefertigten Tortenboden ignorieren. In der Industrie-Ökonomie würden sie für mehr Geld die fertige Kuchenmischung kaufen und mit dieser den Kuchen backen, in der Service-Ökonomie kaufen sie die fertige Torte vom Konditor ihres Vertrauens und in der Experience Economy beauftragen sie lieber gleich einen Dienstleister, der die komplette Geburtstagsparty inkl. Torten ausrichtet. Was zunächst wenige Cent kostet, benötigt jetzt ein Budget von mehreren hundert Euro – in der Hoffnung auf einen hohen, unvergesslichen Erinnerungswert im Vergleich zum selbst gebackenen Kuchen. Die Gefahr, dass das Erlebnis den Inhalt überdeckt, ist offensichtlich. So bleiben entsprechende Schlupflöcher für Anbieter, die es mit den „Hygienefaktoren" nicht so genau nehmen in der Annahme, dass das Erlebnis dem Kunden wichtiger ist als der Inhalt. Die Experience Economy ist mittlerweile ubiquitär. Das heißt, Marken-Verantwortliche müssen ihre Marken nachrüsten unter dem Aspekt der Emotionalisierung der Marke. Brand Experience wird umso wichtiger, je mehr Produkte und Services weltweit unter dem Aspekt des Experience Design gestaltet und verkauft werden.

Marke neu denken
Eine starke Marke trägt entscheidend bei zum nachhaltig profitablen Wachstum. Es gibt viele Argumente, weshalb die einseitige Ausrichtung der Marke auf steigenden Konsum, eine Quantifizierung des Erfolgs über die Anzahl von Kunden, Kaufakten, Produkten und die Erziehung des Verbrauchers über Rabattaktionen besser auf das nächste „Schnäppchen" zu warten, ein endliches Unterfangen ist. Die Multiplizierung der Quantität multipliziert die Komplexität. Unternehmen

werden zunehmend nicht nur durch Gesetze, sondern auch durch den Verbraucher gezwungen, die Auswirkungen ihres Handelns nicht länger zu externalisieren und mit ihrer Marken-Führung die Bedürfnisse der Menschen nach Orientierung und Übernahme von Verantwortung ernst zu nehmen.

Das gedankliche Experiment könnte lauten: Was wäre, wenn deutsche Marken für sich einen neuen Weg entdeckten und konsequent verfolgten, der von Außenseitern bereits erfolgreich beschritten wird? Da, wo andere auf Masse downgraden und dies mit Rabattaktionen untermauern, setzen sie auf Werte und betreiben Upgrading. Ihnen geht es immer noch um Umsatz, Gewinn und Wachstum, die notwendig sind, um erfolgreich im Markt bestehen und auch morgen noch Verantwortung für ihre Mitarbeiter übernehmen zu können. Doch wählen sie einen anderen Weg. Ihr Ziel ist nicht ein Mehr an Quantität, sondern ein Mehr an Wert, versehen mit einer klaren Botschaft, die die Marken im Markt differenzieren und ihnen Relevanz verschaffen.

Ein in keiner Weise verallgemeinerbares, aber sehr anschauliches Beispiel liefert die US-amerikanische Marke Patagonia®. Sie ruft ihre (potenziellen) Kunden aufmerksamkeitsstark dazu auf, nachzudenken, bevor sie kaufen. Sie hat mit der Kampagne „Don't buy this jacket" [43], ausgerechnet in der Hochsaison des Kaufrausches, dem amerikanischen „Black Friday" (in den USA der Freitag nach Thanksgiving, der traditionell die Weihnachtssaison eröffnet) ihre Botschaft eindeutig platziert und auch neue Kunden gewonnen. Patagonia® setzte diesen Weg mit der „Worn Wear"-Kampagne (dem Tausch von Patagonia®-Kleidung, die nicht mehr getragen wird, gegen andere getragene Patagonia®-Kleidung) [44] fort. Die Haltung ist in Mission von Unternehmen und Marke verankert: Patagonia® will Wege und Lösungen anregen und anbieten für die Bewältigung des notwendigen Environmental Change. Dieser Gedanke eines notwendigen, absehbaren oder wünschenswerten Endes des maximalen Konsums wird auch von Marktführern wie Ikea vertreten: Ikea-Vorstand Steve Howard spricht von einem (in den Industrieländern erreichten) „Peak Furniture" [45] (wohl in Anlehnung an den Ausdruck „Peak Oil" aus den 1970er-Jahren). In Deutschland zeigt sich derzeit eine entgegengesetzte Strömung: Der „Black Friday", angestoßen durch den Onlinehandel, hat in 2016 an vielen Orten den stationären Handel erfasst und den Konsumenten in eine einwöchige Rabattaktion gezogen. – Zurück zu Patagonia®. Es erklärt sich von selbst, dass das passende Konzept aus der jeweiligen Marke und Unternehmensphilosophie entwickelt werden muss, um glaubwürdig, langfristig tragbar und erfolgreich zu sein. Der gewinnbringende Nebeneffekt ist, dass das Marketing sich auf seine Stärke besinnt, nämlich immer wieder marken-individuelle Geschichten zu erzählen, die auf dem Marken-Versprechen gründen und auf den Marken-Wert einzahlen. Dies wäre auch das Ende einer Zweigleisigkeit: auf der einen Seite business as usual, auf der anderen Seite gesellschaftliche und ökologische Projekte, die dem Unternehmen einen sozialen und nachhaltigen Anstrich geben sollen. Der viel strapazierte Begriff Content Marketing wird damit auf seine Ursprünge zurückgeführt: Auf die Arbeit mit den Inhalten und Werten des Unternehmens und seiner Produkte. Das Ende dieser Zweigleisigkeit führt zur notwendigen konsequenten Konsistenz.

Die Marke ist weit mehr als das Produkt, das Unternehmen, der Service; sie ist der psychologische Deutungsrahmen, der das Angebot in einen größeren sinnstiftenden Kontext stellt. Insofern muss die Marken-Führung immer die Zukunft im Blick haben und kontinuierlich Entwicklungen innerhalb und außerhalb der Branche, in Gesellschaft, Politik und Umwelt sowie im Kunden- und Konsumentenverhalten beobachten, aber nicht nur Daten sammeln, sondern konsumentenzentrierte Schlüsse daraus ziehen. Die gravierenden Veränderungen und das Digital Age erfordern neue Antworten auf die neuen Anforderungen, denen die Menschen in ihrem privaten und beruflichen Alltag gegenüber stehen. KI und die Biowissenschaften (Life Sciences) fordern uns auf, neu über das Leben, Ernährung und die Beziehung von Mensch, Natur und Maschine nachzudenken und so tief greifende wie weitreichende Entscheidungen zu treffen. Marken-Verantwortliche müssen diese Entwicklungen in ihre Marken-Führung aufnehmen und die jeweils marken-individuelle Antwort darauf erarbeiten. Die Marke ist mit ihrem in die Zukunft gerichteten Versprechen ein auf Werten basierender Orientierungs- und Vertrauensanker in der Multioptionalität und dem konstanten Wandel. Deshalb müssen die Verantwortlichen die Herausforderung annehmen, soll die Marke den Markt nicht künftig Technologien, Algorithmen, Marketing Automation oder der technischen Marktmacht von Plattformen und Portalen überlassen. Sie dürfen sich für ihre Marken den neuen Technologien nicht verschließen, ansonsten agieren die Marken in einer zu vernachlässigenden Parallelwelt. Doch müssen sie die Technologien in den Dienst der Marke stellen (nicht umgekehrt), denn Marken filtern nach anderen Kriterien als Algorithmen: Algorithmen filtern nach Quantität, statistischen Wahrscheinlichkeiten, hinterlegten Vorlieben und einem bestimmten Regelwerk; starke Marken filtern nach Werten und gesellschaftlicher wie persönlicher Relevanz. Dies ist ein zentrales Thema des nächsten Kapitels.

Es ist an der Zeit, mit gängigen Mythen aufzuräumen. Weder im Business-to-Consumer-Segment noch im Business-to-Business-Segment wird sich das bessere Produkt, der bessere Service am Markt „schon durchsetzen". Künftig noch weniger als heute. Dass das Internet und die Digitalisierung keine Selbstläufer zum Erfolg sind, zeigt das Beispiel von Unternehmen und Marke Yahoo®. Und je mehr digitale Helfer sich in unseren realen und virtuellen Welten tummeln, umso wichtiger wird es für die Kunden und für die Öffentlichkeit, zu wissen, wer hinter der Marke steht und ihre Geschicke lenkt. Das es auch anders sein kann und keine Science Fiction zeigt das Beispiel des Unternehmens DAO [46]. DAO ist das erste Unternehmen ohne Mitarbeiter und Standort in der physischen Realität. Es besteht aus Codes und basiert auf einer Software: der Blockchain-Technologie. DAO ist eine Investmentfirma, deren Prozesse vorprogrammiert sind. Sie scheint durchaus erfolgreich, soll sie doch alle bisherigen Crowdfunding-Rekorde gebrochen haben. DAO arbeitet dezentral, ist anonym – und menschenleer. Dagegen stehen renommierte Unternehmer wie Claus Hipp, die offiziell mit ihrem Namen für Qualität bürgen. Die klar profilierten Personen-Marken von

CEOs, Start-up-Gründern oder Managern werden im digitalen Zeitalter immer wichtiger (siehe hierzu auch Unterkapitel 1.5). Eigentlich ist dies eine Selbstverständlichkeit, die jedoch selbst in der Branche, deren Kerngeschäft die Marke und die Kommunikation bildet, noch nicht richtig ankommen scheint, wie die Studie „agentur-images" [47] seit über zehn Jahren darlegt. Seit Studienbeginn führt dieselbe Agentur-Marke dieses Ranking an, deren Robustheit selbst der Verlust bedeutender Etats wohl nichts anhaben kann. Die in der Studie Befragten haben eine klare Vorstellung von der Marke und kennen die „kreativen Köpfe" der Agentur. Die Digitalisierung macht auch vor der Kreativwirtschaft nicht Halt, deren gesamte Arbeit auf der Profilschärfe der Marke, der Kreativkraft der Mitarbeiter und der Kommunikationsstärke des Managements basiert. Es wäre durchaus wünschenswert, dass diese Branche als eigentlicher Know-how-Träger vorbildhaft den Weg in die Zukunft weist. Es sei denn, die Kreativwirtschaft hat sich bereits innerlich von der Notwendigkeit und Strahlkraft der Marke in der Zukunft verabschiedet und überlässt die Kommunikation ihren digitalen Wettbewerbern. Die Personen-Marken hinter dem Unternehmen (siehe hierzu auch Unterkapitel 1.5) geben dem Unternehmen zusätzlich zu seiner Corporate Brand ein Gesicht. So schaffen sie eine größere Nähe zur Gesellschaft und geben der Corporate Responsibility, der Übernahme von Verantwortung durch das Unternehmen, eine stärkere Glaubwürdigkeit und Verbindlichkeit. Der Stellenwert der Personen-Marke wird im Unterkapitel 4.8 noch zusätzliches Gewicht erhalten.

Wollen Marken eine herausragende Position einnehmen, müssen sie starke Impulse und Angebote zur Orientierung geben und den Menschen helfen, ihre Probleme und Herausforderungen, Träume und Bedürfnisse im Alltag, im Beruf, in der Freizeit zu lösen. Die Kernfrage für die Marke lautet: Welche Bedeutung kann die Marke künftig für den Menschen einnehmen in einer zunehmend automatisierten und der Kontrolle des Menschen entzogenen Welt?

Literatur

3.1 Digital Transformation: The Future Starts Now

1. Seneca Lucius Annaeus: http://zitate.woxikon.de/autoren/lucius-annaeus-seneca, abgerufen am 08.08.2016
2. Robert Jungk, Die Zukunft hat schon begonnen, rowohlt.de/taschenbuch/robert-jungk-die-zukunft-hat-schon-begonnen.html, abgerufen am 05.03.2017
3. GMAC, Disrupt or be disrupted: A Blueprint for Change Management Education, John Wiley & Sons, 2013. Fortune Global Forum "Winning in the Disruptive Century", http://www.fortuneconferences.com/globalforum-2015/. Forbes Leadership, "Disrupt or be disrupted", 3. April 2013, http://www.forbes.com/sites/johnkotter/2013/04/03/how-to-lead-through-business-disruption/#7022831270b6, abgerufen am 08.08.2016
4. Frankfurt Allgemeine Wirtschaft, Online, 27.12.2015, "Disruption, Baby, Disruption!", http://www.faz.net/aktuell/wirtschaft/wirtschaftswissen/das-wirtschaftswort-des-jahres-disruption-baby-disruption-13985491.html?printPagedArticle=true#pageIndex_2, abgerufen am 08.08.2016
5. Clayton M. Christensen, The Innovator's Dilemma, Collins Business Essentials, 2003
6. Clayton M. Christensen, Michael E. Raynor, The Innovator's Solution, Harvard Business School Press, 2003
7. Joseph Alois Schumpeter, Schöpferische Zerstörung, bpb Bundeszentrale für politische Bildung http://www.bpb.de/wissen/A83MMKDen und http://wirtschaftslexikon.gabler.de/Definition/schumpeter-unternehmer.html und http://www.spiegel.de/wirtschaft/oekonom-joseph-schumpeter-und-der-prozess-der-schoepferischen-zerstoerung-a-823853.html, abgerufen am 08.08.2016
8. Studie Digital Brand Leadership, Absatzwirtschaft 07.04./2016, http://www.absatzwirtschaft.de/lost-contact-verirrt-auf-der-reise-zum-kunden-79723/, abgerufen am 08.08.2016
9. Dezeen Magazine, 26. Mai 2016, Google teams up with Levi's to create interactive demin jacket, http://www.dezeen.com/2016/05/26/google-project-jacquard-levis-commuter-jacket-interactive-denim-smart-fabric-garment-urban-cycling/, abgerufen am 18.09.2016 und Frankfurter Allgemeine Woche, "Jetzt kommt die High-Tech-Hose, 20/2016, abgerufen am 18.09.2016
10. Süddeutsche Zeitung, 7. März 2016, Titelseite, „Man traut seinen Augen nicht"

11. Microchip unter der Haut, http://www.faz.net/aktuell/wirtschaft/chips-unter-der-haut-bio-hacking-projekt-in-schweden-13411476.html, abgerufen am 07.10.2016
12. Microsoft NUI, http://www.socialnui.unimelb.edu.au/. Microsoft erhält Patent auf Smart Ring als neuen NUI-Controller, http://winfuture.de/news,91616.html, abgerufen am 07.10.2016
13. Google arbeitet mit Pharmakonzernen an Software mit medizinischem Nutzen, http://www.handelsblatt.com/unternehmen/industrie/onduo-startet-sanofi-schmiedet-diabetes-allianz-mit-google/14533192.html und http://www.spiegel.de/netzwelt/gadgets/intelligente-kontaktlinse-google-und-novartis-arbeiten-zusammen-a-981187.html, abgerufen am 27.10.2016
14. Klopfzeichen der Moderne, Aus der Festrede von Christine Riedmann-Streitz am 19.02.2016 an der Brüder-Grimm-Berufsakademie Hanau anlässlich der Abschlussfeier der Absolventen
15. Audi, "Audi VR experience: das Autohaus im Aktenkoffer": http://www.presseportal.de/pm/6730/2926718; Audi "Automobil-Cyber-Store", Berlin, https://www.audi-city.com/berlin/schauraum-der-zukunft/, abgerufen am 08.08.2016
16. Virtual Reality als Instrument des immersiven Journalismus, http://www.immersivejournalism.com/project-syria-premieres-at-the-world-economic-forum/, abgerufen am 17.09.2016
17. World Economic Forum 2015, Virtual Reality, https://www.weforum.org/agenda/2015/10/immersive-virtual-reality/, abgerufen am 27.10.2016
18. Virtual Reality als Instrument, aufgezeichnete Realitäten erneut erlebbar zu machen, „Fear of the Sky, Amnestie International, http://360syria.com/intro, abgerufen am 17.09.2016
19. Virtual Dressing Room Technologie, Beispiel Zugara, http://zugara.com/virtual-dressing-room-technology, abgerufen am 13.09.2016
20. Ikea testet Augmented Reality, http://www.welt.de/wirtschaft/webwelt/article119525750/Ikea-App-projiziert-Moebel-in-die-eigene-Wohnung.html, abgerufen am 03.30.2014
21. Saturn, Virtual Reality, http://www.media-saturn.com/press/DE/PressReleases/Seiten/160208SaturnVirtualRealityKitchenPlanning.aspx, abgerufen am 18.09.2016
22. Beispiel Kaufhaus Barneys in New York City, http://digiday.com/brands/barneys-digitizing-new-york-city-flagship-store/, abgerufen im Juni 2016
23. Mc Donalds „Bau Dir Deinen Burger", http://www.mcdonalds.ch/de/medienmitteilungen/neue-mcdonalds-kampagne-bau-dir-deinen-burger, abgerufen am 11.09.2016

24. "Starbucks Celebrates Five-Year Anniversary of My Starbucks Idea", http://www.businesswire.com/news/home/20130328006372/en/Starbucks-Celebrates-Five-Year-Anniversary-Starbucks-Idea, abgerufen am 07.10.2016
25. Ikea Share Space: http://www.theshare-space.com/; Ikea Pressemeldung: http://www.ikea.com/us/en/about_ikea/newsitem/Blog_Share_Space_2011_release, abgerufen am 08.08.2016
26. „Kunden, sie diesen Artikel gekauft haben, kauften auch": http://www.amazon.de/Circle-Roman-Dave-Eggers/dp/3462046756/ref=sr_1_1?s=books&ie=UTF8&qid=1463379552&sr=1-1&keywords=Circle, abgerufen am 08.08.2016
27. Accenture, 2016 Global Research: Customers are shouting, are retailer's listening?, https://www.accenture.com/us-en/retail-research-2016-consumer-research, abgerufen am 08.08.2016 und Accenture, Retails consumers are shouting – are you adapting?, https://www.accenture.com/_acnmedia/PDF-7/Accenture-Adaptive-Retail-Research-Executive-Summary-V2.pdf#zoom=50%; https://www.accenture.com/us-en/retail-research-2016-consumer-research, abgerufen am 08.08.2016

3.2 Disruption: Widerspricht die Marke nicht der Dynamik des Wandels?

28. Coca-Cola, http://www.coca-colacompany.com/stories/coke-lore-new-coke, abgerufen am 21.08.2016
29. Museum für Kommunikation, Ausstellung „Berührt – Verführt. Werbekampagnen, die Geschichte machten", 2015/2016, http://www.mfk-frankfurt.de/werbekampagnen-die-geschichte-machten/, abgerufen am 08.10.2016
30. Coca-Cola, „Trink 'ne Coke mit", www.meinecoke.de, abgerufen am 21.08.2016
31. Lego Serious Play, http://www.mfk-frankfurt.de/werbekampagnen-die-geschichte-machten/, abgerufen am 08.10.2016

3.3 VUCA: Über zunehmende Komplexität, schwindenden Durchblick und Bedeutungsfilter

32. Inspiration Store, http://www.moebelmarkt.de/news/metro-groupebaypaypal-stellen-einkaufserlebnis-der-zukunft-vor-42460.html, abgerufen am 30.10.2014

3.4 Digital Burn-out

33. Serviceplan, http://www.serviceplan.com/de/presse-detail/vorsicht-marken-burnout-herstellermarken-verlieren-rapide-marktanteile.html, abgerufen am 04.10.2016
34. Amazon Echo, https://www.amazon.de/Amazon-SK705DI-Echo-Schwarz/dp/B01GAGVCUY, abgerufen am 17.09.2016
35. Amazon Dash Button, http://www.gruenderszene.de/allgemein/test-dash-button-amazon, abgerufen am 06.09.2016

3.5 Rethinking Brand Management

36. Steve Jobs, Zitat, http://www.forbes.com/forbes/welcome/, abgerufen am 21.05.2016
37. siehe u. a. Horizont, Ausgabe 37/2016
38. Handelsblatt "Service zahlt sich aus", 20.06.2016, S. 29
39. Horizont „Gefühle entwickeln", Ausgabe 37/2016, Seite 27
40. Allianz BonusDrive, https://www.allianz.de/auto/kfz-versicherung/telematik-versicherung/, abgerufen am 28.09.2016
41. Ein Beispiel für die in diesem Kontext erst in den Anfängen stehende Blockchain-Technologie bietet Provenance, https://www.provenance.org/, abgerufen am 27.10.2016
42. B. Joseph Pine, James H. Gilmore, Welcome to the Experience Design, Harvard Business Review, July-August 1998 Issue, https://hbr.org/1998/07/welcome-to-the-experience-economy
43. Patagonia, in: http://www.patagonia.com/blog/2011/11/dont-buy-this-jacket-black-friday-and-the-new-york-times/, abgerufen am 21.05.2016
44. Patagonia Worn Wear Kampagne, http://runway.blogs.nytimes.com/2014/12/01/patagonia-bucks-the-black-friday-trend/?_r=0, abgerufen am 08.80.2016
45. Ikea, in: http://www.tagesanzeiger.ch/wirtschaft/unternehmen-und-konjunktur/menschen-brauchen-nicht-noch-mehr-moebel-sagt-ikea/story/11597033, abgerufen am 21.05.2016
46. Christoph Jentzsch, Gründer von "The DAO", http://www.2bahead.com/nc/tv/rede/video/the-dao-unternehmen-ohne-mitarbeiter/, abgerufen am 15.08.2016
47. Studie agentur-images 2015, verantwortlich: absatzwirtschaft, Handelsblatt, Marktforschungsinstitut Innofact http://www.die-jaeger.de/wp-content/uploads/2015/10/Absatzwirtschaft_2015_Ranking.pdf

4

Future World:
Hybrid Brands in Hybrid Cities

Zusammenfassung Dieses letzte Kapitel ist der Zukunft gewidmet. „Wird es noch Marken in der Zukunft geben?", diese Marken-Zukunft-Frage ist berechtigt, weil bereits heute, in den Anfängen der Digitalen Revolution, viele Marketingchefs nicht mehr an ihre Marke glauben und Konsumenten die meisten Marken nicht vermissten, wären sie nicht mehr verfügbar. Wir setzen uns damit auseinander, welche Rolle Marken künftig spielen werden, wenn Big Data, Industrie 4.0, IoT, Algorithmen, Marketing Automation u. a. die Kontrolle und Deutung der Welt übernehmen. Wir befassen uns mit Erfolgsfaktoren und zeigen Perspektiven auf. Hierzu führen wir den Begriff „hybrid" ein, der schon in anderen Kontexten verwendet wird. Künftig lebt und arbeitet die Menschheit überwiegend in großen Städten, deshalb bildet der urbane Raum, der mit fortschreitender Digitalisierung hybrid wird, einen Schwerpunkt der Betrachtung. Entwicklungen wie die der Informations- und Kommunikationstechnologien haben gravierende Rückwirkungen auf die Marken-Führung. Wir erläutern, warum Customer Centricity in der digitalen Zukunft zu kurz gegriffen ist und schließen, verbunden mit dem Appell „The Future starts now", mit einer Vision: *Humane Hybrid Brands* – eine Zukunftsvision für starke Marken.

Inhaltsverzeichnis

4.1 Pioneering the World of Brands 114
4.2 Hybrid: Werte-Treiber aus zwei Welten 116
4.3 *Hybrid Brands* in Hybrid Cities 121
4.4 *Hybrid Brands:* Perspektiven und Erfolgsfaktoren für
 die Zukunft der Marke 145
4.5 *Humane Customer Centricity* 158
4.6 *Humane Hybrid Brands* 161
4.7 Paradigmenwechsel für „Made in Germany" 165
4.8 Value Creation: *Curating Brands* 166
4.9 *Humane Hybrid Brands* – eine Zukunftsvision für
 starke Marken 170
Literatur 179

4.1 Pioneering the World of Brands

A good hockey player plays where the puck is.
A great hockey player plays where the puck is going to be.
Wayne Gretzky [1]

Dieses letzte Kapitel ist der Zukunft gewidmet. Unsere Kernfrage lautete: Wird es noch Marken in der Zukunft geben? Es befasst sich mit den Erfolgsfaktoren, zeigt Perspektiven auf und eine Vision. Diese Marken-Zukunft-Frage ist durchaus berechtigt, wenn heute – und wir befinden uns erst in den Anfängen der Digitalen Revolution – viele Marketingchefs nicht mehr an ihre Marke glauben, ihr misstrauen und mancher sie zum Instrument von Marketing und Controlling degradiert. Auf einer hochrangigen wissenschaftlichen Konferenz in der Schweiz im Sommer 2016 fragte einer der Teilnehmer sehr ernsthaft im Kontext von Big Data in die Runde: An was sollen wir denn sonst glauben und wem vertrauen, wenn nicht den Daten? Haben Marken im digitalen Zeitalter eine Chance, wenn Big Data, Algorithmen, Marketing Automation, IoT und menschenleere Unternehmen (DAO; siehe hierzu auch Unterkapitel 3.5, Marke neu denken) das Steuer und die Deutung der Welt übernehmen? Wobei Zeitalter hier missverständlich ist. Es wird kein Ende der Digitalisierung geben, auf das man mit genügend Ausdauer warten könnte. Jede Industrielle Revolution generiert Neues, das die Welt grundlegend verändert. Es gibt hier kein Zurück. Das Neue ist nicht mehr aus der Welt zu schaffen.

Die Zukunft wird eintreten, ob die Marken-Führung darauf vorbereitet ist oder nicht. Wenn neue Technologien mit disruptiver Wirkung Branchen sowie Art, Anlässe und Wege der menschlichen Kommunikation und Entscheidung verändern, dann sollte dies in der Marken-Führung berücksichtigt werden, will man die Idee der Marke in die Zukunft retten. Es war die Eishockey-Legende Wayne Gretzky, die einen zentralen Erfolgsfaktor formulierte: „A good hockey player plays where the puck is. A great hockey player plays where the puck is going to be" [1]. Auf die globalen Marktplätze bezogen, verweist dieser Aphorismus auf das Bestreben nahezu aller Spieler, dort zu sein, wo das Spiel derzeit stattfindet. Und das ist in etablierten und gesättigten Märkten immer dort, wo die Wettbewerbsintensität am höchsten, die Produktähnlichkeit am größten und der Preiskampf am stärksten ist. Künftiger Erfolg hingegen wird dort entschieden, wo der Puck bzw. der Markt sein wird.

Es geht um die Zukunftsfrage. Der beste Weg, eine ungewisse Zukunft vorherzusagen ist, auf diese vorbereitet zu sein und sie aktiv zu gestalten. Es ist notwendig, mit einer attraktiven Vision und klaren Haltung zu artikulieren, wie es sein sollte, zu antizipieren, was sein könnte und daraus abzuleiten, was zu tun ist. Visionen, die umgesetzt werden und Innovationen, die relevante Lösungen für die großen und kleinen Herausforderungen von Mensch und Gesellschaft anbieten, setzen die neuen Benchmarks. Untermauert von einer starken Marke, die großes (Vorschuss-)Vertrauen besitzt und die notwendige Faszination ausstrahlt, verankern Innovationen sich in den globalen Märkten. Pioneering the World of Brands signalisiert, die Zukunft als Chance zu begreifen, gerade weil sich die Grundlagen, Prinzipien und Parameter wandeln. Es legt nahe, mit kompetenter Neugier die positiven Aspekte und Anwendungsmöglichkeiten neuer Technologien zu nutzen, um die Marke einerseits zu erhalten und andererseits auch zu bereichern.

Deshalb ist ein Perspektivwechsel notwendig. Ansatzpunkt des Denkens ist nicht die Gegenwart auf der Suche nach Verbesserungspotenzial. Die Extrapolationen vertrauter Gegenwart und Erfolgsfaktoren führen zu keinem Ergebnis, das der Zukunft standhält. Erst recht nicht in disruptiven Zeiten. Wir brauchen eine Zukunftsvision für die Marke.

4.2 Hybrid: Werte-Treiber aus zwei Welten

„A businessman is a hybrid between a dancer and a calculator" [2], so vereint der französische Essayist und Philosoph Paul Valéry die zwei Welten eines Geschäftsmannes im Begriff des Hybriden. „Hybrid: Werte-Treiber aus zwei Welten" – bevor wir uns mit den *Hybrid Brands* der Zukunft befassen, macht es Sinn, über den Terminus „hybrid" ein gemeinsames Verständnis zu entwickeln. Der Begriff „hybrid" hat seinen Ursprung im Griechischen und im Lateinischen. Im Griechischen bezeichnet er die „Hybris", die sowohl „Anmaßung" in der negativen Konnotation als auch „Kraft" in der positiven Konnotation bedeutet. Die lateinische Abstammung bedeutet „Mischling". Aus der Botanik kennen wir den Begriff „Hybride", es ist „eine durch über den Bereich der normalen Fortpflanzungsgemeinschaft hinausgehende genetische Rekombinationsvorgänge entstandene Pflanze" [3]. Ein damit verbundenes Ziel ist, dass die Pflanzen größer und robuster werden. Der Terminus Hybridisierung hat in Biologie und Genetik, Chemie und Atomphysik, Technologie und Elektronik, Medizin, Politik-, Kommunikations- und Sprachwissenschaft sowie Architektur und Wirtschaft Eingang gefunden. In der Wissenschaft wird der Begriff auch als Kraft verstanden und eine „Strategie der gezielten Bündelung", um neue Potenziale zu erschließen [4]. Frei übersetzt meint hybrid eine gezielte kraftvolle Verbindung von Dingen unterschiedlicher Art und Herkunft. Meist steht dahinter das unausgesprochene Ziel, neue Potenziale zu erschließen und etwas erkennbar Neues mit wahrnehmbarem Mehrwert zu schaffen.

Hybrid Innovation
Weniger bekannt ist der Begriff „hybrid" im Kontext von Innovationen. Innovationen sind das prospektive Instrument, etwas

4.2 Hybrid: Werte-Treiber aus zwei Welten

vollkommen Neues erfolgreich im Markt zu etablieren, um Menschen das zur Verfügung zu stellen, was sie zur Lösung ihrer mannigfachen Aufgaben, Herausforderungen und Wünsche benötigen. Erfolgreich ist eine Innovation, wenn sie auf einen begeisterten Markt trifft, der auf das Neue gewartet zu haben scheint, ohne zu wissen, was es ist. Innovationen sind neben der Marke der zweite wichtige Werte-Treiber für profitables Wachstum und zentraler Motor einer sich weiter entwickelnden, fortschreitenden Gesellschaft und Wirtschaft (siehe hierzu auch Unterkapitel 2.2).

Wer sich auf die Suche nach einem Innovationsmodell für ein neues Produkt macht, das mehr bietet als das Ergebnis kontinuierlicher Verbesserung, also mehr als Optimierung und Variation eines bestehenden Produktes (wie Erhöhung der Leistung, Add-on eines Vitamins), aber auch keine radikale Innovation mit disruptiver Kraft darstellt, der wird bei Clayton Christensen fündig, der den Begriff der „Hybrid Innovation" [5] prägte. Clayton Christensen, der mit „The Innovator's Dilemma" [6] und „The Innovator's Solution" [7] bahnbrechende Erkenntnisse veröffentlichte, warum selbst innovative Unternehmen scheitern und wie sie aus diesem Dilemma ausbrechen können, führte 2013 im Kontext von Blended Learning die „theory of hybrids" ein. Er beschreibt die Theorie der hybriden Innovationen als „combination of the new, disruptive technology with the old technology"; das Ergebnis ist eine „sustaining innovation relative to the old technology" [5]. Das ist eine wichtige Erweiterung seiner Theorie, denn zwischen Optimierung (inkrementelle Innovation, Produktverbesserung) und einer disruptiven Innovation [8], die ein neuartiges Angebot hervorbringt, das bestehende Produkte oder Dienstleistungen vollständig verdrängen kann, liegen unternehmerische Welten.

Die Fähigkeit hybrider Innovationen, sich im Markt erfolgreich durchzusetzen, hat u. a. Toyota mit den ebenso genannten „Hybrid-Fahrzeugen" bewiesen, die eine vertraute mit einer neuen Antriebstechnologie verbinden. So ist uns der Begriff „hybrid" vor allem aus der Automobilindustrie vertraut. Diese Idee war keineswegs neu – die ersten Hybridfahrzeuge (mit einem „benzin-elektrischen Antrieb") wurden Anfang des letzten Jahrhunderts auf den Markt gebracht [9] – doch ist erst mit den Hybrid-Fahrzeugen von Toyota die Idee massentauglich in Wirtschaft und Gesellschaft angekommen. Das Ergebnis hybrider Innovationen ist ein Produkt mit potenziertem Mehrwert, das eine neue Produktkategorie darstellt. Christensen sieht hybride Innovationen als einen gangbaren Pfad in die Zukunft auf dem Weg zu einer disruptiven Innovation. Als sinnvoll erweist sich eine hybride Innovation dann, wenn Märkte oder Kunden noch nicht reif scheinen für das radikal Neue oder dieses selbst noch nicht genügend ausgereift ist, um Akzeptanz zu finden. Christensen nennt drei charakteristische Eigenschaften hybrider Innovationen: sie verbinden eine etablierte mit einer neuen Technologie, adressieren bestehende Kunden und sind gezwungen, das Produktversprechen sofort einzulösen. Hybride Innovationen bauen auf dem bekannten Produkt, seinem bereits akzeptierten Nutzenversprechen und einer geübten Produktverwendung auf.

Im Kontext der Marken-Führung sind hybride Innovationen ein Mittel, die Marke bei ihren bestehenden Kunden erneut zu beleben, das Kundensegment weiter auszuschöpfen und auch zu erweitern. Hybride Innovationen haben ein weit größeres Potenzial für Publicity und Storytelling als Produktverbesserungen. Sie mischen nicht Bekanntes neu, sondern verzahnen Bekanntes und Neues, damit ein gravierend höherer Wert und Nutzen als bei der inkrementellen Innovation, der Produktverbesserung, entsteht. Deshalb bleibt der Marken-Führung hier keine Zeit für eine Lernkurve, da die Benchmark für Quality, Usability und User Experience durch das bekannte Produkt gesetzt ist. Disruptive Innovationen hingegen, da sie etwas vollkommen Neues darstellen, definieren eine neue Benchmark für Quality, Usability, User Experience und Preiswürdigkeit. Darin steckt einer ihrer gravierenden Vorteile: Disruptive Innovationen schaffen vollkommen neue Lösungen und setzen damit neue Markteintrittshürden für alle anderen Marktteilnehmer. Es liegt in der Verantwortung der Marken-Führung, zu entscheiden, wie weit existierende Marken gedehnt werden können, um hybride und disruptive Innovationen unter einer bestehenden Marke (und wenn ja, welcher) einzuführen.

Hybrid City
Auch wird der Begriff „hybrid" im Kontext der Stadt der Zukunft verwendet. Bei der Diskussion von Konzepten für diese Zukunftsstädte

erweist sich der Begriff „Hybrid City" als sehr nützlich. Entsprechend widmet sich eine gleichnamige Konferenz seit 2011 in Athen [10] diesem Thema. Unter Hybrid City versteht man die Integration der realen Stadt, wie sie sich als physische urbane Realität zeigt, mit einer virtuellen Welt, wie sie durch „digitale Datenschatten" realer urbaner Objekte (z. B. Häuser, Straßen, Autos, etc.), aber auch durch digitale Identitäten der Bürger und Passanten, intelligente Dienstleistungen und soziale Medien im Web realisiert ist. Mit Angeboten wie Location-based Services sollen die Möglichkeiten der Digitalisierung auch in öffentlichen und kommerziellen urbanen Räumen genutzt werden. Verschiedene Initiativen von namhaften Forschern wie die Smart Future Initiative von Streitz [11] beschäftigen sich intensiv mit den Chancen der Smart Hybrid City und ihren Risiken, die beispielsweise durch Einschränkungen der Kontrolle über die eigenen persönlichen Daten entstehen [12].

Hybrid Brands
Marken haben in der physischen Welt ihren Ursprung. Der zentrale Faktor für Stärke und Erfolg ist die Marken-Relevanz. Relevanz bezieht die Marke aus Intensität und Qualität der Beziehungen zu ihren Stakeholdern. Relevanz entsteht immer aus der Sicht des Betrachters, nie aus Sicht der Marken-Architekten. Und sie bezieht sich immer auf zwei Ebenen, die eng miteinander verzahnt sind: die persönliche Relevanz (Individuum) und die gesellschaftliche Relevanz (soziale Gruppe, Öffentlichkeit). Marken-Relevanz beruht auf der Wahrnehmungsstärke des relativen Vorteils, der mit der Marke verbunden wird. Diese nimmt mit räumlicher Diffusion und steigender Akzeptanz zu. Die psychologische Wahrnehmung setzt sich aus den bekannten Marken-Facetten zusammen. Dazu gehören Inhalt (Content), Verhalten (Behavior), Beziehungsintensität (qualitativ und quantitativ) sowie die visuellen, haptischen, auditiven, olfaktorischen und gustatorischen Reize. Wir haben gesehen, wie Digitalisierung sowohl die Realität als auch die Wahrnehmung der Realität tiefgreifend verändert. Die angereicherte (augmented) und die virtuelle Realität, sie legen sich über unser Leben und den Arbeitsalltag als eine zusätzliche Bedeutungsebene und beeinflussen unser Verhalten in der realen Welt. Noch sehen wir diese Entitäten als zwei oder mehrere Welten. In Zukunft verschmelzen die reale

und die virtuelle Welt, neue Welten entstehen, in der reale und virtuelle Objekte koexistieren und in Echtzeit interagieren. Die unterschiedlichen Realitäten werden eher zu Räumen eines komplexen vielschichtigen Gesamtsystems. Marken müssen diesen neuen Gegebenheiten angepasst und ihre Position darin definiert werden. Vom Marken-Konzept und der Marken-Kommunikation aus betrachtet, sind heute eher punktuelle Verbindungen zwischen der physischen und der virtuellen Welt erkennbar. Sowenig Marken, die in der physischen Welt entstanden sind, die virtuelle Welt für sich „erobert" haben, soviel Potenzial „nach oben" haben Marken, die virtuell entstanden sind und sich in die physische Welt wagen wie Amazon® mit seinem Buchgeschäft und Zalando mit Fashionshops.

So ist es an der Zeit, neu zu denken: Marken haben nicht mehr die Wahl des Entweder-oder, sondern nur die Chance des integrierten Sowohl-als-auch mit einer gezielten Schwerpunktsetzung. Hierfür muss jeweils ein tragfähiges marken-spezifisches Konzept entwickelt werden. Nun gibt es weder das one-size-fits-all-Modell noch den einen besten Weg in die Zukunft. Dieser muss entwickelt werden, ausgehend vom Marken-Kern und einer Rückbesinnung auf die Marken-Identität auf der einen und einer starken Marken-Vision auf der anderen Seite. Aus einer fundierten Bestandsaufnahme von Marken-Führung und Marken-Performance lassen sich die relevanten Handlungsstränge ableiten. Das gesetzte Ziel sollte stets fest im Blick bleiben, um sich nicht in der Optionsvielfalt der Gefahr der Beliebigkeit auszusetzen. Konsistent zu Haltung und Heritage der Marke muss das Marken-Profil geschärft werden, um in der Fülle an Angeboten und Informationen eine hohe Durchdringung, Wiedererkennung und Identifikation zu gewährleisten. Die zum Standard werdende Vernetzung (Connectedness) beispielsweise von Mensch-zu-Mensch, Mensch-zu-Maschine, Maschine-zu-Maschine und von analogen und digitalen Medien schafft die Grundlage für die Vernetzungsoptionen von *Hybrid Brands*.

Es wird viel ausprobiert und noch werden die neuen Technologien eher als singuläre Instrumente betrachtet, die bedarfsweise und nach persönlicher Vorliebe eingesetzt werden. Was fehlt sind der konzeptionelle Rahmen und das Marken-Konzept, das die physische, die angereicherte (augmented) und die virtuelle Realität synergetisch verzahnt. Digitalisierung ist fester Bestandteil unseres Alltags, deshalb ist die hier eingeführte Hybridität im Sinne einer Ergänzung und Verschmelzung von Analog und Digital kein Zukunftsszenario mehr. Wir schlagen deshalb einen neuen Terminus vor für Marken, die sowohl in der realen als auch in der virtuellen Welt zu Hause, in beiden gleichermaßen präsent und verankert sind: *Hybrid Brands*. Unsere These lautet: Nur solche Marken werden eine Zukunft haben und nicht in Bedeutungslosigkeit versinken, die sich zu *Hybrid Brands* weiter entwickeln und ihren Stakeholdern das Beste aus beiden Welten anbieten bzw. bei neuen Marken gleich als *Hybrid Brands* konzipiert sind.

4.3 *Hybrid Brands* in Hybrid Cities

Die Stadt spielt für das gesellschaftliche und wirtschaftliche Leben der Menschen eine zentrale Rolle. Große Städte üben eine hohe Anziehungskraft aus aufgrund ihrer Infrastruktur (Wirtschaft, Arbeitsplätze, Mobilität) und ihrer gesellschaftlichen und kulturellen Vielfalt. In der Metropolregion Tokio, dem derzeit größten Ballungsgebiet der Welt, leben knapp 40 Mio. Einwohner. In China wird die Urbanisierung aktiv vorangetrieben und längst spricht man hier nicht nur von Megacities, sondern der nächsten Größenordnung: den Gigacities. Das sind Zentren mit über 100 Mio. Einwohnern. Die Urbanisierung ist einer der Megatrends unseres Jahrhunderts. Man verspricht sich davon Effizienzeffekte und eine bessere Vernetzung der Bevölkerung. In wenigen Jahren sollen 40 % der chinesischen Bevölkerung in Ballungszentren umgesiedelt sein. Die Menschheit, 2050 sind es geschätzte knapp 10 Mrd., wird in Zukunft überwiegend in großen Städten wohnen. In 2050, so die Prognosen, werden es geschätzte 70 % der Weltbevölkerung sein.

Der Begriff der Urbanisierung geht über Verstädterung hinaus. Er umfasst nicht nur die Aspekte der Demografie und der Stadtstruktur, sondern auch die sozialpsychologischen Faktoren, die in unserem Marken-Kontext von besonderer Bedeutung sind. Die großen Aufgaben des 21. Jahrhunderts wie Nachhaltigkeit, Ernährung, Gesundheit, Mobilität, Demografischer Wandel, Digitalisierung, IoT, Flexibilisierung der Arbeit, Wissenstransfer oder Employability sind insbesondere in diesen verdichteten Lebensräumen virulent. Die hohe Dynamik des Wandels und eine neue Multikulturalität sind Nährboden für soziale Auseinandersetzungen und die Veränderung gesellschaftlicher und wirtschaftlicher Strukturen. Die Auswirkungen betreffen das Leben in all seinen Aspekten: ökonomisch, ökologisch, sozial, kulturell und politisch. Viele dieser Großstädte entwickeln sich nicht evolutionär, sie entstehen per Dekret. An mehreren Orten in der Welt (Quatar, Indien, Myanmar, Mongolei) wird derzeit an Megacities gebaut, die noch keinen einzigen Einwohner haben. Städte werden geschaffen, damit Menschen sie später in Besitz nehmen können. In Quatar ist so manches Hochhaus der beindruckenden Skyline auf Zukunftserwartungen hin gebaut. Im Gegensatz dazu werden u. a. in Deutschland Wohnkonzepte realisiert, die eher vergangenen Lebensformen denn künftigen Erwartungen entsprechen. Je stärker das städtische Umfeld verdichtet und digitalisiert wird, umso mehr ist die Stadt gefragt, dem öffentlichen Raum Leben einzuhauchen. Entsprechend groß werden die Herausforderungen sein, hier ein für alle Bewohner lebenswertes und zukunftsfähiges gemeinschaftliches Leben, Privatleben und Arbeiten zu gestalten. Die Digitalisierung führt dazu, dass Städte nicht nur die Angelegenheit von Städteplanern, Bürgermeistern, Politikern, Bauunternehmen oder Architekten sind, sondern ebenso von Softwareentwicklern, Anbietern von I&K-Technologie, Interface-Designern, Künstlern und Kreativagenturen – und sich selbst organisierenden, autarken Bürgern und Communities, die hier ihr Leben aktiv gestalten wollen. Neue Modelle, Strukturen und Konventionen des Wirtschaftens und Arbeitens, des Reisens, der Kommunikation, des Einkaufens und der Freizeitgestaltung entstehen.

Die Hybrid City existiert bereits – zumindest in Ansätzen. Die Menschen leben und arbeiten schon analog und digital, in der realen wie in der virtuellen Welt. Reale Nachbarschaften existieren parallel zu virtuellen Nachbarschaften im Netz. Reale Freunde existieren neben virtuellen Freunden (mit gewissen Schnittmengen) in den sozialen Medien. Reale Abenteuerparks, in denen Outdoor-Freaks, Eltern und Kinder

4.3 *Hybrid Brands* in Hybrid Cities

Meter über dem Erdboden über Holzbrücken und auf Seilen balancieren, konkurrieren mit virtuellen Angeboten der wachsenden Gaming-Industrie, die vom passiven Genuss in virtuellen Welten bis zum aktiven Mitmachen in der Augmented Reality (Beispiel Pokémon GO) kaum einen Wunsch offen lassen. Reale Einkaufserlebnisse auf dem Wochenmarkt existieren neben dem Onlineshopping mit delivery-on-demand. Der multioptionale Verbraucher wandelt nicht mehr nur zwischen Discounter und Gourmet-Shop, sondern im wahrsten Sinne des Wortes zwischen den Welten. Das Private existiert neben dem Öffentlichen und dem Beruflichen; sie finden in den gleichen Medien statt. Schon heute nutzen Studien [13] zufolge mehr als ein Drittel der Amerikaner während der Arbeit die sozialen Medien, um eine mentale Auszeit vom Job zu nehmen und mehr als ein Viertel kommunizieren während der Arbeitszeit über die sozialen Medien mit Freunden und Familie.

Mit fortschreitender Digitalisierung wird der urbane Raum hybrid und damit zu einer Hybrid City. In ihr sind physischer Raum und digitale Technologien nahtlos miteinander vernetzt, beeinflussen sich gegenseitig und bieten eine *Seamless Social Experience*. Die Hybrid City ist zunächst eine technologische Konzeption, die unabhängig ist von der Größe einer Stadt. Ihr Wesen liegt in der Hybridität, der Integration von physischer und virtueller Welt. Der Verdichtung der gesellschaftlichen Herausforderungen in den Großstädten stehen in den Hybrid Cities die Chancen und Vorteile der Hybridität gegenüber: Der bedarfsorientierte Kontakt mit dem Bürger dort, wo er sich zurzeit aufhält. Ob mobile, Desktop, Out-of-Home, In-Store, ob in der physischen oder der virtuellen Welt. Städte und ihr Umfeld sind nicht länger nur physisch erlebbar, sondern auch augmented und virtuell.

Für diejenigen, die an einem Fortleben der Marke interessiert sind, ist es wichtig, die Veränderungen in Architektur und im Charakter der Stadt, im urbanen Umfeld und halb-/öffentlichen Raum zu beobachten. Es geht darum, zu verstehen, welche Rückwirkungen diese Veränderungen sowie die Entwicklungen der Informations- und Kommunikationstechnologien auf die Marken-Führung haben.

Die Hybrid Cities verlangen nach starken *Hybrid Brands* und es bieten sich deutliche Chancen, erkennbaren Nutzen für Bevölkerung,

Gesellschaft und Kunden zu schaffen. Der potenzielle Mehrwert kann weit über den Nutzen des konkreten Angebots und den selbstreferenziellen Nutzen hinausgehen. Denn in der neuartigen Unübersichtlichkeit, die durch Multioptionalität (millionenfache Angebote), unüberblickbare Informationsvielfalt und ubiquitäre Kontaktpunkte entsteht, werden Transparenz, Vertrauen, Orientierung und Komplexitätsreduktion eine entscheidende Bedeutung erlangen. Die immer mehr geforderte Corporate Social Responsibility kann durch einen übergeordneten gesellschaftlichen Nutzen wahrnehmbar eingelöst werden. Simplify your life (im Sinne von einfacher zu handhaben, nicht im Sinne einer Simplifizierung, also Verkürzung und Verflachung, von Inhalten und Bedeutung!), verbunden mit einem Anspruch an Lebensqualität, wird zu einem herausfordernden Differenzierungsfaktor der *Hybrid Brands*. *Hybrid Brands* begegnen Menschen unterschiedslos dort, wo diese sich gerade aufhalten: im stationären Handel, im Onlineshop, auf dem Smartphone, dem Computer (Desktop) oder Out-of-Home.

In einem Best Case Scenario bietet die Hybrid City ihren Bürgern das Beste aus beiden Welten in der physischen wie in der virtuellen Welt. Vorausgesetzt, dass sie die technologischen Raffinessen in den Dienst des Menschen stellt. So ist zu wünschen, dass sich Unternehmen mit ihren starken Marken engagieren und sich dafür einsetzen, dass nicht das technisch Mögliche, sondern das menschlich und gesellschaftlich Sinnvolle sich durchsetzen kann. Technologie wird ubiquitär sein, sichtbar und unsichtbar an allen nur denkbaren Standorten Out-of-Home, in Transient Places wie dem Flughafen oder Bahnhof, auf dem Marktplatz und in großen Gebäudekomplexen, die Büros, Geschäfte, Restaurants oder Kunstausstellungen beherbergen. Damit die Hybrid City über die technologische Realisierung hinaus – wie von dem Zukunftsforscher Streitz [14] gefordert – zu einer „Humane and Sociable Hybrid City" wird, also den Menschen und das soziale Miteinander in den Mittelpunkt stellt, müssen die Instrumente der Digitalisierung entsprechend eingesetzt werden. Ziel ist es, die soziale Vernetzung innerhalb der Stadt zu stärken – von Menschen für Menschen. Weitere Ziele sind u. a., die faktische wie die gefühlte Sicherheit der Bürger zu erhöhen, indem sie Transparenz erzeugt und Standardinformationen bereitstellt

4.3 *Hybrid Brands* in Hybrid Cities

sowie das Gemeinschaftsgefühl der Bürger durch gemeinsame Erlebnisse an den vielfältigen Plätzen zu stärken. Digitale Technologien setzt sie gezielt ein, um Qualität, Sicherheit, Gesundheit oder Wissen zu erhöhen, dort, wo diese Unterstützung dem Menschen konkret dient. Touristen erhalten per Brille, Smartphone, Smartwatch oder andere Devices in Echtzeit Zusatzinformationen: über die Sehenswürdigkeit vor ihren Augen oder den nächstliegenden Facharzt im Falle eines Unfalls. Die besten Krankenhäuser zeichnen sich dadurch aus, dass deren Ärzte während einer OP mittels AR mit wertvollen Informationen über den Patienten oder über die erfolgreichsten Behandlungsalternativen versorgt werden, in Erdbebengebieten werden Bauarbeiter und Handwerker bei ihrer Arbeit vor Ort mittels AR mit Experteninformationen ausgerüstet, um sichere Häuser zu bauen.

Es eröffnen sich mannigfaltige Möglichkeiten und neue Touchpoints für die Marke, Präsenz zu zeigen, neue Angebote zu offerieren, mit der Gesellschaft, ausgewählten Communities und ihren (potenziellen) Kunden in Kontakt zu treten: In Form der Information, des Dialogs und der Partizipation (siehe hierzu auch Unterkapitel 3.1, Information – Dialogue - Participation). Hybrid Cities, die sich selber zur starken Marke entwickeln, sammeln nicht nur Daten über Bürger, Passanten, Touristen, Besucher, Reisende. Sie setzen Augmented Reality gezielt ein zum Vorteil ihrer Bürger und Gäste. Das Leben in der Stadt ist angereichert durch Informationen, die der Bürger mit bloßem Auge nicht sehen kann. Die Stadt gibt ihr Wissen, das sie über sich selbst besitzt, an ihre Bürger weiter. Hybrid Cities messen nicht nur Temperatur, CO_2-Ausstoß, Schwefel- und Stickstoffgehalt der Luft, Ozon oder Feinstaub. Sie analysieren diese Daten mit dem Ziel, das Unsicht- und Unhörbare für die Menschen wahrnehmbar zu machen. In zahlreichen Bahnhöfen sind Informationen zum Wetter oder zu Sehenswürdigkeiten bereits Standard. Denkbar sind zudem wertvolle Auskünfte zu Grippewellen oder Pollenflug, zu Luftqualität oder Ozongehalt. In Echtzeit stellen sie den Bürgern dort, wo diese sich gerade befinden, diese Daten als gebündelte aussagefähige Information mit Handlungsalternativen bereit. Sie übernehmen Verantwortung für die Menschen, die sich in ihrer Stadt aufhalten und machen ihr Wissen über die Stadt auf verständliche Weise für diese transparent und präsent.

Out-of-Home

Das urbane Leben in Ballungszentren und Megacities findet zum großen Teil Out-of-Home (OoH), im öffentlichen Raum statt. Menschen verbringen einen großen Teil ihrer Tageszeit Out-of-Home, ob im Freien oder in den riesigen Underground Cities, die heute schon in Toronto oder in Montreal Shopping- und Dining-Erlebnisse bieten. Entsprechend werden Out-of-Home und Ambient Media, die neben TV, Radio, Zeitungen und Zeitschriften zu den Massenmedien zählen, derzeit bezüglich Standortwahl, Bildqualität und digitaler Vernetzung aufgerüstet. Wahrscheinlich werden alte und neue Technologien auch künftig nebeneinander existieren, einige werden vernetzt und interaktiv. Längst tot geglaubte Medien wie das Kino oder das Fernsehen konnten sich bisher behaupten, solange sie ihre Stärken ausspielten. Die Litfaßsäule, erfunden Mitte des 19. Jahrhunderts, erlebt derzeit ein Revival und die unzähligen Papierschichten von Plakatwänden verraten die kontinuierliche Nutzung analoger Kommunikationsinstrumente. Sie existiert neben ihren weiterentwickelten und technisch aufgerüsteten Formen vollverglaster rotierender „Premium City-Light-Poster" [15]. Es zeichnet sich eine steigende Nachfrage nach OoH in Europa, den USA, UK und Kanada ab. Die Zukunft der OoH-Kommunikation ist digital und interaktiv – mit Kaufhinweisen, Mobile Payment und on-demand-Lieferung. OoH-Medien und Ambient Media nehmen mit ihren großen Flächen und ihrem jeweiligen Content gravierenden Einfluss auf den öffentlichen Raum. Die Wirkung von Raumgestaltung auch auf das soziale Verhalten der Passanten ist hinlänglich erforscht und bekannt. OoH-Medien sind ein Instrument, sich über Themen in den gesellschaftlichen Diskurs einzubringen, die soziale Interaktion zu fördern und Rahmen zu schaffen, in denen Menschen sich gerne aufhalten. Nicht zuletzt können sie der Flüchtigkeit in digitalen und sozialen Medien und der Entfremdung in der Virtual Reality Beständigkeit, Ruhepole, Gegenständlichkeit und gemeinsames Erleben entgegensetzen.

Die Digitalisierung ermöglicht die Vernetzung der Out-of-Home-Medien mit eingespeisten Umfelddaten und dem Targetting von Passanten – in Echtzeit und per Knopfdruck. Echtzeitkampagnen zu Health Care geben Handlungsempfehlungen zur Heuschnupfenzeit und bei Grippewellen oder warnen vor akuten Infektionskrankheiten.

4.3 *Hybrid Brands* in Hybrid Cities

Marken greifen aktuelle Umfelddaten auf mit einem humorvollen Verweis auf ihre Angebote. Die Tasty Billboards verknüpfen das Produktangebot mit Informationen aus dem räumlichen Umfeld. Im kanadischen Skigebiet Whistler symbolisieren sie den realen Schneefall mit der dynamischen Schaumhöhe eines auf dem Display gezeigten Espresso Macchiato oder Cappuccino [16]. Automatisiert können Motive in Echtzeit ausgetauscht und das – jetzt – passende Produkt oder eine geprüfte Handlungsempfehlung eingespielt werden. Hier bietet sich ein großes Spielfeld für die menschliche Kreativität, neue Marken-Erlebnisse zu entwickeln.

In einem Worst Case Scenario kann dies zu einer 360 Grad und 24/7/365-„Beschallung" mit Werbung aller Art und einem Permanent-Tracking von Passanten und Targetting definierter Personengruppen führen. Es wäre die nächste Evolutionsstufe von Big Data, die sich hier Raum verschafft.

Die nicht nur ethische, sondern auch ökonomische Frage ist, wo eine Marke ihre Grenzen setzt in dem, was sie sich im Rahmen der Digitalisierung erlaubt. Betrachten wir, was in Birmingham, Großbritannien, scheinbar akzeptiert wird: die sogenannten Tailored Billboards. Das sind individuell konfigurierte Plakatwände, deren Kameras die Passanten filmen. Die Analyse von Charakteristika wie Alter und Geschlecht macht Werbung in Echtzeit noch zielgenauer. Im Gegensatz zu den Tasty Billboards, die mit aktuellen Wetterlagen oder aktuellen Gesundheitswarnungen arbeiten, wird Werbung in Echtzeit gemäß der Menschengruppe geschaltet, die sich in Sichtnähe der Plakatwand befindet [17] (siehe hierzu auch Unterkapitel 4.4, Privacy). Das Angebot des freien Internetzugangs, den diese Plakatwand bietet, generiert zusätzliche wertvolle Daten zur Verfeinerung des Zielgruppenprofils. Das alles erinnert an den Film Minority Report. Dieser Film aus dem Jahr 2002 beschreibt eine Zukunft für 2054, die aber wohl eher realisiert wird als manchem lieb ist. Technisch ist das möglich – und noch vieles mehr. Ob es auch zielführend ist oder der Passant und potenzielle Kunde mit der Zeit abstumpft oder sich verfolgt fühlt und Kaufverweigerung betreibt (zumal die Adblocker hier nicht greifen), bleibt abzuwarten. Nicht jede neue Technologie (Beispiel QR-Code) ruft beim Verbraucher Begeisterung hervor, vielleicht auch mangels Mehrwert.

Parallel zu den OoH werden mehr und mehr sogenannte Location-based Services entstehen, die den Passanten über ein für ihn im Moment interessantes Angebot informieren. Das kann der beste Burger der Stadt sein in einem Restaurant in Fußnähe, das geöffnet ist und diesen Burger heute auf der Speisekarte hat. Der Stammkunde wird über einen Pre-Sale von seiner Marke informiert, deren Shop sich in der Nähe befindet. Oder der Bürger erhält das hyperpersonalisierte Angebot der gesuchten belgischen Pralinen in einem Gourmet-Shop nahe der nächsten Straßenkreuzung oder den Bonito, der dringend noch für das bevorstehende Dinner mit Freunden benötigt wird. In deutschen Städten laufen seit 2016 Versuche, digitale Stadtviertel zu schaffen, beispielsweise in Köln [18]. Mittels Smartphone und Beacon-Technologie vernetzen sie die Bürger im Viertel mit interessanten Angeboten, um die Vorzüge des In-Store-Shoppings gegenüber dem Onlineshopping zu stärken. Beacons leiten die Kunden in großflächigen Geschäften (Beispiel Supermärkte) direkt zu dem Produktangebot. Location-based Services ermöglichen Marken, über die Vernetzung von Technologien mit der physischen Welt, Kundennutzen zu generieren. Die Betonung liegt auf „ermöglichen". Der Zweck vieler Angebote liegt rein im Sammeln von Kundendaten.

Im halböffentlichen und öffentlichen Raum werden Marken weniger die direkte Beziehung zum Kunden mit einem höchst personalisierten Angebot suchen. Sie stellen sich einer breiteren Öffentlichkeit dar und bringen sich und ihre Angebote und Themen – den Zeitgeist aufgreifend – ins gesellschaftliche Gespräch. Sie generieren die notwendige Reichweite und öffentliche Präsenz, auf die sie neben einem immer ausgereifteren Targetting und hyperpersonalisierten Angeboten nicht verzichten können. Mit OoH- und Ambient Media lassen sich neue Marken, Themen, Angebote oder Innovationen schnell einer breiteren Öffentlichkeit bekannt machen. Den Werbetreibenden und den Vermarktern kommt hier eine neue Verantwortung zu, denn die Kommunikation im öffentlichen Raum hat einen besonderen Impact: Sie gestaltet ihn, großflächig, mit einer kondensierten, schnell wahrnehmbaren Botschaft, in der Bilder eine zentrale Rolle spielen. Doch die Bürger und Besucher können sich dem Einfluss nicht erwehren, es gibt keine Adblocker und keine Signalisation, wann wo welche Daten erhoben werden. Die Grenzen zwischen gesellschaftlichem Nutzen und Ausnutzen allein zugunsten der werbetreibenden Organisation sind hier fließend.

In einer Stadtarchitektur spielen Plätze eine besondere Rolle als gesellschaftliche Drehkreuze. Dies sind *Social Places* (Orte, an denen die Bürger zu einem bestimmten Ereignis zusammenkommen), Third Places (Orte des Dazwischen), Transient Places (Orte der Durchreise), und Places of Multi Usage (Orte, die absichtsvoll mehreren Zwecken dienen). Sie nehmen eine wichtige Funktion ein für die soziale Gemeinschaft. Das Besondere dieser Plätze ist: Sie grenzen grundsätzlich nicht aus, sind für jedermann zugänglich, akzeptieren jedermann, Teil der Ereignisse zu werden. Sie nivellieren soziale Unterschiede und stellen das gleiche Interesse in den Vordergrund. Die Atmosphäre ist interaktiv, experimentierfreudig, spielerisch, humorvoll, entspannt. Das macht sie für die städtische Gemeinschaft überlebenswichtig und für Marken zu einem interessanten place to be. Hier können öffentliche authentische Lebensräume entstehen, die das Soziale festigen und kultivieren.

Social Places

Social Places sind öffentliche Plätze und Räume, an denen sich die Menschen treffen, um gemeinsam etwas zu erleben. Im griechischen Altertum war die Agora ein solcher Ort, an dem sich Menschen versammelten, meist anlassbezogen, um zu feiern, zu verkünden, zu protestieren, zu erörtern oder einfach nur, um zu verweilen. Beispiele für heutige *Social Places* sind der Markusplatz in Venedig, der Grand Place in Brüssel, der Theaterplatz in Dresden oder der Römerberg in Frankfurt am Main. Abb. 4.1 zeigt ein Beispiel der weihnachtlichen Light and Laser Shows auf dem Brüsseler Grand Place, ein *Social Place* an dem Bewohner der Stadt Brüssel wie Touristen dieses Ereignis gemeinsam erleben. Zahlreiche Videos auf YouTube zeugen von der Begeisterung der Menschen [19].

Die Digitalisierung bereichert diese *Social Places*, sie sind ein wichtiger Teil der gesellschaftlichen Gemeinschaft. An Hotspots wie Fanmeilen, Partymeilen, Kunstmeilen erreichen Marken ihre Zielgruppen und eine breitere Öffentlichkeit. Öffentliche Konzertreihen oder Lichterfeste im Frankfurter Palmengarten schaffen gesellschaftlichen Gesprächsstoff – wie auch diese Ausstellung „The First Hour" des französischen

130 4 Future World: *Hybrid Brands* in Hybrid Cities

Abb. 4.1 Grand Place, Brüssel. (Foto: Christine Riedmann-Streitz)

Fotografen Thierry Bouet (Abb. 4.2). Sie zeigt 24 Gesichter Neugeborener in den ersten Stunden ihres Lebens – und beeindruckende Portraits dieser jungen Persönlichkeiten.

Veranstaltungen wie künstlerische Performances, themenspezifische Märkte und Präsentationen auf den *Social Places* der Hybrid Cities ermöglichen starken *Hybrid Brands,* Menschen zu einem bestimmten Thema miteinander zu vernetzen. Interessierte wählen sich in ein Pop-up-Netzwerk ein, beantworten wenige kurze Fragen und lernen fremde Menschen kennen, die ihre Interessen teilen. Nach dem Event werden die erhobenen Daten aus Privacy-Gründen gelöscht und das Pop-up-Netzwerk eingestellt. Der physische *Social Place* wird per Augmented Reality angereichert mit Hintergrundinformationen zu Örtlichkeit, Stadtgeschichte, Sehenswürdigkeiten in Blickweite oder den gebotenen Live-Attraktionen. Auf den digitalisierten *Social Places* können sich Menschen finden und vernetzen: Besucher des Markusplatzes in Venedig lesen in Echtzeit Kommentare von Bürgern, die sich ebenfalls dort aufhalten. Sie finden interessante Gesprächspartner, die sie live treffen und kennenlernen oder Interessenten für gemeinsame Aktivitäten, ob dies eine Besichtigungstour, Bergwanderung, Shopping oder der Restaurantbesuch ist. Einen Vorgeschmack künftiger digitalisierter

Abb. 4.2 Ausstellung „The First Hour", Brüssel. Fotograf: Thierry Bouet, Brüssel. (Foto: Christine Riedmann-Streitz)

Social Places liefert sicherlich der New Yorker Time Square: eine breitflächige Fußgängerzone mit Tribüne lädt zum eingehenden Betrachten riesiger Bewegtbild-Werbe-Screens ein. Darunter, auf den Straßen, analoger Spiel & Spaß in Form von Hüpf- und Ball-Spielen (Abb. 4.3). Diese *Social Places* bieten einen Experience Space für Marken, sich dort an ihre Kunden zu wenden, wo diese entspannen. Marken der Zukunft, die *Hybrid Brands,* sind auf diesen *Social Places* sowohl in der physischen Realität wie auch in der virtuellen Realität präsent. Die künftigen Hybrid Cities bieten den *Hybrid Brands* die Gelegenheiten und Orte, wo diese ihre Fähigkeiten und Kompetenzen in Höchstform darstellen können. Sie nutzen die Möglichkeiten von AR, VR und Product Memory, um hier am realen Ort den Menschen das Beste aus beiden Welten zu bieten – in Form von Entertainment, Infotainment, Freizeitspaß oder Shopping.

132   4   Future World: *Hybrid Brands* in Hybrid Cities

Abb. 4.3 Time Square, New York City. (Fotos: Christine Riedmann-Streitz)

Denkbar ist ebenso, dass sich weit entfernte Hybrid Cities öffentlich an *Social Places* vernetzen. Auch das bestehende Konzept der Partnerstädte könnte hiervon profitieren und sich mit neuer Bedeutung aufladen. Wir kennen heute schon das Public Viewing auf Fanmeilen, das entfernte Orte miteinander vernetzt und die Kommunikation zwischen diesen Orten live und in Echtzeit ermöglicht. Das Konzept und Modell,

Orte miteinander zu vernetzen wird derzeit im experimentellen Stadium realisiert, beispielsweise in von der EU geförderten Connecting-Cities-Projekten. Connecting Cities ist ein europäisches, weltweit expandierendes Netzwerk. Sein Ziel ist, eine „connected infrastructure" [20] von Mediafassaden, urbanen Screens und Projektionen zu etablieren, um künstlerische und gesellschaftliche Inhalte zu vermitteln. Künftig könnten *Hybrid Brands* (das kann in diesem Fall auch die Stadt als Marke sein) in verschiedenen Hybrid Cities ein Common Topic aufgreifen und mittels digitaler OoH-Medien gemeinsame öffentliche Events austragen. Projektionsflächen sind große Media Facades an Gebäudekomplexen. Der physische Raum vernetzt sich mit dem virtuellen Raum und mit entfernten physischen Räumen über Länder und Kontinente hinweg. Die Welt wird hier und jetzt global erlebbar. Die Stadt als Marke kann hier ihre jeweiligen Stärken und USPs für ihre Bürger und Gäste erlebbar machen: eine besondere Lebensqualität, ein einzigartiger kultureller Event oder ein spezifisches sportliches Ereignis. Städte generieren gemeinsame, die Bürger über Regionen, Länder und Kontinente verbindende Ereignisse und Erlebnisse. Die Hybrid City wird zum global vernetzten Player und bringt die Vorteile der Gemeinschaft, der Multikulturalität, der Globalisierung und Digitalisierung dem Bürger nahe.

Social Places haben grundsätzlich das Potenzial, sich hinsichtlich ihres gesellschaftlichen Zwecks zu verändern. Das hängt auch davon ab, welche Idee und konzeptueller Rahmen diesem Platz gegeben und wie er beispielsweise mittels digitaler und analoger Medien ausgestaltet wird. So kann ein beliebiger Ort mit Sehenswürdigkeit zu einem der Third Places werden.

Third Places
Menschen leben heute on the go, im Dazwischen von Zuhause und Arbeitsplatz, Büro und Fitnessstudio etc. Sogenannte Third Places sind definierte Orte zwischen dem first place, dem Zuhause, und dem second place, dem Arbeitsplatz. Das können Cafés, öffentliche Plätze oder Parks sein. Starbucks® hatte vor Jahren diesen Ort des Dazwischen als Third Place für seine Marke entdeckt. Während der first place meist dem Privatleben vorbehalten ist und der second place dem Arbeiten, generieren die Third Places ihre Bedeutung als Orte, an denen Bürger sich treffen, um zu entspannen. Eine zusätzliche Aufwertung erhalten sie mit

zunehmender Mobilisierung und Flexibilisierung der Arbeitswelt. Auch werden künftig immer mehr Projekte von den Firmen extern an einzelne Spezialisten vergeben. In der Konsequenz findet das Arbeiten zunehmend Out-of-Office statt. Third Places entwickeln sich in diesem Fall zum persönlichen Büro oder Konferenzraum. Nicht jeder arbeitet gerne in Isolation, das Café als Third Place hebt die soziale Isolation der Einzelarbeit auf. Und so werden diese, ähnlich der früheren Bedeutung der Caféhäuser für Schriftsteller, zum mobilen Arbeitsplatz. Berufliches vermischt sich mit Privatem – räumlich, und in der Kommunikation.

Transient Places
Transient Places sind Orte, an denen Menschen sich für eine von ihnen bestimmte Zeitdauer aufhalten, Räume der Reise wie Flughäfen und Bahnhöfe (Abb. 4.4). Diese befinden sich nicht mehr nur am Rande der Stadt, sondern mitten in der City (wie der London City Airport) und künftig in Stadtvierteln der Megacities. Typisch für zahlreiche Bahnhöfe als Transient Places ist der langweilige, da reizlos und rein funktional gestaltete und zudem zugige Raum. Eine willkommene sinnliche Abwechslung schaffen hier optisch beispielsweise mit leckeren Schokoladensorten verzierte Treppenstufen zu den Bahnsteigen oder

Abb. 4.4 Ritter Sport, Hauptbahnhof Frankfurt am Main. (Foto: Christine Riedmann-Streitz)

4.3 *Hybrid Brands* in Hybrid Cities

humorvolle Motive auf großen Transparenten über den Bahngleisen (Abb. 4.4), die den Wartenden zum Schmunzeln einladen.

Was Transient Places kennzeichnet, ist das unerfreuliche Warten. In der Schlange stehen, bis das Gepäck eingecheckt ist, entweder per Do-it-Yourself am Automaten oder beim freundlichen Servicepersonal. Warten bis der Securitycheck erfolgreich durchlaufen ist und das – verspätete – Flugzeug ankommt. Warten, bis der ICE, die Underground-Bahn oder auch das Taxi kommt. Menschen benötigen viel Zeit, um zum Arbeitsort und wieder zurückzukommen. Das Problem der Entfernung wird sich in den Megacities vergrößern. Die Orte des Lebens, der Freizeit und des Arbeitens sind noch separiert, doch erwarten heute schon Arbeitgeber von pendelnden Mitarbeitern nicht nur eine Präsenz-, sondern auch eine Residental-Pflicht: Den Umzug in die räumliche Nähe des Arbeitsortes, um längerfristig gesehen u. a. private Probleme mit der Familie oder dem sozialen Umfeld zu vermeiden. Dessen ungeachtet werden auch in Zukunft Millionen von Menschen täglich reisen: es sind Geschäfts-, Urlaubs- oder Kulturreisende, Arbeitnehmer, Pendler, Kinogänger oder Shopper.

Die Gestaltung der Transient Places spielt eine große Rolle für die Reisenden. Zeit ist Geld wert und damit auch ein wertvolles privates Gut in einer Epoche der permanenten digitalen Erreichbarkeit. Zeit ist knapp und will sinnvoll genutzt werden. So wurde beispielsweise das Tom Bradley Terminal am Los Angeles Airport mit einer ganzheitlichen interaktiven Multimedia-Umgebung aufgerüstet (s. Abb. 4.5). Dieses Terminal will nicht nur ein Terminal im Sinne des funktionalen Ortes des Verreisens oder der Weiterreise sein: „LAX Bradley Terminal is more than an airport, it's a destination" [21] lautet die erklärte Absicht. Den Verantwortlichen ging es darum, das Erlebnis der Passagiere zu bereichern und die Romantik und den Zauber des Reisens wieder bewusst zu machen. Interaktive Erlebnisse rund um Reiseziele spielen genauso eine Rolle wie künstlerische multimediale Präsentationen, die zum Teil mit der Bewegung des Reisenden interagieren. Hier eröffnen sich für *Hybrid Brands* neue Betätigungsfelder für die Interaktion mit den Menschen

4 Future World: *Hybrid Brands* in Hybrid Cities

Abb. 4.5 Tom Bradley Terminal, Los Angeles Airport. (Foto: Christine Riedmann-Streitz)

und für ihre Ausübung von Corporate Citizenship, dem gesellschaftlichen Engagement von Unternehmen, mit dem sie sich positiv als Teil der Gesellschaft präsentieren. Sie unterstützen die Wartenden, Wartezeit sinnvoll zu nutzen und positiv zu erleben, indem sie ihnen Information, Entertainment und Erlebnisse offerieren.

Places of Multi Usage
Raum ist knapp und entsprechend wertvoll in den Megacities. Es ist verschenkter Lebensraum, wenn abends Einkaufsstraßen oder Bankenviertel menschenleer sind, da die Bürger ihre Freizeit an anderen Orten verbringen. Wie eine Ausstellung im Frankfurter Architekturmuseum [22] nahelegte, wird möglicherweise ein Umdenken stattfinden. Städteplaner und Architekten beginnen, an Zonen des Mixed oder Multi Usage zu arbeiten. Orte, die vorher für einen Zweck bestimmt waren, sollen nun unterschiedlichen Zwecken dienen, auch spontan. Arbeit, Privatleben und öffentliches Leben finden hier je nach Bedarf oder Tageszeit statt. Das neue Denken ist ein Paradigmenwechsel: Der

Mensch ist das Maß der Planung, nicht eine gegebene oder gedachte ökonomische oder mobile Infrastruktur.

Orte des Multi Usage können künftig von der Idee geleitet sein, die (spontane) Interaktion zwischen Generationen, sozialen Gruppen und Nachbarn oder die Harmonie zwischen Arbeit und Freizeit zu fördern. Wir nennen diese Räume, in der physische und virtuelle Welt verzahnt sind, reale Social Hubs. Es eröffnen sich zumindest zwei grundsätzliche Anwendungsbereiche, der eine im öffentlichen, der andere im halböffentlichen Raum. Im öffentlichen Raum besitzen sie das Potenzial, beispielsweise dem abendlichen „Aussterben" von Banken- oder Einkaufsvierteln mit attraktiven Inhalten entgegen zu wirken. Die Stadt wird ganzheitlich betrachtet und die einzelnen Stadtviertel werden zielgerichtet mit neuen Inhalten und Erlebnissen angereichert. Ein weiterer Anwendungsbereich betrifft den halböffentlichen und eher privaten Bereich: Plätze, Räume, Zimmer, Terrassen oder Gärten können zu realen Social Hubs werden, die stets je nach Bedarf unterschiedlich genutzt werden. Sie laden zu sozialen Begegnungen und gemeinschaftlichen Erlebnissen ein. Denkbar sind diese realen Social Hubs in einem Wohnkomplex, in denen Menschen sich in der realen Welt treffen und mit digitaler Unterstützung (von Rezepten, Einkaufsplanern bis zu digitalen Koch- und Backprogrammen und home-delivery) kochen oder sich mit einem anderen gemeinsamen Hobby vergnügen. Kinder aus der Nachbarschaft gehen in diesen realen Social Hubs gemeinsam auf virtuelle Reisen in andere Kontinente und lernen das dortige Leben, Kultur und Arbeiten kennen. Älteren Menschen, denen Lust, Geld oder Gesundheit zum Reisen fehlt, gehen in das reale Social Hub, in dem ein virtuelles Kino abends in wenigen Minuten „aufgebaut" ist und reisen virtuell in fremde Kontinente. Sie erleben, die VR-Brillen aufgesetzt, Naturwunder wie die Niagara-Fälle und den weniger bekannten, aber nicht minder spektakulären Montmorency-Fall – alles bequem innerhalb einer Stunde. Die Zukunft der Virtual Reality verspricht nicht nur Interaktion, sondern auch Haptic Landscapes und weitere multimodale Erlebnisse, die möglichst viele Sinnesorgane ansprechen [23]. So kaufen sich die künftigen Kinogänger in den realen Social Hubs mit digitaler Währung einen virtuellen Wasser-Poncho. Dies in Anlehnung an die am realen Niagarafall auf den Booten, die die Gäste sehr nahe an den Wasserfall bringen, verkauften Wasser-Ponchos (als Schutz vor der Gischt der Wasserfälle). Und sie erleben die begehrte Hornblower-Bootsfahrt auf virtuelle Weise. Digitale Technologien wie VR und AR geben dem öffentlichen und halböffentlichen Raum zusätzliche Qualitäten, indem sie existierende Räume als reale Social Hubs neu bespielen. So kann auch eine abends nicht genutzte Turnhalle mittel AR zu einem Urwald, zur Antarktis oder einer Wüste werden und zu Bildung, Weiterbildung sowie spannenden und lehrreichen gemeinschaftlichen Abenteuern einladen. Die Möglichkeiten, die sich den *Hybrid Brands* in Hybrid Cities bieten, scheinen unendlich – und sie bieten eine optimale Plattform für Kreativität, Spannung, Geschichten, die das gesellschaftliche Leben und die Marken-Beziehungen immer wieder neu beleben.

Je weniger das tägliche Leben und Arbeiten ortsgebunden stattfindet, umso attraktiver werden diese halböffentlichen und privaten Räume des Multi Usage. Während der Arbeitszeit dienen die digitalen Medien der Kommunikation und Interaktion mit Projektgruppenmitgliedern, Experten und Kollegen auf der ganzen Welt. Privat genutzt wird das Sofa zum Point of Sale, der Raum zum Kino, zum Ort des Wissenserwerbs mittels E-Learning, zur virtuellen Ankleidekabine oder zum virtuellen Treffpunkt mit Freunden.

Hybrid Brands können diesen Wechsel im Nutzungsverhalten aktiv durch Informations-, Education-, Freizeit- oder Sportangebote unterstützen, indem sie im jeweiligen Kontext attraktive Angebote für die Gemeinschaft der Teilnehmenden bieten und den atmosphärischen Rahmen oder das informationelle Zusatzangebot bereitstellen. Die digitalen Technologien ermöglichen den Nutzungswechsel per Knopfdruck. Diese von *Hybrid Brands* kuratierten (siehe dazu auch Unterkapitel 4.8 über *Curating Brands*) mannigfaltigen Angebote werden von den Anwesenden je nach Alter und Interessenlage ausgewählt. Das ist ein wichtiger Punkt: die Nutzer entscheiden, ob sie das Angebot wählen und welches sie wählen. Sie sind optional und werden genutzt, sofern die Gruppe es wünscht. So bieten diese Orte *Hybrid Brands* Plattformen für den Austausch mit ihren Stakeholdern und die Chance, ihre gesellschaftliche Verantwortung einzulösen.

Brand Places

Marken sollten physisch erlebbar sein, das haben die großen Onlineanbieter verstanden, als sie in den stationären Handel einstiegen. In Deutschland rüsten selbst Discounter (sie sind in der realen Welt entstanden), deren Asset bisher der günstige Preis und der schnelle Einkauf war, derzeit auf und kreieren Marken-Erlebnisse. Denn der Kunde schätzt auch dort, wo es günstig ist, Atmosphäre und Convenience. Entsprechend werden das Ladendesign und die Werbung neu gestaltet. Noch immer halten sich Kioske und kleine Läden in den Städten, weil sie Orte des Konsums und der sozialen Begegnung sind. Diese Tatsachen werfen einen neuen Aspekt auf manche Schlussfolgerungen, die aus der Digitalisierung gezogen werden. Nehmen wir das Beispiel der Finanzindustrie: Wir möchten unsere Finanzgeschäfte online, mobil, nahtlos (ohne Brüche in den Schnittstellen) und sicher tätigen und brauchen hierzu einen Partner, dem wir vertrauen können. Finanztexte, die uns mit aktuellen Information versorgen, werden nicht mehr nur von ausgebildeten Redakteuren, sondern ebenso von Textgenerierungsprogrammen geschrieben und zum Teil automatisiert veröffentlicht, ohne dass eine Prüfung durch den Menschen erfolgt. Manche Beratungsleistung erfolgt bereits durch Robo-Advisor. Doch ist das geplante großräumige Schließen von Bankenfilialen die notwendige Konsequenz oder eher eine effizienzgetriebene Denke, die den Kunden außen vor lässt? Lautet das Ziel des Kunden hohe Mobilität mit einem Maximum an Convenience und Sicherheit oder dass es keine Bankfilialen mehr gibt, in denen Menschen sich von fachkundigen Menschen beraten lassen, denen sie vertrauen? Machen sich die traditionellen Marken ohne Not überflüssig? Vor dem Hintergrund der Digitalisierung gewinnt der Marken-Shop eine ganz neue Bedeutung. Die Schokowelt von Ritter Sport [24] und das Schokoladenhaus von Rausch [25], beide in Berlin, der Haribo Store in Bonn [26] oder der Lindt „Swiss Chocolate Heaven" auf dem Jungfraujoch [27] stellen dem Digitalen konsequent das Erlebnis gegenüber. Selbst ein Mitnahmeartikel im Supermarkt wird hier zum Erlebnis, der Marke wird viel emotionaler Erlebnisraum gegeben – und den kleinen wie großen Kunden viel Inspiration und Interaktionsmöglichkeiten.

4 Future World: *Hybrid Brands* in Hybrid Cities

Physische Brand Places sind unabdingbar für die Marke in der Zukunft. Doch sind diese realen Brand Places nur dann zukunftsfähig, wenn sie sich auf das konzentrieren, was sie auf der einen Seite gegenüber ihren Wettbewerbern auszeichnet und wenn sie auf der anderen Seite genau das bieten, was Verbraucher in den Onlineshops nicht erhalten.

Da Vertrauen ein zentrales Asset für die Stärke einer Marke ist, sollten alle Aktivitäten daraufhin überprüft werden, das Marken-Vertrauen zu erhalten und zu erhöhen (siehe dazu auch Unterkapitel 2.1). So werden sich beispielsweise Supermärkte entscheiden müssen, wie sie mit den Möglichkeiten des Dynamic Pricing (einer permanenten Anpassung von Preisen auf Schildern in Echtzeit) umgehen und ob sie darauf verzichten. In die Berechnungen für Dynamic Pricing fließen persönliche Informationen der Kunden u. a. aus den sozialen Netzwerken ein, dazu Tageszeit, Wetter, Wettbewerber, Marktsituation, Einkaufs- oder Surfverhalten des Kunden. Es wäre wünschenswert, dass starke Marken in Zukunft explizit darauf verzichten: Sie nutzen die Haupteinkaufszeiten nicht (das ist ein USP), um über höhere Preise das Ergebnis zu steigern. Sie nutzen nicht die Situation des Verbrauchers (Stress, keine Zeit, Berufstätigkeit) aus, sondern geben ihm die Sicherheit und Glaubwürdigkeit einer starken Marke, dass das Preis-/Leistungsverhältnis der Angebote „stimmt". Reiseanbieter nutzen nicht den „gläsernen Verbraucher", um ihm eine Reise teurer anzubieten, wenn er aufgrund schulpflichtiger Kinder keine zeitliche Flexibilität besitzt. Dynamische Preisschwankungen sind uns von Tankstellenbetreibern bekannt, die nun jedoch veränderte Preise „in Echtzeit" [28] an die Markttransparenzstelle des Bundeskartellamtes melden müssen. Die Preise sind im Web veröffentlicht. Selbst wenn diese Regelung auf andere Warenklassen und Produktkategorien ausgeweitet würde, wäre dies die Umkehrung eines kundenorientierten Verhaltens in die reine Make-and-Sell-Denke des Anbieters, die zudem dem Marken-Vertrauen schadet, das immer auch auf einem Preis-/Leistungsverhältnis gründet.

Hybrid Brands in Hybrid Cities

Die Verantwortlichen von *Hybrid Brands* in Hybrid Cities nutzen die vielfältigen Möglichkeiten, die ihnen die Digitalisierung bietet, um diese mit der realen Welt und analogen Medien zu verzahnen und mit ihren Marken den Menschen dort, wo diese sich zurzeit befinden, bedarfs- und wunschgerecht Angebote, Zusatznutzen und Erlebnisse zu bieten. Die Kunden werden beispielsweise zu jedem Produkt im stationären Handel mittels AR-Brillen, die ihnen wie Einkaufswagen zur freien Verfügung stehen, die von ihnen gewünschten Zusatzinformationen erhalten: ob dies Materialien, Zusatzstoffe, Angaben zu Kalorien, Fett- und Zuckergehalt oder der konkrete Herkunftsort sind; die Product Memory unterstützt ergänzend die gewünschte Informationstransparenz. Die Marken-Verantwortlichen fördern über Connectivity soziale Gemeinschaft und den zwischenmenschlichen Austausch. Sie verfügen über das nötige Wissen über ihre Kunden und Stakeholder und haben ein Verständnis für den urbanen Raum und Kommunikation. Sie haben neben dem zu erwirtschaftenden Profit das erklärte Ziel, mit ihren Marken Sinn zu stiften und an einem lebenswerten Leben mitzuwirken und die Marke erlebbar zu machen – beispielsweise indem sie in ihren Fan-Communities und Marken-Erlebnisräumen Menschen mit ihren unterschiedlichen Ideen und Erfahrungen zusammenzubringen. Sie wissen um die Qualitäten der physischen Welt, der angereicherten (augmented) Realität und der virtuellen Realität. Sie schöpfen all die positiven Eigenschaften und die Chancen der neuen Technologien aus und der künftigen, die wir noch gar nicht kennen – zum Nutzen des Menschen. Der reale *Social Place,* der stationäre Point of Sale haben ebenso ihre Vorteile und Werte, die geschickt in Szene gesetzt und verstärkt werden. Dies wird eine der großen Aufgaben sein, die ein hohes Maß an Wissen, Erfahrung und Kreativität benötigt. Denn interessant oder gar spannend und inspirierend wird es erst dann, wenn der Verbraucher trotz der möglichen Standardisierung und Automatisierung (die, wie gesagt, ihre Berechtigung haben), nicht überall unterschiedslos das Gleiche erlebt, ob er sich nun im stationären Handel, im Onlineshop oder in der virtuellen Welt aufhält und ob er dieser Marke nun in den besten Einkaufsstraßen in Paris, Tokio, Peking, New York, Frankfurt oder Vancouver begegnet. Andernfalls wird es für ihn irgendwann kein Argument mehr geben, vom Sofa aufzustehen. Austauschbarkeit ist der Gegner von Relevanz und ein Überfluss an Informationen kann in Kaufverweigerung münden. Im Gegenzug schafft das Aufgreifen kultureller oder regionaler Eigenheiten Nähe und Lebendigkeit. *Hybrid Brands* in *Hybrid Brand* Places werden analoge und virtuelle Medien verzahnen, um dem Kunden das Beste aus beiden Welten zu bieten. Selbstverständlich sind offline und online nicht nur vernetzt, sondern auch synchronisiert. Auch hier gilt: Der Mensch (Kunde), nicht das Produkt oder die Technologie sind der Maßstab aller Dinge. Wir sprechen damit bereits an dieser Stelle eine weitere und aus unserer Sicht notwendige Qualität künftiger *Hybrid Brands* an, die wir in den kommenden Unterkapitel 4.4, 4.5 und 4.6 detaillierter beleuchten. Denn die *Hybrid Brands* sind – analog der Hybrid City – zunächst eine technologische Konzeption, die in der nahtlosen und synergetischen Verzahnung und Vernetzung der physischen und der virtuellen Realitäten liegt. Ihr Wesen ist die Hybridität, die Integration dieser Realitäten. Doch ist es aus unserer Sicht im digitalen Zeitalter unabdingbar, dass die *Hybrid Brands* als *Humane Hybrid Brands* (Unterkapitel 4.6) konzipiert und ausgestaltet werden.

In den Hybrid Cities wird die mögliche Wirkungskraft der *Hybrid Brands* in all ihren Facetten realisierbar, da sie neben dem hyperpersonalisierten Kundenkontakt die räumliche und mediale Plattform für die notwendige gesellschaftliche Präsenz und Interaktion bietet. Das, was vorher getrennt war, die physische Welt und die virtuelle Realität, werden nun an einem Ort zusammengeführt. Gaming hat das Potenzial, diese Wirkungen zu potenzieren, da es Massen von Menschen gleichzeitig begeistert und nicht nur emotional, sondern auch physisch bewegt. Das weltweit zur Bekanntheit erlangte Pokémon GO-Spiel zeigt eindrucksvoll die Verschmelzung der Welten. Aus allen Ecken der Großstädte treffen sie zusammen, diese scheinbar aus dem Nichts auftretenden Schwärme von Pokémon GO-Spielern. Wie von unsichtbarer Hand gesteuert streben sie – durch ein gemeinsames Ziel vereint – in die eine Richtung des vermuteten seltenen Pokémon, geleitet von ihrem Smartphone. Einige Restaurantbesitzer und Geschäfte sehen ungeahnte Umsatzchancen und werben um diese neuen Gäste (Abb. 4.6). Manche

4.3 Hybrid Brands in Hybrid Cities

Abb. 4.6 Restaurant wirbt um Pokémon GO-Spieler, Toronto. (Foto: Christine Riedmann-Streitz)

Geschäftsinhaber baten darum, dass ihre Koordinaten in das Spiel aufgenommen werden, andere wollten dies explizit nicht. Bürgermeister freuen sich über das Zusammentreffen der vielen jungen Menschen, sie sehen die digitalen Spiele als Teil des großstädtischen Lebens [29].

Für diese Pokémon GO-Spieler sind die physische und die angereicherte Realität ineinander verschmolzen. Anders ist es kaum erklärbar, dass manche Spieler die Grenzen von Sicherheit, Anstand und Privatsphäre verletzen, wenn sie Gedenkstätten, öffentliche WC-Anlagen, den

Straßenverkehr oder Truppenübungsplätze stürmen und Unternehmen das Spiel am Arbeitsplatz aus Sicherheitsgründen verbieten müssen. Jede Technologie hat ihre Lernkurve, bei den Anwendern, bei den Entwicklern, der Gesellschaft und den Marken, die sie einsetzen. Organisationen, Politik und Gesellschaft sind auf die Auswirkungen der Mixed Realities, die heute schon existieren, überhaupt noch nicht vorbereitet. Die virtuelle Welt ist eine reine Abstraktion. Auch in der Augmented Reality wird vorgespielt, dass ein Pokémon an einem bestimmten physischen Ort ist. Die Verschmelzung der Realitäten in der menschlichen Wahrnehmung birgt noch nicht erforschte Risiken; die intelligente Verknüpfung bietet ebenso noch unerforschte Chancen und Potenziale für *Hybrid Brands* in Hybrid Cities.

Weitere mögliche Tätigkeitsfelder liegen neben den bereits angesprochenen in der Gesundheitsförderung durch die Verbindung von Spiel, Spaß und Bewegung oder auch in der Bildung, indem reale Orte mit Informationen hinterlegt erkundet und erforscht werden können. Virtuelle Welten können in der Bildung zu *Informational Play Spaces* werden, in denen Jugendliche beispielsweise lernen, ihre Redegewandtheit zu schulen [30], die sie dann live anwenden. Sie können im Rahmen von Fahrsicherheitstrainings eingesetzt werden, in Rehabilitationszentren [31] oder um der Gesellschaft oder gesellschaftlichen Gruppen Situationen, u. a. Krisen, in anderen Teilen der Welt erlebbar zu machen. Ein Beispiel hierfür ist der Immerse Journalism. So entstand „Clouds over Sidra", ein Gemeinschaftsprojekt der United Nations in Kooperation mit Samsung [32]. Die Wirkungen der VR-Technologie sind noch nicht hinlänglich erforscht, insbesondere auf die Gesundheit und die Wahrnehmung der Realität. Die Technologie steht erst am Anfang, doch gibt es bereits ernst zu nehmende Projekte, die auf die positiven Möglichkeiten für *Hybrid Brands* in Hybrid Cities weisen.

Die Onlinewelt und die Offlinewelt können künftig nicht mehr getrennt voneinander gedacht und konzipiert werden. *Hybrid Brands* haben beide Welten sozusagen verinnerlicht. Reale Marken werden in der virtuellen Welt präsentiert (siehe E-Commerce) und umgekehrt werden virtuelle Marken in der physischen Welt präsentiert. So brauchen auch Stars aus der Onlinewelt ihre Auftritte und Präsenz in der physischen Welt. Selbst die Tagesschau hielt es in ihren Onlinenachrichten (tagesschau.de [33]) für berichtenswert, dass YouTube-Stars und ihre Fans sich in der physischen Welt, hier an dem *Social Place* der Münchner Allianz Arena, treffen. Virtuelle Stars sind als Person in der physischen Welt ein No Name. Die Faszination, die der Star in der virtuellen Welt ausstrahlt, soll sich durch den Auftritt auf die Person in der realen Wirklichkeit übertragen. Es ist davon auszugehen, das ist unsere These, dass virtuelle Marken eine Präsenz und Relevanz in der physischen Welt benötigen, um langfristig ihre Bedeutung zu erhalten und zu stärken und sich im Leben der Menschen verankern zu können. Eine Marke muss künftig eine reale Präsenz und eine virtuelle Präsenz haben und sich in beiden Welten behaupten. Die Idee ist, dass diese sich gegenseitig stärken und befruchten. So muss es das Ziel sein, die Marke zu hybridisieren, das betrifft sowohl die Marken, die in der physischen Welt entstanden sind als auch die Marken, die es in der digitalen Welt zu einer Bedeutung gebracht haben.

4.4 *Hybrid Brands:* Perspektiven und Erfolgsfaktoren für die Zukunft der Marke

Was bedeutet die 4. Industrielle Revolution, die Digitalisierung, für die Marke? Digitale Technologien beeinflussen, wie Menschen ihr tägliches Leben organisieren. Privat, am Arbeitsplatz, in den Städten und ihren Plätzen. AR-Brillen versprechen: „When you change the way you see the world you can change the world you see" [34]. Doch nicht die Welt verändert sich, sondern unsere Wahrnehmung dieser physischen Wirklichkeit. Wenn Real World, Augmented Reality und Virtual Reality miteinander verschmelzen und Mixed Realities oder Hybrid Realities entstehen, dann müssen Marken darauf eine Antwort finden. Denn neue Technologien und Konnektivität stellen keinen Wert an sich dar, sie sind Mittel zum Zweck.

Die Zukunft zeichnet sich durch zweierlei aus: sie ist ungewiss und sie kann aktiv gestaltet werden. Wir wissen, dass Digitalisierung, Künstliche Intelligenz und wissenschaftlicher Fortschritt keine Naturgewalten sind. Sie sind von Menschen gemacht, dem Forscher- und Erfindergeist entsprungen. Demnach liegt es auch in der Hand des Menschen – vorrangig der verantwortlichen CEOs, Marken-Chefs und Marketeers – welche Zukunft sie der Marke geben.

Wir haben in diesem Buch die zentralen Argumente und Wirkkräfte aufgezeigt, die für Marken sprechen. Starke *Hybrid Brands* wirken weit über Produkt, Unternehmen und die Gegenwart hinaus – unabhängig von der Größe des Unternehmens. Sie sind von Menschen zu Zwecken geschaffen (siehe hierzu auch Kap. 1), die durch die Digitalisierung nichts an ihrer Bedeutung verlieren. Es wird Marken in der Zukunft geben, wenn die Verantwortlichen ihr Wesen und die Prinzipien, auf denen sie basieren, erhalten und stärken. Die Marken-Führung muss an den neuen Herausforderungen wachsen und noch professioneller und vor allem konsistenter und konsequenter werden. Ansonsten drohen Marken sukzessive, schleichend durch Algorithmen, Marketing Automation, Empfehlungsalgorithmen, Robo-Advisor, automatisierte Bestellprozesse, Internet of Things und andere digitale Technologien verdrängt zu werden. Die starken *Hybrid Brands,* von denen wir in diesem Buch sprechen, zeichnen sich aus durch ökonomische Prosperität; hinter ihnen stehen Energie, Leidenschaft, Erfahrung, Fach- und Führungskompetenz, Kreativität, Emotionalität und Intuition von Menschen, die Verantwortung übernehmen und mit den Marken ihren Stakeholdern Wertschöpfung und Mehrwert bieten und in der Marken-Führung konsequent den Nutzen für den Kunden und die Gesellschaft im Blick haben. Dahinter stehen starken Arbeitgeber-Marken (siehe hierzu auch Unterkapitel 1.4), die qualifizierte und engagierte Mitarbeiter haben, die die Leistungskraft des Unternehmens und der Marke jenseits des Standards erhalten und in die Zukunft ausbauen. Marken bilden sich immer von innen nach außen; sie können nur so innovativ und energiegeladen sein, wie die Mitarbeiter, die mit ihrer Kompetenz, Kreativität und Leidenschaft hinter der Marke stehen. Neue Technologien werden weitere Kommunikationsinstrumente, Kommunikations- und Distributionskanäle eröffnen, von denen wir heute noch keine Ahnung haben – mit Chancen und Risiken, die wir heute noch nicht kennen. Das wird zu weiteren Veränderungen führen bezüglich Auswahl-, Kauf- und Entscheidungsverhalten der Stakeholder oder der

Meinungsbildung in der Gesellschaft und Interessengruppen. Jeder neue Kanal, jede neue Technologie, die von der Zielgruppe angenommen wird und zur Marke passt, ist eine neue Chance, der Marke neue Energie zuzuführen, um sie für die Kundengruppen und die Öffentlichkeit erneut attraktiv zu machen. Jede Ära, jede Branche, jedes Produktsegment hat ihre Benchmarks, die nicht unterschritten werden dürfen – bis eine Innovation neue setzt. Das geht über DIN-Normen, Gesetze und Regularien hinaus, auch kulturelle Faktoren spielen eine Rolle.

Es ist an der Zeit, die Marke im digitalen Zeitalter zukunftsfit aufzustellen. Das beginnt immer mit einer zugkräftigen Vision, der Frage nach dem übergeordneten Zweck, einer Vision, die den Zukunftsentwurf ausdrückt. In welcher Welt wollen wir leben – und welchen Raum wollen wir Marken in der Zukunft geben? Fällt die Antwort zugunsten der Marke positiv aus, stellt sich die nächste Frage nach möglichen Leitplanken und Erfolgsfaktoren für die Rolle der Marke in der digitalen Zukunft.

Seamless
Die Zukunft wird „seamless" sein. Nahtlosigkeit wird zu einem zentralen Convenience-Faktor. In Kap. 3 wurde Nahtlosigkeit im Kontext von Seamless Gateways und Seamless Shopping Experience sowie Seamless Purchase behandelt, in Unterkapitel 4.3 kam im Kontext der *Hybrid Brands* in Hybrid Cities die *Seamless Social Experience* hinzu. Die Übergänge zwischen realer und virtueller Welt sind fließend; Entscheidungs-, Arbeits-, Einkaufs- und Lieferprozesse finden statt, ohne dass der Nutzer das Medium wechselt. Ausgerichtet auf die Bedürfnisse der Stakeholder ermöglichen die *Hybrid Brands* letztendlich eine *Seamless Customer Experience*. Nahtlosigkeit geht über die bisherigen crossmedialen Strategien hinaus, indem sie entlang der Customer Journey, die nicht mehr als linear betrachtet werden darf und sowohl Online- als auch Offline-Daten beinhaltet, und entlang der relevanten Touchpoints die urbanen Räume der Hybrid City einbezieht. Nahtlosigkeit setzt die Konsistenz der Botschaften und des Auftritts in allen verwendeten Kanälen und eine optimale Vernetzung ebendieser Kundenkontaktpunkte voraus. Brüche wirken negativ, da sie zu kognitiven Dissonanzen

führen und das Vorstellungsbild der Marke in den Köpfen und Herzen der Menschen schwächen (siehe Unterkapitel 1.6).

Substance
Wir sind jederzeit wenige Clicks von jedem Anbieter und Angebot entfernt. Je mehr Produkte sich optisch und inhaltlich angleichen, umso schwieriger wird die Kaufentscheidung. Multioptionalität kann bereits vor dem Regal im stationären Handel – das im Vergleich zum Netz eine geradezu wohldosierte Auswahl zeigt – zu Kaufverweigerung oder Kaufverschiebung führen. Filter sind für den Menschen unabdingbar, damit er begründete Entscheidungen treffen kann. Nun haben wir es im Digital Age u. a. mit den Filtern Marken und Algorithmen zu tun. Beide filtern – doch mit einem gravierenden Unterschied, den wir im Folgenden näher beleuchten wollen:

Algorithmen filtern beispielsweise nach Aktualität und Vernetzungsgrad der Information oder nach Anzahl und Qualität der eigenen Follower und Nachrichten, nach Quantität und hinterlegten Vorlieben. Algorithmen filtern einerseits nach vom Nutzer explizit vorgegebenen Kriterien. Andererseits aber filtern sie nach für den Nutzer intransparenten Kriterien, die den Interessen der Programmierer bzw. deren Auftraggeber folgen und sich aus einer permanenten Beobachtung des Nutzerverhaltens speisen. Der Nutzer „bedient" diese Algorithmen z. B. durch seine Likes und Dislikes, durch sein Navigationsverhalten im Web, als Follower etc., ohne zu wissen, wie sich sein Verhalten konkret auswirkt. Viele Menschen informieren sich über Messaging-Dienste in den sozialen Netzwerken von Twitter®, Facebook® oder WhatsApp®. Die Algorithmen gewichten die Beiträge meist nicht nach gesellschaftlicher Relevanz der Nachricht, sondern nach persönlicher Relevanz für den jeweiligen Nutzer. Algorithmen funktionieren nach dem Prinzip der Ähnlichkeit und der Korrelation. Ihr Regelwerk ist für die Nutzer intransparent. Darüber hinaus verursachen die digitalen Filter eine Auf-sich-selbst-Bezogenheit des Einzelnen. Wir sprechen in diesem Zusammenhang auch von „Filterblasen" und „Echokammern", die dafür sorgen, dass Menschen „nur noch Inhalte konsumieren und zu sehen bekommen, die ihrer eigenen Haltung entsprechen" [35] und dadurch diese eigene Haltung verstärken. Echokammern werden u. a.

in der Tontechnik gezielt verwendet, um einen Halleffekt zu erzeugen oder das Echo zu verstärken. Mit Echokammern in der digitalen Kommunikation werden persönliche Vorlieben und auch Vorurteile permanent bestätigt und damit gestärkt. Algorithmen sorgen dafür, dass alles andere für diesen Nutzer unsichtbar bleibt oder zumindest weithin ausgeblendet wird. Der Erlebnisraum des Einzelnen und sein Wissen über die Welt verengen sich zwangsläufig. Längerfristig haben wir es hier mit einer dramatischen Eingrenzung des individuellen Wissens über die Welt zu tun. Diese Filter nehmen dem Menschen die Möglichkeit, Alternativen, an die er bisher nicht gedacht hat (vielleicht weil er sie noch nicht kannte), zu Gesicht zu bekommen. Dieses individuelle Filtern der Wirklichkeit hat gesellschaftliche Brisanz. Wer sich nur noch mit seinen Freunden umgibt und wen nur noch Nachrichten und Botschaften erreichen, die den eigenen Interessen und Meinungen entsprechen, der lebt zunehmend in seiner individuellen Welt, ohne die Möglichkeit, diese einerseits immer wieder kritisch zu hinterfragen und andererseits für Neues zu öffnen.

Digitalisierung erlaubt Selektion; auf Anbieter wie auf Kundenseite. Der Anbieter analysiert alle Touchpoints eines Kunden auf dessen (nicht mehr linear zu denkender) Customer Journey sowie alle Informationen aus seinem Kaufverhalten in Onlineshops, seinem Verhalten in sozialen Netzwerken oder seiner E-Mail-Korrespondenz zu dem Zweck, ihm mittels Hyper-Personalization zum richtigen Zeitpunkt, im richtigen Kanal mit der individualisierten Botschaft anzusprechen. Informationsverknüpfung, Wahrscheinlichkeitsberechnung und Zeitpunktbestimmung erfolgt durch Algorithmen. In Echtzeit lässt sich das Angebot mittlerweile mittels dynamischer Inhalte bis zum Öffnen beispielsweise einer E-Mail durch den Empfänger anpassen. Die Botschaft ist so immer auf dem aktuellsten Stand. Die Agilität hat ihren Weg vom Projektmanagement ins E-Mail-Marketing gefunden. Der Nutzer seinerseits selektiert über die Präferenzen, die er hinterlegt. Er will sicherstellen, nur Informationen und Werbung zu erhalten, die seinen Vorlieben entsprechen. Zumindest wird er von digitalen Anbietern wie Google® äußerst nachdrücklich aufgefordert, seine Präferenzen anzugeben und in den Datenschutzbestimmungen der Personalisierung zuzustimmen. Begründet wird dies mit dem Argument der Relevanz: Inhalte erhielten Relevanz durch Hyperpersonalisierung. Wir befinden uns wieder inmitten der Filterblase. So forderte Google® seine Nutzer 2016 explizit und wiederholt auf, den Datenschutzbestimmungen zuzustimmen. Der Anbieter erläutert, dass er die Daten auch dienste- und geräteübergreifend zusammenführt und nennt zwei Nutzenaspekte: Die Rechtschreibkorrektur und die Warnung vor Sicherheitsrisiken. Dann wird der Nutzer durch ein Menü geführt, die Einstellungen für Werbung, Facebook® etc. zu bestätigen oder sie zu ändern. Der Nutzer solle bestimmen, „welche Art von Werbung Google® Ihnen anhand anonymisierter Informationen zeigt, damit sie möglichst relevant und nützlich für Sie ist" [36]. Abgesehen davon, dass ein Abschalten der Filter äußerst viel Aufwand und Geduld vom Nutzer erfordert, weist Google® ihn eindringlich darauf hin, dass nun zwar immer noch Werbung gezeigt werde, diese aber für ihn wertlos sei (Abb. 4.7).

Das Verständnis von Relevanz, dem Algorithmen unterliegen, grenzt die gesellschaftliche Relevanz aus. Marken hingegen funktionieren nach dem Prinzip des Value Fit sowie der Relevanz für das Individuum, die immer auch auf einer gesellschaftlichen Relevanz beruht. Der Bedeutungsfilter Marke ist zudem insofern transparent, als das Angebot entsprechend der Marken-Werte und des Marken-Versprechens gestaltet ist. Die Marken-Identität gibt den Deutungsrahmen. Es ist natürlich immer eine unternehmerische Entscheidung, welchen Werten sich die Organisation mit ihren Marken verpflichtet fühlt und inwieweit sich die Organisation von fremden Algorithmenbetreibern unabhängig macht, um auch selber im „Driver Seat" zu bleiben. Relevanz bedeutet bei Marken Perceived Value und Perceived Quality und der Value Fit aus Sicht des Verbrauchers, die sich aber immer auch in der gesellschaftlichen Relevanz und Akzeptanz widerspiegeln.

TV, Radio, OoH-Medien, Zeitschriften und Zeitungen sind heute die reichweitenstarken Medien, die ihrerseits die Gesellschaft über Ereignisse informieren und über Themensetting das öffentliche Gespräch über aktuelle Themen und Probleme initiieren können. Starke *Hybrid Brands* können diese Potenziale gezielt nutzen, um neue Themen, neuartige Angebote bekannt zu machen, den Filterblasen und Echokammern

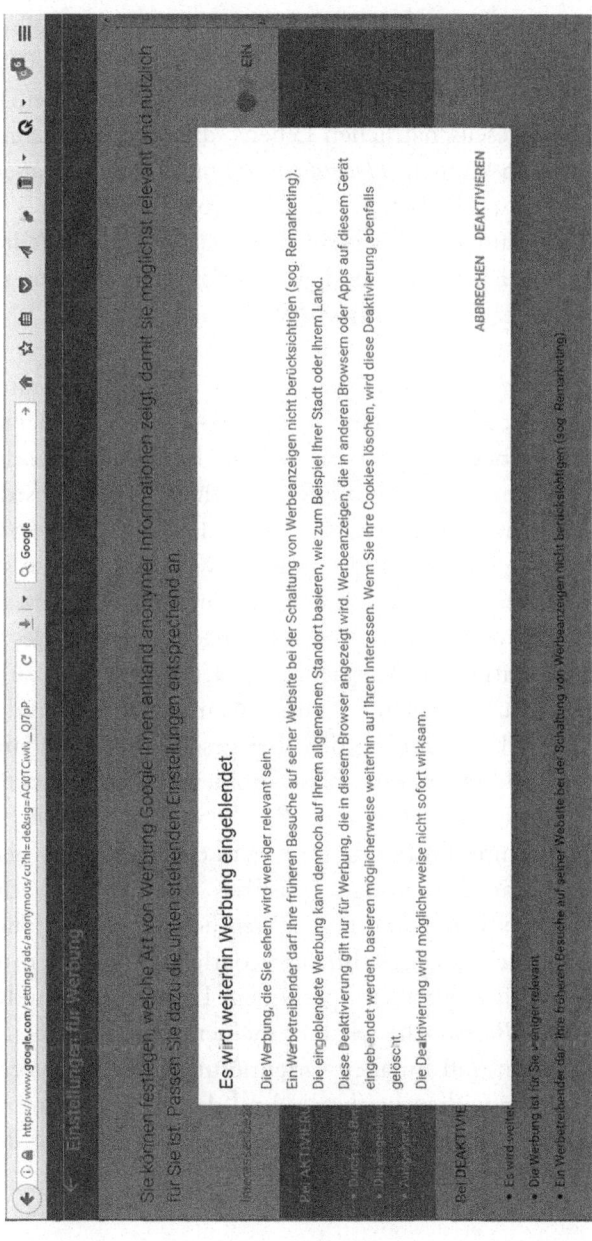

Abb. 4.7 Google® Datenschutz und Personalisierung. (Quelle: www.google.com/settings/ads/anonymous)

etwas entgegen zu setzen und Innovationen und Zukunftsthemen den Weg in den Markt zu ebnen. Medien-Marken greifen gesellschaftlich Relevantes auf und verbreiten dies sowohl in den Print- als auch in den digitalen Medien sowie über OoH. Common Topics sind ein integraler Bestandteil des gesellschaftlichen Lebens, die der Vereinzelung wirksam entgegen wirken können. *Hybrid Brands* nutzen den urbanen Raum der Hybrid Cities für gesellschaftsrelevante Kommunikation – über ihr konkretes Angebot hinaus. Dies bietet eine weitere Möglichkeit, sich in der Gesellschaft und bei den Kunden zu verankern (siehe hierzu auch Unterkapitel 4.6 über *Humane Hybrid Brands*).

Wir werden diese *Hybrid Brands* in Zukunft umso mehr brauchen, je komplexer unsere gesellschaftlichen und wirtschaftlichen Herausforderungen werden. Insbesondere in einer Welt, in der der Kunde droht, mehr und mehr zum Targetting-Opfer, zu einem Datenkonstrukt und in jeden Winkel seines Lebens verfolgt zu werden. Da die *Hybrid Brands* in den realen, angereicherten und virtuellen Welten zu Hause sind und deren Mechanismen verstehen, können sie durch ihre Präsenz sinnvolle und relevante Alternativen und Angebote machen. Ihre Relevanz hilft ihnen, sich ihre Position im Markt und in der Gesellschaft zu erobern und zu sichern. Dazu braucht es hohes Marken-Wissen und Wissen über den Kunden, Beobachtungstiefe bei gesellschaftlichen und technologischen Entwicklungen, eine hohe Problemlösungskompetenz und neues Denken. Einige dieser *Hybrid Brands* werden sicherlich helfen, über ihre Orientierungsfunktion, ihre Marken-Erlebnisse (siehe u. a. Unterkapitel 3.5) und ihre Nudges (positive, transparente Verhaltenstrigger) die Gaps zwischen Wunsch und Wirklichkeit (dem Handeln) zu schließen und so auch gesellschaftliche Bedarfe zu adressieren und beispielsweise nachhaltiges Handeln, gesündere Lebensweise, Bildung etc. zu fördern. *Hybrid Brands,* die wir hier meinen (Unterkapitel 4.6), bieten mit ihren Werten und Inhalten Orientierung in der globalen Multioptionalität. Und sie wirken konkret – und dies schließt explizit starke Medien-Marken ein – gegen die selbstreferenzielle Wirkung der Filter der Algorithmen.

Focus

Zusätzlich zu der in Unterkapitel 3.1 behandelten Fokussierung gilt für *Hybrid Brands* das Motto: „less, but better". Das meint einerseits, nicht auf jeden Hype aufzuspringen in der Befürchtung, etwas zu verpassen. Und es betrifft andererseits das Maßhalten im Ausmaß der Kundenkommunikation und diese nicht sinnfrei zu automatisieren. Schon heute sieht sich eine junge Generation überfordert durch den Zeitaufwand, den die Pflege von Social-Media-Kontakten einnimmt. Screen-free-Weeks und Digital Detox beschäftigen Gesellschaft und Wirtschaft und mancher Arbeitgeber lässt keine beruflichen E-Mails mehr zu Nacht- und Wochenendzeiten zu. So ist auch mit allen Mitteln zu vermeiden, dass künftig der urbane Raum durch massenhafte automatisierte Platzierung von Werbung verschandelt und zur Müllhalde einer Industrie gemacht wird, die ihren Fokus auf das reine Datensammeln legt. Zumal es hier, im urbanen Raum, keinen Adblocker gibt. Noch nicht. Die Fokussierung betrifft sowohl das Kommunikationsmedium als auch die Intensität der Kommunikation. Es geht nicht darum, das eine zu tun oder das andere zu lassen, sondern um Angemessenheit: weniger und fokussiert mit Gewinn an Qualität und Substanz.

Substanz und Fokus bilden die Grundlage für starke *Hybrid Brands*. Denn es braucht nur wenig Fantasie, um sich vorzustellen, welche Massen an Customized Brand Communication künftig jeder Einzelne von uns erwarten darf. Eine Wirksamkeitsgrenze setzt die Ökonomie der Aufmerksamkeit (siehe auch Unterkapitel 1.3). Eine andere Grenze setzen die heute schon verfügbaren Adblocker. Doch was, wenn der genervte Mensch künftig eigenmächtig aufrüstet und eine Maschine zwischen sich und die massenhaften Botschaften schaltet. Dann findet eine Maschine-zu-Maschine-Kommunikation statt, dort, wo die Marke doch eigentlich ihren Kunden erreichen wollte.

Privacy

Daten gelten als das Öl des 21. Jahrhunderts, als „Rohstoff der Zukunft" [37]. Digitalisierung braucht, um ihre Stärken auszuspielen, Big Data. Denken wir an künftige Produkte wie vernetzte Pkws oder autonomes Fahren, so ist dies ohne die Erhebung individueller und privater Daten kaum möglich. Menschen sind aus Unwissenheit,

Bequemlichkeit, Bedenkenlosigkeit oder dem sozialen Druck gehorchend bereit, ihre Daten preiszugeben. Sehr persönliche und intime Daten finden sich in ihren Wearables, die Puls, Blutdruck oder Kalorienverbrauch messen. Diese Wearables sind u. a. sogenannte Fitness-Armbänder, deren Daten allerdings meist auf Servern außerhalb Deutschlands liegen und deren Kontrolle und Verwendung Regeln unterworfen sind, auf die die Nutzer keinen Einfluss haben. Wer seine Daten hinterlässt, ist nicht geschützt; oft überträgt er gar das Recht am eigenen Foto. So kommt es, dass Millionen von Menschen ihre Daten „freiwillig" preisgeben, ohne zu wissen, wie sie weiter verarbeitet werden. Individuelle Daten werden durch diesen Mechanismus degradiert von einem höchst persönlichen Gut zu einer Ware und einem Tauschobjekt oder einer Bezahlung für angeblich kostenlose Services. Unternehmen ihrerseits generieren im Austausch gegen diese Daten weitere kostenlose Services, mit denen sie ein Hauptziel verfolgen: Daten zu sammeln.

Eine vollkommen neue Dimension gewinnt Big Data durch Face Recognition im öffentlichen Raum beim Tracking von Passanten. Geschlecht, Alter und Nationalität der Passanten werden erkannt und die Betrachtungsdauer der Werbung registriert. Verbunden mit einem free WiFi-Angebot werden die über Face Recognition gesammelten Daten mit den persönlichen Daten auf dem Smartphone und den Umfelddaten verknüpft, aggregiert und analysiert. Diese Daten geben zuverlässig Auskunft über jeden Einzelnen, der sich im öffentlichen Raum aufhält und werden u. a. genutzt, um zielgruppenspezifische Werbung in Echtzeit zu schalten (siehe hierzu auch Unterkapitel 4.3, OoH). Die Analyse für die Werbetreibenden gibt Auskunft darüber, ob der Blickimpuls zum Kaufentscheid führte. Personifizierte Werbung ist nun nicht mehr nur auf dem Smartphone möglich, sondern an allen Orten in der Hybrid City. Das hört sich zunächst harmlos an, wie eine natürliche Erweiterung des Handlungsfeldes. Technisch gesehen ist es das auch. Doch liegt der Quantensprung darin, dass Menschen ohne ihr Wissen und Zutun ubiquitär getrackt werden. Es liegt außerhalb ihres Einflusses und Wissens, wer wann welche Daten erhebt, zu welchem Zweck und mit welchem Ergebnis. Der Umgang mit Big Data und die

4.4 *Hybrid Brands:* Perspektiven und Erfolgsfaktoren ...

Achtung der Privatheit der Stakeholder beginnen deshalb bereits bei der Datenerhebung. Um eine App mit Ausstellerverzeichnis und Lageplan für einen Messebesuch mit einem bezahlten Ticket sinnvoll zu nutzen, bedarf es eigentlich keiner weiteren Daten als denjenigen, die für den Ticketerwerb bereits angegeben wurden; der Anbieter benötigt keinen weiteren Zugang zu den Daten auf dem Smartphone des Messebesuchers. Dennoch verlangt er diese Daten und die Zustimmung des Kunden hierfür, weil er z. B. Bewegungsdaten und Kontakte auslesen und für weitere Angebote nutzen bzw. weiterverkaufen möchte.

Datenschutz besitzt höchsten Stellenwert, da sich schon durch Vernetzung scheinbar unwichtiger Informationen und anhand weniger Metadaten Rückschlüsse auf die Person ziehen und ein individuelles Profil erstellen lassen. Der Schutz der Privatsphäre leitet sich aus dem Grundgesetz ab. Es gibt das explizite Recht auf „Informationelle Selbstbestimmung", das aus dem Recht der Persönlichkeit und der Menschwürde abgeleitet wurde [38]. Das Bundesverfassungsgericht erkennt das „Grundrecht auf Gewährleistung der Vertraulichkeit und Integrität informationstechnischer Systeme" [39] an.

IT-Konzerne haben großen Einfluss darauf, wie das Thema Privacy gehandhabt wird. Wenn sie durch Fusionen beispielsweise an Gesundheitsdaten gelangen, dann ist eine klare Haltung wünschenswert, die den Menschen signalisiert, wo das Unternehmen die Grenzen der Kommerzialisierung setzt. Genauso wie IT-Konzerne die Macht haben, ihre Kunden beharrlich vor Zugriffswünschen des Staates zu schützen, können sie als Hüter privater Daten auftreten und sich im Markt als starke *Hybrid Brands* mit einer klaren Haltung differenzieren und positionieren. Denn was wäre, wenn Menschen sich in einer Welt mit Milliarden vernetzter Geräte entscheiden, offline zu gehen, weil sie Herr und Frau ihrer Entscheidungen bleiben wollen. Oder sie wählen konsequenterweise nur Onlinedienste, die ihre Privatheit schützen. Das allerdings setzt starke *Hybrid Brands* voraus, die den Wert der Privatheit erkannt haben und attraktive alternative Angebote unterbreiten.

Auch Hybrid Cities tragen Verantwortung für den Schutz der Privatsphäre und der Daten ihrer Bürger und Besucher; sie übernehmen diese Verantwortung dann, wenn sie sich als Humane Hybrid Cities [40] verstehen. Die Zukunft bestimmt sich weniger durch die Datenmenge oder Datenqualität, sondern darüber, wer die Kontrolle über diese Daten hat und mit welchem Transparenzgrad mit Daten gearbeitet wird. Wenn eine Grundlage für Marken-Stärke in der emotionalen Beziehung zu ihren Stakeholdern besteht und in dem Vertrauen, das diese in sie setzen, dann ergibt sich daraus konsequent der Handlungsrahmen für *Hybrid Brands*. Vertrauen und emotionale Bindung sind nur dann stark, wenn die Marke eine klar erkennbare Haltung zeigt und einlöst. Privatheit braucht Vertrauen. Der Bedeutung von Vertrauen haben wir in Unterkapitel 2.1 einen ganzen Abschnitt gewidmet. Ohne Vertrauen gibt es wenige Gründe für den Kunden, nicht doch den intransparent programmierten Empfehlungsalgorithmus vorzuziehen. Wie wichtig das Vertrauen in eine starke Marke ist, konnten Kunden eines Fintechs erleben, deren Konten plötzlich und ohne Begründung gekündigt wurden. Zwar steht diese Möglichkeit grundsätzlich jedem Finanzinstitut zu, doch Marken-Vertrauen sieht anders aus.

Hybrid Integration
In der Zukunft werden wir – im positiven Fall – eine bewusste Integration der realen und der virtuellen Welt in einer hybriden Welt haben – mit einer *Seamless Customer Experience*. Starke Marken entwickeln sich weiter zu *Hybrid Brands*, die mit einem konsistenten Konzept die physische Wirklichkeit, die angereicherte (augmented) und die virtuelle Realität bespielen. Online- und Offlinekanäle ergänzen sich, genauso wie mobile, Desktop und In-Store. *Hybrid Brands* zeichnen sich dadurch aus, dass sie die Vorteile aus allen Realitäten und Kanälen hinsichtlich Kommunikation und Distribution zielgerichtet einsetzen. Sie verbinden das Beste aus der physischen und der digitalen Realität für die Menschen zu einem ganz besonderen Marken-USP. Sie übernehmen damit die Verantwortung, die von ihnen eingefordert wird, geben mit ihren Werten und ihrer Haltung Orientierung und Vertrauen und lösen diese verlässlich ein. Die Marken-Verantwortlichen erkennen und ergreifen durch ihr proaktives, vorausschauendes Aufgreifen sich verändernder Werte, Nutzenverhalten, Technologieakzeptanz, Lebensgewohnheiten

4.4 *Hybrid Brands:* Perspektiven und Erfolgsfaktoren ...

und ihre Offenheit für Neues neue Chancen frühzeitig. Das hält *Hybrid Brands* lebendig und nah an ihren Stakeholdern.

Hybrid Brands, die wir hier meinen, basieren auf einer Vision und Mission, die sie einzigartig macht. Nicht ausgehend von der Frage: Was ist möglich? Sondern: Wie lautet unsere Vision einer lebenswerten Zukunft? Wie wollen wir leben und was kann unsere Marke leisten, um unsere Kunden darin bestmöglich zu unterstützen? Nicht, indem wir unsere Kunden bevormunden und sie aufdringlich verfolgen, sondern ihnen ermöglichen, ein selbstbestimmtes Leben zu führen und ihre Interessen und ihr Können auszuleben und weiter zu entwickeln (siehe hierzu auch Unterkapitel 4.6).

Hybridität funktioniert nur interdisziplinär. Deshalb bilden sich auch in der Marken-Führung interdisziplinäre, multikulturelle Brand-Teams. Marken-Experten, Marketing-Verantwortliche, Digital-Spezialisten, Marktforschungsexperten, Kreativagenturen und andere Spezialisten arbeiten vernetzt zusammen. Diese decken Kompetenzen aus Marken-Führung, Kommunikation, Corporate Identity, Marketing, Psychologie, Design, Architektur, Kunst, Kultur, Technologie sowie Markt- und Trendforschung ab. Sie stellen sicher, dass die Technologie uneingeschränkt dem Menschen dient. Dahinter steht auch ein nicht wegzudiskutierender ökonomischer Aspekt: Stehen nicht Marken und ihre Werte zur Wahl, sondern nur Preis und Marktmacht digitaler Technologien, dann sieht es für die meisten Unternehmen und Marken in der Zukunft sehr trübe und unerfreulich aus. So ist die Idee der *Hybrid Brands* auch aus dem ökonomischen Blickwinkel eine Win-win-Situation. Das Zukunftskonzept der *Hybrid Brands* integriert alle möglichen Welten und stellt den Menschen mit seinen Bedürfnissen in den Fokus der Überlegungen. Starke *Hybrid Brands* helfen, das urbane Leben verantwortlich mitzugestalten im Sinne einer *Humane Customer Centricity,* die wir im folgenden Kapitel näher erläutern. Sie werden geleitet von der Idee der Hybridität: verschiedene Dinge sinnvoll zusammenzuführen, um Mehrwert zu schaffen. Die nahtlose Verzahnung der multiplen Realitäten und Kommunikationskanäle erfolgt auf Basis eines in sich konsistenten Marken-Konzepts.

4.5 Humane Customer Centricity

„Wir sind keine Zuschauer oder Empfänger oder Endverbraucher oder Konsumenten. Wir sind Menschen – und unser Einfluss entzieht sich eurem Zugriff. Kommt damit klar." – lautet die erste These des 1999 von Doc Searls, David Weinberger u. a. verfassten Cluetrain-Manifest [41]. Sie formulierten 95 Thesen zur Unternehmen-Kunden-Beziehung im Zeitalter des Internet; 2015 sahen sie sich zu einer Neuauflage in 121 Thesen verpflichtet [42]. Im Rückblick zeigt sich, wie vorausschauend die 1999 verfassten Thesen waren, denn mittlerweile haben sich die Machtverhältnisse durch die Digitalisierung umgekehrt. Der Mensch wird durch Big Data und Face Recognition gläsern, per Anwendungssoftware, kurz App, kontrolliert und durch Hyper-Personalization zum Hochleistungskonsumenten gemacht.

Zwar ist Customer Centricity, der Kunde im Mittelpunkt, zum Standard vieler Marketing- und Vertriebskonzepte geworden. Peter Drucker erinnerte eindringlich, dass der Unternehmenserfolg von dem Kunden abhängt, der bereit ist, sein Geld für dieses Produkt oder Service auszugeben. Es ist bekannt, dass auch die Stärke einer Marke auf der Qualität der Kundenbeziehung beruht. Doch müssen wir erkennen, dass das Gebot der Zentrierung auf den Kunden und Konsumenten in dieser Formulierung bei weitem nicht hinreichend ist. Denn es ist gelungen, diese Kundenzentrierung rein aus Sicht des Unternehmens zu gestalten. Und sie wurde mittels der neuen technischen Möglichkeiten der Digitalisierung und in Zeiten immer präziserer und ubiquitärer Trackingmethoden derart optimiert und verfeinert, dass die Wertschätzung des Kunden, sein Vertrauen und sein Wohl an vielen Stellen heute schon keine Rolle mehr spielen. Den Kunden verstehen, hat in vielen Fällen eine vollkommen neue Wendung genommen. Wie wir gesehen haben, führen die totale Fokussierung auf die Kundendaten, die allumfassende Sammlung der Spuren, die er auf seiner Customer Journey hinterlässt und seine permanente Verfolgung, die jede wahrscheinliche Kaufbereitschaft sofort ausschöpfen will, zu einer Degradierung des Kunden zur Daten- und Umsatzquelle. Im Kontext von Big Data wird der Kunde im Mittelpunkt ebenso datengetrieben betrachtet. Sein Verhalten wird automatisiert aufgezeichnet und die Kaufanreize werden automatisiert ausgelöst – exakt zu dem Zeitpunkt, an dem laut den Big Data die Kaufwahrscheinlichkeit am höchsten ist. Doch: diese Denkrichtung generiert schwerlich erfolgreiche Innovationen. Und letztendlich schafft sich damit die Marke selber ab. Das ist nicht nur für die Organisation ein unschätzbarer Verlust, sondern auch für den Verbraucher.

Auch Clayton Christensen (et al.) [43] warnte im September 2016 (vor dem Hintergrund, dass immer noch die meisten Innovationen scheitern), dass das umfassende Wissen über den Konsumenten durch Big Data in vielen Unternehmen in die falsche Denkrichtung führt. „After decades of watching great companies fail, we've come to the conclusion that the focus on correlation – and on knowing more and more about customers — is taking firms in the wrong direction. What they really need to home in on is the progress that the customer is trying to make in a given circumstance — what the customer hopes to accomplish. This is what we've come to call the *job to be done*" [43] Wir hatten bereits in Unterkapitel 3.3 dargelegt, dass heute kein Mangel an Daten, Informationen oder Korrelationen besteht. Entscheidend ist jedoch, welche Schlussfolgerungen daraus gezogen und welche Handlungen

Abb. 4.8 Statue nahe Europapalast, Straßburg. (Foto: Christine Riedmann-Streitz)

daraus abgeleitet werden. Angebote sind erst dann erfolgreich, wenn sie den Menschen helfen, ihre kleinen und großen Aufgaben heute und in der Zukunft zu erledigen und ihre Bedürfnisse und Wünsche bestmöglich zu erfüllen, wenn sie einen relevanten Nutzen in sich tragen. Das gilt für neue Produkte und Services, neue Technologien, für Innovationen und für die Ausrichtung der Marke.

Shifting Mindset: Customer Centricity muss deshalb im digitalen Zeitalter neu gedacht werden. Der Begriff der Customer Centricity, so lautet unser Ansatz, muss um den Zweck ergänzt werden; es geht um eine neue Denkrichtung: vom Kunden zum Nutzer (siehe hierzu auch Unterkapitel 1.8); es geht immer um den Menschen, nicht um die Technologie. Customer Centricity muss den Kunden nicht als Umsatzgröße, sondern als Menschen in das Zentrum von Denken und Handeln stellen. Das Angebot und sein Nutzen sowie die Marken-Beziehung müssen aus seiner Sicht – nicht aus Sicht des Unternehmens – für ihn relevant sein. Das Werk des Bildhauers Mariano Gonzaléz Beltrán nahe des Europapalastes in Straßburg stellt auf eindrucksvolle Weise die Gesellschaft dar, deren Werte und Bedürfnisse zu achten sind [44] (s. Abb. 4.8). Doch den Menschen wirklich in den Mittelpunkt aller Überlegungen zu stellen, ist mit weitreichenden Konsequenzen verbunden. Unternehmensphilosophie und -strategie, Innovationskultur, Führungskultur und KPI's müssen an diese neue Ausrichtung angepasst und die Verankerung bei allen Mitarbeitern sichergestellt sein. Dementsprechend muss der Begriff der Customer Centricity modifiziert und erweitert werden.

Customer Centricity wird nur dann zu Lösungen führen, die dem Menschen zweckdienlich sind, wenn sie eine menschenwürdige und menschenfreundliche Kundenzentriertheit ist. Deshalb nennen wir diesen neuen Ansatz: *Humane Customer Centricity.* Die *Humane Customer Centricity* stellt im Kontext der Beobachtung und Antizipation gesellschaftlicher Entwicklungen den Menschen mit seinen Aufgaben, Herausforderungen, Problemen, Träumen und Bedürfnissen im privaten, beruflichen, wirtschaftlichen und gesellschaftlichen Alltag in den Fokus des Interesses. Sie nimmt ihn ernst, beachtet seine Bedürfnisse und achtet seine Privatheit. Der Mensch muss darüber hinaus in jeder Situation Entscheider sein und bleiben können. „Keep the human in the loop", formuliert der Zukunftsforscher Streitz den Leitsatz für das 21. Jahrhundert [45].

Der Ansatz der *Humane Customer Centricity* widerspricht dem Versuch, den Menschen als Datenkonstrukt zu sehen, das auf Künstlicher Intelligenz, Algorithmen und Marketing Automation basiert, die Kunden auf Daten reduziert. Der Ausgangspunkt ist nicht die Frage, was Technik möglich macht, sondern was für den Menschen, für die Gesellschaft wünschenswert wäre (und dem Unternehmen nachhaltige Profitabilität bringt). Neue Technologien werden zum Nutzen und nicht zum Ausnutzen des Menschen eingesetzt. Das Nutzenprinzip erhält einen anderen Zielfokus. Das Ziel der *Humane Customer Centricity* ist eine Win-win-Situation für das Unternehmen bzw. die Organisation, die Marke, den Kunden und die Gesellschaft.

4.6 *Humane Hybrid Brands*

Unsere These ist, dass es auch in der Zukunft Marken geben wird, wenn sie sich zu starken *Hybrid Brands* weiterentwickeln. Ansonsten werden Marken die Digitalisierung nicht überleben oder schlicht irrelevant werden. Damit diese *Hybrid Brands* die Prinzipien und Werte einer *Humane Customer Centricity* einlösen können, werden sie konsequent nach dem Ansatz der *Humane Customer Centricity* geführt und entwickeln sich weiter zu *Humane Hybrid Brands*. Das geschieht nicht automatisch, sondern muss explizit initiiert und professionell geführt und gecoacht werden. Was die *Humane Hybrid Brands* wesentlich auszeichnet ist: die Ausrichtung an der *Humane Customer Centricity*, die Achtung der Privacy und die Gewähr, dass das „keep the human in the loop"-Prinzip gilt. Das hat in einem größeren Kontext zur Folge, dass die *Humane Hybrid Brands* eine gesamtgesellschaftliche Verantwortung wahrnehmen – u. a. indem sie die Auswirkungen ihres Handelns internalisieren und nicht auf die Gesellschaft abwälzen. Diese Verantwortung erschöpft sich nicht in Willenserklärungen, wie sie in vielen Social Responsibility Reports zu lesen sind. Die *Humane Hybrid Brands* verstehen Innovationen und den Nutzen ihrer Angebote aus Sicht des Kunden und stellen diese immer auch in den gesellschaftlichen Kontext. Im Mittelpunkt stehen der Mensch und die „Perceived Quality" und der „Perceived Value" der *Humane Hybrid Brands*. Ihre Angebote helfen, die Herausforderungen des Alltags, des Berufs wie der globalen Gesellschaft besser zu lösen. Das setzt voraus, dass sie bei den Menschen Akzeptanz finden, indem sie relevante Angebote machen und sich von all den Digital Advisors deutlich abzugrenzen vermögen. So stellen sie in ihrer Kommunikation einen wahrnehmbaren Gegenpol dar zu den algorithmisch gesteuerten Filterblasen. Dies impliziert auch, Kommunikation nicht als Kontakt zu verstehen, sondern als Austausch. (Nebenbei bemerkt ergeben die Anzahl der Kundenkontakte und die Minuten der Sichtbarkeit noch keinen Hinweis auf Relevanz – dennoch bestimmen diese KPIs viele Marketingpläne.) Die Neufokussierung ermöglicht den *Humane Hybrid Brands* obendrein, ihren Blick zu weiten und den Wertewandel und auch die Bedürfnisse nachfolgender Generationen (wie die Generation Y, Z, R) zu berücksichtigen und auch mit all jenen in Kontakt zu kommen, die nicht mal mehr real shoppen gehen wollen, weil es doch von irgendeinem Sofa aus so viel bequemer ist. Die Prinzipien des Nudging und des Persuasive Design setzen sie zielgerichtet und transparent ein, um den Menschen den gewünschten Wandel oder erforderliche Verhaltensänderungen zu erleichtern.

Eine der besonderen Eigenschaften der *Humane Hybrid Brands* liegt in ihrem ausgewählten Angebot, das einem vollkommen anderen Leitbild folgt als das digitale Shopping mit seinen personalisierten Empfehlungen. So bieten namhafte Player im Fashion-Segment wie About You (Otto), Modomoto, Kisura, Outfittery oder Zalon (Zalando) Modeberatung an; Roomheroe bietet „professionelle Einrichtungsberatung" [46] an. Die Auswahlprozesse sind durch Algorithmen gesteuert, nicht durch die Werte und die Kompetenz einer Marke und der Menschen hinter der Marke, die beispielsweise langjährige Erfahrung und eine spezielle Ausbildung mitbringen und den Kunden live kennen. *Humane Hybrid Brands* setzen diesen automatisierten Empfehlungen ihre qualitative Kompetenz der Vorauswahl, der individuellen Beratung, Empathie und Kreativität gegenüber. Sie vermögen es, auch Problemzonen zu erkennen und eine vollkommen neue und höchst individuelle Lösung zu finden. Selbstverständlich sind ihre Kompetenzen und Angebote vernetzt und erreichen den Kunden, wann und wo er Bedarf hat.

4.6 Humane Hybrid Brands

In den Hybrid Cities bieten starke *Humane Hybrid Brands* den Menschen Mehrwerte und machen Gemeinschaft erlebbar, die in den digitalen Realitäten nicht möglich ist. Sie vernetzen physische Welten und stellen Informationen und Angebote aus der virtuellen Welt am konkreten physischen Ort zur Verfügung. Mit dem Prinzip der Quality before Quantity und der Privacy vor Big Data. Der Bürger, Passant, Tourist ist nicht Datenquelle, sondern in erster Linie Mensch. Starke *Humane Hybrid Brands* sehen den Produktnutzen aus Perspektive des Kundennutzens und gesellschaftlichen Nutzens. Sie machen auch das Unsichtbare sichtbar und damit für den Menschen beherrschbar. Das kann die bewusste Kontrolle von CO_2-Werten sein, aber auch Verkehrssicherheit.

> **Beispiel**
>
> Ein aktuelles Beispiel für dieses erweiterte Nutzenprinzip hat Samsung mit seinem Safety Truck entwickelt. Samsung nutzt die Möglichkeiten neuer Technologien, um konkret die Sicherheit auf den Straßen zu erhöhen. Das am Heck eines Lkws angebrachte Display gibt dem Fahrer des nachfolgenden Fahrzeugs den Blick frei auf die Verkehrssituation, die sich vor dem Lkw abspielt. So können beispielsweise Überholmanöver sicher eingeleitet oder rote Ampeln frühzeitig erkannt werden.

Eigentlich eine naheliegende Idee, an die nur zuvor noch niemand gedacht hatte. Samsung sieht dies als einen Beitrag zur Corporate Citizenship [47]. Auf die Möglichkeiten, Unsichtbares sichtbar zu machen, z. B. durch die Blockchain-Technologie und Product Memory und die Erleichterung der Kaufentscheidung durch Digital Boxes wurde bereits im Kap. 3 hingewiesen. *Humane Hybrid Brands* nutzen die neuen AR- und VR-Technologien nicht nur zur Information und Freizeitgestaltung, sondern prüfen Einsatzmöglichkeiten beispielsweise im Gesundheitssektor. Das Start-up Mindmaze nutzt die Möglichkeiten der Virtual Reality für Forschungen, um Lähmungen zu beheben und „Rollstühle abzuschaffen". Das Training von Bewegungen in der virtuellen Welt ermöglicht dem menschlichen Gehirn, Lähmungen oder Schmerzen zu überwinden [48].

Humane Customer Centricity verpflichtet ferner zu entsprechenden Angeboten. Sicherlich liegt die Verantwortung beim einzelnen Kunden, ob er seine Daten gegen kostenlose Dienste tauscht und welche Daten er von sich preisgeben möchte. Doch was, wenn diese Angebote, die ihm Privatsphäre sichern, gar nicht mehr im Markt verfügbar sind? Auch aus diesem Grunde sind *Humane Hybrid Brands* unverzichtbar, da sie notwendige Alternativen bieten – sozusagen *humane customer centered*. Wenn renommierte Wissenschaftler und Forscher davor warnen, dass Künstliche Intelligenz das Potenzial hat, die Herrschaft über die Menschen zu übernehmen, dann erkennen wir auch hier, wie wichtig *Humane Hybrid Brands* sind, die den Menschen ernst nehmen, den Kunden wertschätzen und transparent agieren.

Humane Customer Centricity bedeutet konsequent vom Menschen und einer zukunftsorientierten Humane Brand Vision her zu denken. Das Machbare ist ein nachgelagertes Kriterium und dient allein der erfolgreichen Umsetzung. Insbesondere im Internet der Dinge wird dies zu einer ausschlaggebenden Prämisse, wollen wir den Menschen nicht der Technologie unterordnen. Studien und visionäre Entwürfe der Stadt der Zukunft weisen immer wieder darauf hin: Der Mensch möchte sein Leben vereinfachen, er möchte es noch bequemer haben. Selbst ein Discounter in Deutschland griff 2016 das Thema „Einfachheit" in seiner Marken-Werbung auf, weil es jeden Verbraucher betrifft. Einfachheit wird als Entlastung wahrgenommen in einer komplexer werdenden Welt. *Humane Hybrid Brands* sind Bedeutungsfilter, die die Entscheidung bei der Auswahl eines Angebotes einfach machen, ohne die Dinge zu simplifizieren. *Humane Customer Centricity* beachtet überdies, dass die Entscheidungshoheit und Entscheidungsfreiheit stets bei jedem einzelnen Menschen und nicht bei der Technologie liegt und er auch in einen bereits gestarteten automatischen Prozess nach seinem Belieben eingreifen kann. Das ist ein USP, der nicht unterschätzt werden darf angesichts bereits existierender persönlicher digitaler Assistenten wie Amazon® Echo [49], die künftig unsere Wohnungen bevölkern sollen und einen gravierenden Eingriff in die Privatsphäre bedeuten. Deren Empfangsbereitschaft muss ausgeschaltet und alle Daten vom Nutzer sicher gelöscht werden können.

Es liegt an den Menschen, das Internet, die neuen digitalen Medien und Technologien zum Enhancement zu nutzen, zur Steigerung von Innovationskraft, zur Verbesserung der Lebens- und Arbeitsbedingungen. Der Mensch hat die Schrift erfunden und den Buchdruck, er hat die analogen Medien erfunden und die digitalen. Die Zukunft wird reich sein an vielen neuen Erfindungen und Produktverbesserungen. Als geistiger Schöpfer sollte der Mensch Herr und Frau über das Geschehen bleiben. Starke Marken, das sind die künftigen *Humane Hybrid Brands*, sind von ihrer Haltung und ihren Werten so ausgerichtet, dass ihre Angebote dem Menschen und der Gesellschaft dabei helfen, die Gestaltung einer besseren Gegenwart und Zukunft realisieren zu können.

4.7 Paradigmenwechsel für „Made in Germany"

Menschen fordern von Marken, dass diese auch gesellschaftliche Verantwortung übernehmen. Mit den Möglichkeiten der Digitalisierung erweitert sich diese Verantwortung auf den Schutz der persönlichen Privatsphäre und konsequenten Ausrichtung an einer *Humane Customer Centricity*. Schon einmal in der Geschichte hat ein Paradigmenwechsel dazu geführt, dass Produkte deutscher Marken sich zu einem Leuchtturm für Qualität entwickelt haben. Made in Germany, ein Ergebnis des Britischen Markenschutzgesetzes von 1887, ist damals entstanden zur Kennzeichnung minderwertiger deutscher Produkte. Mittlerweile ist Made in Germany weltweit zu einem Gütesiegel für konstante gute Qualität und hohe Präzision geworden. Beide jedoch sind durch neue Technologien mittlerweile keine wirklich differenzierenden Faktoren mehr. Darüber hinaus läuft Made in Germany Gefahr, durch unverantwortliches Handeln und u. a. durch den Einsatz betrügerischer Software an Gewicht und Vertrauen zu verlieren. Das Gütesiegel Made oder Designed im Germany braucht ein neues kundennahes Alleinstellungsmerkmal. Die Erweiterung durch Designed in Germany ist sinnvoll, da viele Produkte außerhalb Deutschlands produziert werden. Doch sie werden in Deutschland entwickelt und stehen unter der Kontrolle der deutschen Unternehmenszentrale. So stellt sich nun die Frage: Was ist der neue Inhalt, der künftig Made in Germany zu einem global anerkannten Gütesiegel werden lässt - und einen Unterschied macht? Ein nächster Paradigmenwechsel ist notwendig: Made in Germany oder Designed in Germany steht für ein erweitertes Verständnis von Qualität: die *Humane Customer Centricity*. Das Gütesiegel würde damit die Wertschätzung gegenüber dem Verbraucher als Menschen zu einem weltweit sichtbaren und anerkannten Differenzierungsfaktor machen. Gerade in Deutschland wäre es aufgrund der generellen Einstellung der Bevölkerung und der gesetzlichen Rahmenbedingungen im Vergleich zu anderen Ländern und Kontinenten wohl am ehesten möglich, hier erneut die Vorreiterrolle zu übernehmen, zumal auf einem anerkannten Siegel aufgebaut werden kann.

4.8 Value Creation: *Curating Brands*

> *A curator is an information chemist.*
> *He or she mixes atoms together in a way to build an info-molecule.*
> *Then adds value to the molecule.*
> Robert Scobel [50]

Viele digital Devices sind „angetreten", das Leben der Menschen zu vereinfachen. Vereinfachen bedeutet, dass die Dinge leichter erledigt werden können, Zeit eingespart und das Leben angenehmer wird. Doch oft ist das Gegenteil der Fall. Wir sehen uns einer wachsenden Komplexität gegenüber – in der realen Welt wie in der virtuellen Realität. Wir haben dem Thema, abgekürzt durch das Akronym VUCA, in Unterkapitel 3.3 einen ganzen Abschnitt gewidmet. Hinzu kommt, dass jeder Mensch heutzutage, ob in der Situation als Kunde, Konsument oder Bewerber, durch die ubiquitäre Vernetzung sozusagen per Click jederzeit mit nur jedem denkbaren Angebot und Anbieter auf dieser Welt verbunden ist. Wie soll er sich entscheiden? Menschen brauchen Informations- und Bedeutungsfilter. Algorithmen, wir haben es gesehen, vermögen zwar die Auswahl einzugrenzen, aber Relevanz erfährt von manchem Onlineanbieter eine sehr eigene und in ihrer Auswirkung weitreichende Bedeutung. Algorithmen zeigen Korrelationen auf, beispielsweise was

Kunden, die dieses Produkt kauften, sonst noch kauften, aber sie nennen keine Kausalitäten. Sie geben keine Antwort auf die Frage nach dem „Warum", dem Reason Why. Denn warum in aller Welt sollen wir ein Produkt kaufen, nur weil jemand anderes, den wir gar nicht kennen, es auch gekauft hat? Der wertebasierte Orientierungsfaktor von starken *Humane Hybrid Brands* wird umso bedeutender, wenn wir nicht nur die Vielzahl an Marken, Kommunikationskanälen und Touchpoints betrachten, sondern ebenso die digitalen Wettbewerber der Marke. Heute bereits geben die ersten Robo-Advisor Bankkunden Auskunft über lukrative Geldanlagen. Wo liegt dann der USP der traditionellen Marken der Banken, Sparkassen und der Volks- und Raiffeisenbanken? Derzeit treten die Robo-Advisor noch nicht als Berater auf, sondern als Assistenten (Anlagefinder, Deutsche Bank; Anlageassistent, comdirekt). Doch das kann sich rapide ändern, wenn Marken sich nicht zu *Humane Hybrid Brands* weiter entwickeln und den Algorithmen und Maschinen nicht ihre unübertreffbaren Vorzüge und Fähigkeiten entgegen setzen.

Orientierungslos inmitten einer multioptionalen Welt (Abb. 4.9) – *Humane Hybrid Brands* sind der zentrale, ausdrucks- und signalstarke

Abb. 4.9 Bedeutungsfilter „Starke Marke". (Quelle: Eigene Darstellung)

Bedeutungsfilter. Simplify your life erhält damit eine andere Konnotation: Vereinfachung nicht durch von Algorithmen getriebene Eingrenzung des Blickfeldes und der Auswahl, vielmehr Vereinfachung durch den persönlichen Value Fit und das Vertrauen in *Humane Hybrid Brands,* die ein nach transparenten Kriterien ausgewähltes Angebot entsprechend ihrer Werte (und Marken-Identität) und ihrem Marken-Versprechen für ihre Stakeholder bereithalten. Sie sind vielleicht der einzige werthaltige Filter mit hoher Signalwirkung und einem langfristigen Versprechen in der ubiquitären Angebotsflut. Durch ihr klares Marken-Profil durchdringen sie die Angebotsvielfalt, sie sind blitzschnell auffindbar mit einer hohen Wiedererkennung und sie ermöglichen dem Menschen eine schnelle und sichere Entscheidung und darüber hinaus eine emotionale Belohnung.

In Unterkapitel 3.5 wurde bereits angekündigt, dass an dieser Stelle die Marke durch eine weitere Ergänzung ihrer Wirkungsmöglichkeiten aufgeladen wird und zusätzlich an Gewicht gewinnt. Diese Erweiterung bringt die Wirkungskraft der Marke auf einen neuen, höheren Level. Die besondere Qualität einer starken Marke liegt in ihrer Fähigkeit des Auswählens, die bereits in der Abgrenzung der Marke und ihrer Alleinstellungsmerkmale eine Grundlage hat. Das Angebotsportfolio grenzt sich u. a. inhaltlich und optisch von der Angebotsvielfalt ab. Und je schärfer das Marken-Profil ausgebildet ist, umso deutlicher werden die differenzierenden Eigenschaften wahrgenommen. Die zuvor angesprochene Ergänzung bringt einen weiteren Benefit für *Humane Hybrid Brands* – er liegt in ihrer Fähigkeit des Kuratierens. Dies betrifft nicht nur die Organisation (Unternehmen, Institution etc.) als Marke, sondern beispielsweise auch die Medien (Zeitungen, Zeitschriften, TV-Sender etc.). In ihr kuratiertes Angebot fließen als starke Marke selbstverständlich der Zeitgeist, gesellschaftliche Entwicklungen und Innovationen ein. So kann der Kunde sicher sein, mit dem Angebot der Marke immer auf der „Höhe der Zeit" zu sein.

Curating Brands, das sind Marken, die gemäß ihrer Werte und Haltung, ihrer Eigenschaften und ihres Marken-Versprechens eine Vorauswahl offerieren und für die Auswahl wie die Art der Präsentation „verantwortlich" zeichnen. So wie Kuratoren in Museen nicht nur eine Vorauswahl der Ausstellungsstücke treffen, sondern diese in einen

4.8 Value Creation: *Curating Brands*

Gesamtzusammenhang stellen und für die Art der Ausstellung zuständig sind. Dieser Kontext meint zum einen die Beziehung der Objekte zueinander, zum anderen den Bezug der Ausstellungsstücke zum Weltgeschehen oder einer gewählten Themenstellung. Kuratieren impliziert auch, Sorge für das „Projekt" und seine Adressaten zu tragen und eine sinnvolle und sinnstiftende Auswahl zu treffen – mit transparenten Kriterien. Unter Journalisten wird die Bedeutung des Kuratierens derzeit diskutiert. Der Dialog erfolgt vor dem Hintergrund und angesichts des allgegenwärtigen Problems, das wir heute „überinformiert und gleichzeitig unterorientiert" [51] sind. Diese Informationsflut, die als solche noch keine Orientierung bietet, ist ein Kennzeichen des Digital Age. In unserem Verständnis des Kuratierens geht es nicht darum, das auszuwählen und anzubieten, was beispielsweise die Kommunikation in den Social Media als Erfolg versprechend nahelegt, da dies zu Beliebigkeit und einer Verwässerung der Marke führen würde. Die Auswahl bestimmt sich durch das, was die jeweils Verantwortlichen als wichtig und relevant erachten und zu der jeweiligen Marke passt, ihrer Haltung, ihrem Marken-Versprechen und ihrem Marken-Kern entspricht. Das Kuratieren wird wirkungsvoll unterstützt, sozusagen als Verstärker und Glaubwürdigkeitsanker, durch die Bekanntheit und das Renommee der Personen hinter der Marke (zur Personen-Marke siehe auch Unterkapitel 1.5 sowie Unterkapitel 3.5). Die klar profilierte Personen-Marke ist im Digital Age ein zentrales Asset für Erfolg. Informations- und Meinungsflut und die unüberblickbare Angebotsvielfalt bieten keine Orientierung, sondern führen oftmals zu Ratlosigkeit und es verschlingt sehr viel Zeit, bis eine valide Entscheidung getroffen werden kann. Das Kuratieren ermöglicht eine qualitative Orientierung in kurzer Zeit. Im Gegenzug stärkt dieses Kuratieren die Identität und das Profil der Marke und stützt sie, sich im Digital Age in der Öffentlichkeit und an den relevanten Touchpoints gegen standardisierte und automatisierte Botschaften und Empfehlungen, gegen Buy Buttons, die per Knopfdruck eine Nachbestellung auslösen, oder Social Bots, die automatisiert massenhaft Meinungen verbreiten, oder Troll Armies, die Social Media manipulieren [52], durchzusetzen. Das Kuratieren kann sich zu einer wichtigen Aufgabe und Funktion der Marke entwickeln. Und so wäre es wünschenswert, wenn die starken Marken sich in Zukunft auch dieser Aufgabe annehmen würden. *Humane Hybrid Brands* fungieren als Kuratoren, die durch ihre Auswahl und Präsentation wertvolle Orientierung geben, Mehrwerte und Kontexte anbieten; sie werden zu *Curating Humane Hybrid Brands*.

4.9 Humane Hybrid Brands – eine Zukunftsvision für starke Marken

Fortschreitende Digitalisierung und Automatisierung, Forschungen in der Künstlichen Intelligenz und in den Life Sciences werden das Leben und Arbeiten weiter tiefgreifend verändern. Diese Dynamik der Veränderung erscheint neu; zumindest haben die heute lebenden Generationen eine solche Dynamik noch nicht selber erfahren, um daraus Rückschlüsse ziehen zu können. Von dem Physiker und Nobelpreisträger Werner Heisenberg ist die Aussage überliefert: „Die Ideen sind nicht verantwortlich für das, was die Menschen aus ihnen machen" [53]. Neue Technologien stellen keine Naturgewalt dar, sie sind von Menschen erfunden und werden von Menschen programmiert. Sie entspringen dem menschlichen Erfindergeist und seiner unerschöpflichen Kreativität. Technologien sind kein Selbstzweck; sie sind kreiert worden, um etwas Bestimmtes für den Menschen zu leisten. So sollte ein Ziel der Digitalisierung sein, den Alltag und das Arbeiten einfacher zu gestalten (wohlgemerkt nicht im Sinne einer Simplifizierung, d.h. Verkürzung, Verflachung oder einem Versimpeln, bis es banal und anspruchslos ist), das Leben anzureichern, Menschen weltweit zu vernetzen und Informationen global verfügbar zu machen. Wir leben heute in dieser globalen Welt, in der jeder mit jedem vernetzt ist, bald werden es nicht nur Menschen, sondern auch Dinge sein. Wir gehen im Internet der Dinge von geschätzten 50 Mrd. vernetzten Geräten in 2050 aus. Computer sind effizienter, schneller, präziser und besser als der Mensch überall dort, wo Rechenleistung und umfangreiche Rechenaufgaben, Analyse von Big Data, Vorhersagen auf Basis vorhandener Daten und programmierter Kriterien sowie standardisierte Prozesse eine Rolle spielen. Sie besitzen quasi endlose Kapazitäten, eliminieren Abweichungen

4.9 Humane Hybrid Brands – eine Zukunftsvision für starke Marken

und finden Informationen sekundenschnell. Sie lernen automatisiert aus den Daten, mit denen sie gefüttert wurden. Sie antworten auf standardisierte Fragen – zugegebenermaßen wesentlich schneller und präziser als der Mensch, da ihnen das bisherige in Datenbanken erfasste Wissen per Knopfdruck zur Verfügung steht. Jedoch beruht ihre Leistung auf dem Regelwerk ihrer Programmierung. Sie treffen Entscheidungen oder bieten diese an auf Basis der von ihnen berechneten Korrelationen und Wahrscheinlichkeiten. Ihre Aktivität basiert auf Vergangenheit und Gegenwart. Sie können nicht moralisch und ethisch abwägen. Sie entwickeln keine Visionen und keine Werte, an denen sie sich orientieren. Der Mensch ist ihnen deutlich überlegen mit seinem Erfahrungswissen, seiner Intuition und Kreativität, seiner Emotionalität und Empathie. Nur er kann etwas als richtig erachten und Verantwortung übernehmen für sein Handeln. Nur er vermag schöpferisch Neues zu schaffen, Zukunft zu planen und zu gestalten. Nur er besitzt die Fähigkeit, Vorstellungen darüber zu entwickeln, wie es auch ganz anders und besser sein kann.

Nun nehmen wir – ausgelöst durch die Globalisierung und die Digitalisierung – eine zunehmende Komplexität wahr. Gleichzeitig scheint die Wirkungskraft der Marken als Vertrauens- und Orientierungsanker zu schwinden. Zudem verführen Algorithmen und Marketing Automation dazu, den (potenziellen) Kunden und ahnungslosen Passanten auf eine Kennzahl und Umsatzgröße zu reduzieren. Immer dort, wo Technik sich von der Einflussnahme des Menschen ablöst, in der Arbeitswelt, in der Konsumwelt oder im Hochfrequenzhandel der Börsen, wird das (Geschäfts-)Leben nicht mehr von Menschen, sondern von einer intransparenten Technik gesteuert. Es sind Algorithmen, die zunehmend definieren, welche Informationen wir erhalten: Effekte, die unter dem Stichwort „Filterblase" kritisch diskutiert werden. Algorithmen und Targetting bestimmen das Bild von der Welt, das den Einzelnen erreicht, immer enger und präziser an seinen Meinungen, Vorlieben und Bedürfnissen ausgerichtet und diese immer und immer wieder bestätigend, was auch als „Echokammern" bezeichnet wird.

Diesem Buch liegt die These zugrunde, dass es noch Marken in der Zukunft gibt, wenn Menschen dafür sorgen, dass sie nicht durch die Instrumente der Digitalisierung und Automatisierung in Bedeutungslosigkeit getrieben oder gar verdrängt werden. Es liegt in der Hand des Menschen, über die Zukunft der Marke zu entscheiden und diese zu gestalten. Dazu braucht es eine starke energiegeladene Vision und ein konsistentes Marken-Konzept, das auf die Zukunft bezogen ist – und damit die Chancen und Risiken der Digitalisierung, neue Technologien wie auch die zusätzlichen Realitäten (augmented, virtual) entsprechend berücksichtigt. Das setzt voraus, eine eigene Antwort auf die Frage zu entwickeln: Wie wollen wir künftig leben und arbeiten und welches Marken-Versprechen, welche qualitativen Lösungen geben wir hierauf? Welches sind die Werte, die die Marken-Führung künftig in den Hybrid Cities und Mixed Realities leiten? Es geht nicht um die Optimierung des Bestehenden. Die Veränderungen sind so gewaltig und weitreichend, dass von einer möglichen Zukunft her gefragt und dann der beste Weg vom Hier und Jetzt zur wünschenswerten Zukunft gesucht und geebnet werden sollte. Um die Glaubwürdigkeit der Marke zu gewährleisten, ist der Marken-Kern der entscheidende Ankerpunkt. Und es ist zu wünschen, dass die *Humane Customer Centricity* als Leitbild dient (siehe hierzu auch Unterkapitel 4.5) und wir künftig zahlreiche global agierende starke *Humane Hybrid Brands* in unserem Leben vorfinden.

Wenn Digitalisierung die Mechanismen der Wirksamkeit von Marken disruptiv verändert, dann sollten Marken nicht weichen. Im Gegenteil, die Verantwortlichen sollten beginnen, „neu zu denken" und die Assets ihrer Marken auszubauen. Corporate Brands, Employer Brands, Product Brands, Service Brands und Personal Brands sind wichtiger Teil von Wirtschaft, Gesellschaft und Alltag der Menschen. Ohne das Vertrauen, das wir in „unsere" Marken haben, würde jeder noch so kleine Einkauf zum großen komplexen Projekt. Gerade in einer Zeit, in der sich die Parameter schnell verändern, brauchen wir Marken, die für eine klare Haltung stehen. Wir brauchen diese innovationskräftigen Marken, die in der Gesellschaft verankert für Verantwortung stehen und nachhaltige Lösungen für die Herausforderungen der Gegenwart und der

4.9 Humane Hybrid Brands – eine Zukunftsvision für starke Marken

Zukunft anbieten. Je mehr die Digitalisierung in unsere Privatsphäre dringt, umso mehr brauchen wir viele *Humane Hybrid Brands* zwischen denen wir wählen können – entsprechend den Werten und den Haltungen, die sie vertreten und dem Nutzenbündel, das sie uns bieten. Diese *Humane Hybrid Brands* sind in allen Realitäten zu Hause und ermöglichen eine *Seamless Customer Experience*. Die Marken-Verantwortlichen tragen dafür Sorge, die Angebote derart zu gestalten, dass die Nutzer diese Welten sinnvoll aufeinander beziehen können. Und dass sie ausgerichtet sind auf eine lebenswerte Zukunft, deren Axiom die *Humane Customer Centricity* ist. Die Kraft der Verbindung von Marke und qualitativer Kundenorientierung erkennen auch die Global Player wie P&G, die mit den Möglichkeiten der Digitalisierung die Marke „in der Gesellschaft verankern" wollen [54]. So können Wirtschaft und Gesellschaft zu einer Win-win-Gemeinschaft werden. Es sind Menschen, die als Kunden Waren und Services kaufen, und Menschen, die als Mitarbeiter mit ihrem Engagement und ihrer Kompetenz die unternehmerische Zukunft sichern. Und es sind die starken Marken, die den Unternehmenswert steigern und damit eine Grundlage für weitere Innovationen und Fortschritt – auch gesellschaftlichen Fortschritt – legen. Wirtschaft ist immer ein soziales Business, Unternehmen haben immer auch eine soziale Verantwortung – für ihre Mitarbeiter, für die Kunden und für die Gesellschaft. Denn in schwachen Staaten, Gesellschaften und Märkten und mit schwachen Marken können Organisationen kein erfolgreiches Business machen. Unabdingbar ist es, ein hohes Wissen über die Marken und den Kunden in die Organisation zu bringen und gesellschaftliche und technologische Entwicklungen zu verstehen. In der Flut von Angeboten und Optionen bieten Organisationen mit ihren *Humane Hybrid Brands* vertrauenswürdige Bedeutungsfilter für eine qualitative Orientierung. Erfolgreiche CEOs denken nicht nur an Kostensparprogramme oder Preiserhöhungen als vorrangige Antwort, um Ergebnisse zu steigern, wenn Umsatz und Rendite nicht wachsen. Beide sind Sackgassen, da sie die Gegenwart quantitativ optimieren, aber nicht den Schritt in die Zukunft gehen. Reine Effizienz gelangt an Grenzen, an denen auch der Kundennutzen, die Marke und die Leistungsfähigkeit der Organisation leiden. Unternehmen der Zukunft investieren in qualitative Wertschöpfung, Marken-Stärke und Innovationskraft.

Sie sehen Fortschritt nicht nur aus technologischer und Machbarkeitsperspektive, sondern aus der Sicht der *Humane Customer Centricity*. Sie setzen Marken nicht als Marketinginstrument zur kurzfristigen Umsatzmaximierung ein. Sie nutzen Chancen und die Dynamik des Wandels für die eigene Innovationskraft. Und sie fördern Kompetenzen, Kreativkraft, Ideenreichtum, Intuition und die schöpferische Kraft ihrer Mitarbeiter als Treiber für positive Veränderungen. Starke Marken fungieren hier auch als Enabler – unternehmensintern wie extern. So verkörpern die *Humane Hybrid Brands* eine wahrnehmbare Haltung und Werte, mit denen Menschen sich identifizieren und an denen sie sich orientieren können. Sie sind attraktiv und ihnen gelingt es immer erneut, zu faszinieren und zu überraschen. Sie schaffen emotionalen, rationalen und funktionalen Nutzen, der als relevant empfunden wird. Sie sind zielgerichtet an für den Kunden relevanten Touchpoints erlebbar. Sie versorgen Bürger, Kunden, Passagiere oder Passanten mit Informationen, Unterhaltung etc. dort, wo diese sich befinden und mit dem, was sie in dieser Situation wünschen oder brauchen. Sie unterstützen die Gestaltung des öffentlichen Raumes mit Inhalten, die das Leben angenehmer gestalten, einfacher machen und bereichern. Sie stellen der digitalen Anonymisierung und Vereinzelung Common Topics und gemeinschaftliche Erlebnisse im urbanen Raum gegenüber, die die Bürger aktivieren und involvieren. Denn soziales Leben findet zwar auch in der virtuellen Welt, aber vor allem in der physischen Welt statt. *Humane Hybrid Brands* stehen in enger Beziehung zu ihren Stakeholdern und zur Gesellschaft. Die Verantwortlichen sorgen dafür, dass die Marken transparent „arbeiten" und die Privatheit des Menschen geschützt ist. Dem Kunden ist es jederzeit möglich, die Kontrolle über seine Daten zu behalten. Globale Marken wie Olympia werden sich erinnern an die besondere olympische Idee, die sie verkörpern und die den Kern und Wert der Marke ausmacht (dazu zählen u. a. die pädagogischen und humanitären Ziele, der sportliche Wettkampf, der auch der Verständigung der Kulturen dient und das Erleben einer globalen Gemeinschaft). Pharmazie-Marken werden sich besinnen auf ihre Verantwortung für Health Care und Well-Being der Bevölkerung in den Megacities. Starke, vertrauenswürdige Marken nutzen auch die Möglichkeiten des Nudging und Persuasive Design, um auf nicht manipulative Weise gewünschte

Verhaltensänderungen leicht zu machen. Sie machen dies für den Kunden transparent und nachvollziehbar. Das kann den Wunsch nach „gesünder leben", „nachhaltig einkaufen und handeln", „mehr Bewegung" oder „weniger Kalorienzufuhr" betreffen. Sie nutzen die Möglichkeiten der Augmented Reality (und anderer Technologien, die folgen werden), um Menschen im privaten wie im beruflichen Leben mit nützlichen Informationen zu versorgen. So kann AR eingesetzt werden am Bau, um Handwerker mit notwendigen Informationen zu versorgen, Gebäude erdbebensicher zu machen, um Bauern in Entwicklungsländern zu helfen, ihren Acker fruchtbar zu bestellen, oder Touristen zu unterstützen, die Sehenswürdigkeiten und interessantesten Aspekte einer Stadt auch inhaltlich kennenzulernen. KI wird genutzt, um einen Arzt binnen Sekunden über die seltene Krankheit seines Patienten auf den neuesten wissenschaftlichen Stand zu bringen, damit er ihn auf dieser Basis individuell beraten und behandeln kann.

Humane Hybrid Brands differenzieren sich durch das, was Commodity, Standardisierung, Algorithmen und Automation nicht bieten. IT ist bzw. sollte das Mittel zum Zweck sein, damit Organisationen und Marken auf dem allerneuesten technologischen und auch wissenschaftlichen Standard arbeiten können. Die Verantwortlichen verwenden automatisierte, aber keine autonomen Systeme und sichern sich so jederzeit sofortigen Eingriff und die Möglichkeit zu Korrekturen und Veränderungen. Sie geben den Marken zusätzliche Relevanz als *Curating Brands,* die ihre Angebote in einen größeren gesellschaftlichen oder kulturellen Kontext stellen. Der Kunde kann je nach den Werten, für die diese Marken stehen, und ihren Marken-Versprechen leicht seine individuelle Entscheidung treffen. In der multioptionalen Angebots- und Informationsvielfalt sind *Humane Hybrid Brands* ein wertvoller Bedeutungsfilter, dem Menschen vertrauen können. Sie geben Orientierung und sind Enabler. Sie faszinieren und laden auch in Zukunft zur Identifikation und zum Träumen ein.

„The Future starts now", so unser Appell im Auftakt des dritten Kapitels zur Marke im Digital Age. Marken, die sich ihre Stärke und Relevanz in der Zukunft sichern wollen, beginnen heute, die Weichen zur

Transformation und Weiterentwicklung in *Humane Hybrid Brands* zu stellen. Ihre Guideline wird u. a. folgende Fragestellungen beinhalten:

Unsere Marke
1. Wie lautet unsere unternehmerische Vision und Mission?
2. Was zeichnet unsere Marke aus (Kompetenz, Heritage, Assets, Marken-Kern etc.)?
3. Wie lautet unser Marken-Versprechen?
4. Besitzt unsere Marke ein einzigartiges Profil und wenn ja, ist dieses zukunftsfähig?
5. Wofür steht unsere Marke über das konkrete Produkt / Angebot hinaus?

Unsere Kultur
1. Für welche Werte steht unsere Unternehmens-Marke und welche Werte bestimmen die Arbeit der Mitarbeiter? Sind diese Werte kongruent? Besitzen diese Werte Relevanz? Werden diese Werte gelebt?
2. Wie füllen unsere Marken die *Humane Customer Centricity* mit Inhalten und Marken-Erlebnissen?
3. Wie lösen unsere Marken das Prinzip des „keep the human in the loop" ein?

Unsere Kunden & Stakeholder
1. Welchen rationalen, funktionalen und emotionalen Nutzen bietet unsere Marke an? Und ist dieser für die Nutzer relevant?
2. Wie gestaltet unsere Marke die Beziehung zu ihren Stakeholdern?
3. An welchen Prämissen bemessen wir die Wahl der Kommunikations- und Distributionskanäle, die Tonalität und Intensität der Kommunikation?
4. Wie setzen wir neue Technologien ein, um die Menschen dort, wo diese sich gerade aufhalten, in der physischen und in der virtuellen Welt, in der Hybrid City, zu erreichen?
5. Wie generiert unsere Marke Kundendaten und sichert dennoch Privacy?

4.9 Humane Hybrid Brands – eine Zukunftsvision für starke Marken

Unsere Zukunft
1. Worin liegt der gesellschaftliche Beitrag unserer Marken? Haben sie das Potenzial, sich zu *Hybrid Brands*, *Curating Brands* und *Humane Hybrid Brands* weiter zu entwickeln?
2. Wie vermögen unsere Marken das Leben ihrer Kunden auch in Zukunft lebenswert(er) zu gestalten und wie werden sie die Menschen darin unterstützen?
3. Besitzen unsere Marken die notwendige Stärke und Relevanz, um sich Gehör zu verschaffen und Interesse zu wecken? Würden sie vermisst, wenn es sie nicht mehr gäbe?
4. Wie sichern unsere *Humane Hybrid Brands* unsere Umsätze und Gewinne ab?

Starke *Humane Hybrid Brands* verankern sich im Alltag ihrer Kunden und im kollektiven Gedächtnis. Sie sind am Puls der Zeit und setzen sich systematisch mit Themen von öffentlicher Relevanz auseinander. Sie machen sich zu eigen, wofür sie eintreten und bleiben so glaubwürdig. Ihr Wirken steht in einem größeren und langfristig gedachten Kontext von Wirtschaftlichkeit und Profitabilität, sozialer Verantwortung und Gemeinwohl, Nachhaltigkeit und Umwelt. So erhalten neue Produkte und Innovationen den relevanten psychologischen Bezugsrahmen und Wertekanon, um im Markt erfolgreich zu sein und sich von den Ergebnissen standardisierter Prozesse und leicht kopierbarer Angebote abzuheben. Die Welt bleibt dann lebenswert, wenn Werte angeboten und gelebt werden und Vertrauen herrscht.

Marken-Produkte sind in der virtuellen Welt meist ohne ihren spezifischen Bezugsrahmen repräsentiert und dort kaum in all ihren Facetten und mit ihren Alleinstellungsmerkmalen erlebbar. Die Marke in das Digital Age zu überführen, steckt im Brand Management meist noch in den allerersten Anfängen. Die Zeit ist knapp, da Digitalisierung bereits ubiquitär ist. Was nun? Bilden wir eine Community of *Humane Hybrid Brand* Pioneers, die es sich zur Aufgabe macht, die Marken lebendig, innovativ und auch digital zukunftsfähig zu halten bzw. zu machen. Nehmen wir das Beste aus der realen und der virtuellen Welt, um Marken gemäß dem Konzept der Hybridität weiter zu entwickeln und in eine erfolgreiche Zukunft zu führen. Führen wir alle „kreativen Köpfe", marken- und technologiespezifisches Fachwissen, Kompetenzen und Erfahrungen zusammen, um die noch lange nicht ausgeschöpften Potenziale der Marke freizulegen und auszugestalten. Bauen wir die mit der Digitalisierung verbundenen Ängste mithilfe von Information, Transparenz und konsequenter Beachtung der *Humane Customer Centricity* ab. Sichern wir die Privatheit der Menschen und ihre Freiheiten durch das Prinzip des „keep the human in the loop". Lassen wir eine *Humane Customer Centricity* Wirklichkeit werden, die dem Wohle aller Beteiligten (Organisation, Gesellschaft, Kunde) dient. Verknüpfen wir diese *Humane Customer Centricity* mit einer Neubelebung und gleichzeitigen Stärkung – und vielleicht sogar Veredelung – des global anerkannten Gütesiegels Made in Germany bzw. Designed in Germany, um ihm so eine neue Bedeutung und Wertschätzung zu geben. Dies würde nicht zuletzt den Wirtschaftsstandort Deutschland fördern.

Dieses Buch basiert auf der Vision, dass es uns wichtig genug ist und wir den Mut haben, daran zu arbeiten, dass künftig nicht automatisierte Technologien das gesellschaftliche und wirtschaftliche Leben bestimmen, sondern stets die Rolle von Assistenzsystemen einnehmen, die jederzeit transparent, nachvollziehbar und veränderbar bleiben. Die *Humane Hybrid Brands* garantieren Privatheit und sie überlassen es der Entscheidung des Nutzers, wie viele Daten er bereit ist, preiszugeben, um einen bestimmten Mehrwert zu erhalten. Das Buch ist getragen von dem Optimismus, dass es durchsetzungsfähige *Humane Hybrid Brands* geben wird, die sehr zahlreiche und sehr unterschiedliche, attraktive Alternativen und ein vielfältiges facettenreiches Portfolio bieten werden. Die Persönlichkeiten hinter den Organisationen und Marken haben es in der Hand. Das Buch will dazu anregen, dass sich Neugier und tiefes Wissen über Digitalisierung und weltweite Vernetzung mit einer Vision einer lebenswerten Zukunft verbindet, in der starke Marken auch künftig ihre wichtige Rolle einnehmen. Und vielleicht vermag diese Zukunftsvision von *Humane Hybrid Brands* in Hybrid Cities Impulse setzen, den Weg der *Humane Customer Centricity* auch zu gehen.

Literatur

4.1 Pioneering the World of Brands

1. Wayne Gretzky, Quotes, Brainy Quote, http://www.brainyquote.com/quotes/quotes/w/waynegretz131510.html, abgerufen am 24.08.2016

4.2 Hybrid: Werte-Treiber aus zwei Welten

2. Paul Valery, http://www.forbes.com/quotes/7363/, abgerufen am 04.09.2016
3. Begriff Hybride, Spektrum.de, http://www.spektrum.de/lexikon/biologie/hybride/32978, abgerufen am 28.10.2016
4. Begriff Hybrid, https://de.wikipedia.org/wiki/Hybrid, abgerufen am 28.10.2016
5. Clayton Christensen „Is K-12 blended learning disruptive? An introduction to the theory of hybrids",http://www.christenseninstitute.org/publications/hybrids/, abgerufen am 18.01.2016
6. Clayton M. Christensen, The Innovators's Dilemma, Harper Business, New York, 2000
7. Clayton M. Christensen, Michael E. Raynor, The Innovator's Solution, Harvard Business School Press, Boston, 2003
8. Clayton M. Christensen, "What is disruptive Innovation", https://hbr.org/2015/12/what-is-disruptive-innovation, abgerufen am 31.10.2016
9. Hybrid, „Gemischtes Doppel", Süddeutsche Zeitung, 22. Mai 2010, http://www.sueddeutsche.de/auto/geschichte-des-hybridautos-gemischtes-doppel-1.831268, abgerufen am 13.08.2016
10. Konferenz Hybrid City in Athen, http://uranus.media.uoa.gr/hc3/, abgerufen am 31.10.2016
11. Smart Future Initiatve, http://www.smart-future.net/themes-and-issues/, abgerufen am 13.03.2017
12. Norbert Streitz (2017). Reconciling Humans and Technology: The Role of Ambient Intelligence. Keynote Paper. In: A. Braun, R. Wichert, A. Mana (Eds.), Proceedings of the 2017 European Conference on Ambient Intelligence. Lecture Notes in Computer Science (LNCS 10217), Springer-Verlag (S. 1–16); Norbert Streitz (2016). Opportunities and Risks of Digitalization in the Context of Smart Hybrid Cities and Airports. In:

Proceedings of USEWARE 2016 – Mensch-Technik-Interaktion im Industrie 4.0 Zeitalter. 8. VDI-VDE Fachtagung. VDI-Berichte 2271. VDI Wissensforum. VDI-Verlag (S. 5–14) sowie Norbert Streitz (2016). Smart Cities Need Privacy by Design for Being Humane. In: Susa Pop, Tanya Toft, Nerea Calvillo, Mark Wright (Eds.), What Urban Media Art Can Do – Why When Where and How ? avedition-Verlag (S. 268–274).

4.3   Hybrid Brands in Hybrid Cities

13. Sudie Social Media am Arbeitsplatz, Pew Research Center, 22. Juni 2016, http://www.pewinternet.org/2016/06/22/social-media-and-the-workplace/, abgerufen am 30.10.2016
14. Norbert Streitz (2017). Reconciling Humans and Technology: The Role of Ambient Intelligence. Keynote Paper. In: A. Braun, R. Wichert, A. Mana (Eds.), Proceedings of the 2017 European Conference on Ambient Intelligence. Lecture Notes in Computer Science (LNCS 10217), Springer-Verlag (S. 1–16); Norbert Streitz (2015). Citizen-Centered Design for Humane and Sociable Hybrid Cities. (Keynote). In: I. Theona & D. Charitos (Eds.), Hybrid City 2015 - Data to the People. Proceedings of the Third International Biannual Conference. University of Athens, Greece. (S. 17–20).
15. Premium City Light Poster, Ströer, http://www.stroeer.de/nc/aussenwerbung/werbemedien/produkt/premium-city-light-poster.html, abgerufen am 03.12.2016
16. „tasty billboard", Mc Donalds: http://www.adweek.com/adfreak/mcdonalds-billboard-near-whistler-gives-snow-reports-espresso-drink-toppings-169716, abgerufen am 08.08.2016
17. Wall Street Journal, 10.08.2015: http://www.wsj.com/articles/england-to-roll-out-tailored-billboards-1439250509, abgerufen am 08.08.2016
18. Digitales Stadtviertel, Köln, http://digitales-viertel.de/, abgerufen am 28.10.2016
19. Youtube Videos zur Light und Laser Show auf dem Brüsseler Grand Place, http://www.youtube.com/watch?v=05rJyA6VLvE oder http://www.youtube.com/watch?v=SRw6-x_2IYI oder http://www.youtube.com/watch?v=o-kIL8ML1_I oder http://www.youtube.com/watch?v=yaR38JQQAzI oder http://www.youtube.com/watch?v=znNku_qgReM, abgerufen am 29.10.2016

Literatur

20. Connecting Cities, http://connectingcities.net/, abgerufen am 29.10.2016
21. Tom Bradley Terminal, Los Angeles Airport, http://screenmediadaily.com/lax-bradley-terminal-is-more-than-an-airport-its-a-destination/, abgerufen am 29.10.2016
22. Deutsches Architekturmuseum, Daheim – Bauen und Wohnen in Gemeinschaft, 12. September 2015 bis 28. Februar 2016, http://www.dam-online.de/portal/de/Ausstellungen/DAHEIMe28093BauenundWohneninGemeinschaft/2492/0/80528/mod2095-details1/1594.aspx, abgerufen am 10.10.2016
23. Virtual Reality, Haptic Landscapes, https://www.forbes.com/sites/tomfgoodwin/2016/04/20/the-6-dimensions-of-virtual-reality/3/, abgerufen am 19.10.2016
24. Ritter Sport, Bunter Schokowelt Berlin, http://www.ritter-sport.de/de/besuchen/berlin.html, abgerufen am 10.10.2016
25. Rausch, Schokoladenhaus Berlin, https://www.rausch.de/schokoladenhaus/schokoladen-geschaeft/, abgerufen am 10.10.2016
26. Haribo Store Bonn, https://www.haribo.com/deDE/shops/haribo-store-bonn.html, abgerufen am 29.10.2016
27. Lindt „Swiss Chocolate Heaven", http://www.report.lindt-spruengli.com/14/ar/de/geschaeftsbericht/swiss_chocolate_heaven.htm, abgerufen am 03.12.2016
28. Bundeskartellamt, Markttransparenzstelle für Kraftstoffe, http://www.bundeskartellamt.de/DE/Wirtschaftsbereiche/Mineralöl/MTS-Kraftstoffe/mts-kraftstoffe_node.html, abgerufen am 13.08.2016
29. Pokémon GO-Hype in Düsseldorf, http://www.rp-online.de/nrw/staedte/duesseldorf/pokemon-go-auf-girardet-bruecke-duesseldorf-thomas-geisel-stoert-fans-aid-1.6174907, abgerufen am 30.10.2016
30. Beispiel für den Einsatz von VR-Technologie. Public Speaking: https://www.youtube.com/watch?v=bb8nORrS83k, abgerufen am 20.10.2016
31. VR-Technologie wird eingesetzt im Rahmen der Neurotechnologie: http://www.youtube.com/watch?v=NdCBruclT-w, abgerufen am 21.10.2016
32. Clouds over sidra, https://unitednationsvirtualreality.wordpress.com/virtual-reality/cloudsoversidra/ und http://dragons.org/creators/chris-milk/work/the-united-nations-clouds-over-sidra/, abgerufen am 20.10.2016
33. tagesschau.de VideoDays: Youtube-Stars treffen auf Tausende Fans, 19.08.2016, http://www.tagesschau.de/thema/videodays/index.html, abgerufen am 30.10.2016

4.4 Hybrid Brands: Perspektiven und Erfolgsfaktoren für die Zukunft der Marke

34. Zitat, https://www.microsoft.com/microsoft-hololens/en-us, abgerufen am 08.08.2016
35. „Warum Merkel an die Algorithmen will", Spiegel Online, 26.10.2016, http://www.spiegel.de/netzwelt/netzpolitik/angela-merkel-warum-die-kanzlerin-an-die-algorithmen-von-facebook-will-a-1118365.html, abgerufen am 30.10.2016
36. Google Datenschutz und Personalisierung, http://www.google.com/settings/ads/anonymous/cu?hl=de&sig=ACi0TCgDEm8Xm8-1StdaHNnS__DvjhyctEEkJy6QmJaLi1Eh9wHVVaM2dq-KYFieGP_dBuMaBELSDz2MP9EvHIB3nxtv3s8ZxOBxYZ2Eea16Evwo2xMn_as, abgerufen am 12.10.2016
37. „Daten sind der Rohstoff der Zukunft", Der Tagesspiegel, online, 12.09.2015, http://www.tagesspiegel.de/wirtschaft/digitalisierung-der-wirtschaft-merkel-daten-sind-der-rohstoff-der-zukunft/12312978.html
38. Informationelle Selbstbestimmung, „Neue Hightech-Strategie, Privatheit im Netz", Die Bundesregierung; https://www.bundesregierung.de/Content/DE/Artikel/2015/10/2015-10-27-privatheit-juristisch.html, abgerufen am 08.08.2016
39. Bundesverfassungsgericht, Leitsätze, Urteil vom 27.02.2008, http://www.bundesverfassungsgericht.de/SharedDocs/Entscheidungen/DE/2008/02/rs20080227_1bvr037007.html, abgerufen am 08.08.2016
40. Norbert Streitz (2016). Smart Cities Need Privacy by Design for Being Humane. In: Susa Pop, Tanya Toft, Nerea Calvillo, Mark Wright (Eds.), What Urban Media Art Can Do – Why When Where and How? avedition-Verlag (S. 268–274).

4.5 Humane Customer Centcricity

41. Cluetrain Manifest, Doc Searls, David Weinberger, Rick Levine, Christoph Locke, 1999, http://www.cluetrain.com/auf-deutsch.html, abgerufen am 10.10.2016
42. Cluetrain Manifest, Doc Searls, David Weinberger, 2015, http://newclues.cluetrain.com/, abgerufen am 10.10.2016

43. Clayton Christensen et al, Know your customers' "Jobs to be done", Harvard Business Review, September 2016, https://hbr.org/2016/09/know-your-customers-jobs-to-be-done, abgerufen am 10.10.2016
44. Straßburg, Europapalast, Werk des Bildhauers Mariano González Beltrán, http://de.strasbourg-europe.eu/entdeckungstour-kunstlerisches-europa,36299,de.html, abgerufen am 01.12.2016
45. Norbert Streitz, Keep the Human in the Loop", http://www.smart-future.net/themes-and-issues/human-in-the-loop/, abgerufen am 10.10.2016 sowie Norbert Streitz, C. Röcker, Th. Prante, D. van Alphen, R. Stenzel, C. Magerkurth (2005). Designing Smart Artifacts for Smart Environments. *IEEE Computer*, March 2005. S. 41–49.

4.6 Humane Hybrid Brands

46. Roomheroe, https://www.roomhero.de/home, abgerufen am 03.10.2016
47. Samsung, Safety Truck, https://news.samsung.com/global/the-safety-truck-could-revolutionize-road-safety, abgerufen am 05.09.2016
48. Mindmaze, http://www.youtube.com/watch?v=NdCBruclT-w, abgerufen am 20.10.2016 und Wirtschaftswoche, 26.08.2016, „Der Mann, der die Gedanken zähmen kann", Seite 53 f.
49. Assistenzsystem Amazon Echo, https://www.amazon.de/Amazon-SK705DI-Echo-Schwarz/dp/B01GAGVCUY, abgerufen am 17.09.2016

4.7 Value Creation: *Curating Brands*

50. Robert Scobel, Zitat, http://www.azquotes.com/author/28819-Robert_Scoble, abgerufen am 28.10.2016
51. Kuratieren im Journalismus, Fachjournalist, 28. April 2016, http://www.fachjournalist.de/kuratieren-im-journalismus-kontext-ist-king/, abgerufen am 27.10.2016
52. Troll armies, The Guardian, https://www.nytimes.com/2016/05/31/world/europe/russia-finland-nato-trolls.html, abgerufen am 04.12.2016

4.8 Humane Hybrid Brands – eine Zukunftsvision für starke Marken

53. Werner Heisenberg, http://www.zitate-online.de/sprueche/wissenschaftler/19366/die-ideen-sind-nicht-verantwortlich-fuer-das.html, abgerufen am 12.10.2016
54. Procter & Gamble, Marc S. Pritchard, https://cmosurvey.org/cmo-insights/marc-s-pritchard-gmo-pg/, abgerufen am 18.09.2016

Anhang

Alphabet® ist eine eingetragene *Marke* der Alphabet Inc.

Amazon® ist eine eingetragene *Marke* der Amazon.com, Inc.

Apple® ist eine eingetragene *Marke* der Apple Inc.

AT&T® ist eine eingetragene *Marke* der AT&T Inc.

Coca-Cola® ist eine eingetragene *Marke* der Coca-Cola Company

Facebook® ist eine eingetragene *Marke* der Facebook Inc.

Glaxo Smithkline® ist eine eingetragene *Marke* der GlaxoSmithKline plc.

Google® ist eine eingetragene *Marke* der Google Inc.

Mars® ist eine eingetragene *Marke* der Mars Inc.

Microsoft® ist eine eingetragene *Marke* der Microsoft Corporation

Patagonia® ist eine eingetragene *Marke* der Patagonia, Inc.

Pepsi® ist eine eingetragene *Marke* der PepsiCo, Inc.

Starbucks® ist eine eingetragene *Marke* der Starbucks Corp.

Anhang

Twitter® ist eine eingetragene *Marke* der Twitter Inc.

Whatsapp® ist eine eingetragene *Marke* der Facebook Inc.

Yahoo® ist eine eingetragene *Marke* der Yahoo Inc.

The manufacturer's authorised representative in the EU is Springer Nature Customer Service Centre GmbH, Europaplatz 3, 69115 Heidelberg, Germany. If you have any concerns regarding our products, please contact ProductSafety@springernature.com

Printed and bound by CPI Group (UK) Ltd, Croydon, CR0 4YY

25/03/2026

02078186-0002